Regional Centre for Space Science and Technology E
(China) (Affiliated to the United Nations) Series
联合国附属空间科技教育亚太区域中心(中国)系列丛书

U0679195

美国航天技术出口政策与外空国际合作

[加] Michael C. Mineiro 著

刘淑艳 范志涵 杜辉 译

北京航空航天大学出版社

图书在版编目(CIP)数据

美国航天技术出口政策与外空国际合作 /(加)迈克尔·C. 米内罗(Michael C. Mineiro) 著；刘淑艳,范志涵,杜辉译. —— 北京：北京航空航天大学出版社, 2024.1

书名原文：Space Technology Export Controls and International Cooperation in Outer Space

ISBN 978 - 7 - 5124 - 4347 - 1

Ⅰ. ①美… Ⅱ. ①迈… ②刘… ③范… ④杜… Ⅲ. ①卫星通信系统－对外贸易政策－美国②外层空间－空间法－研究 Ⅳ. ①F757.120.1②D999.1

中国国家版本馆 CIP 数据核字(2024)第 027466 号

美国航天技术出口政策与外空国际合作

［加］Michael C. Mineiro　著

刘淑艳　范志涵　杜辉　译

策划编辑　周世婷　　责任编辑　江小珍

*

北京航空航天大学出版社出版发行

北京市海淀区学院路 37 号(邮编 100191)　http://www.buaapress.com.cn
发行部电话：(010)82317024　传真：(010)82328026
读者信箱：goodtextbook@126.com　邮购电话：(010)82316936
北京建宏印刷有限公司印装　各地书店经销

*

开本：710×1 000　1/16　印张：13.75　字数：337 千字
2024 年 1 月第 1 版　2024 年 1 月第 1 次印刷
ISBN 978 - 7 - 5124 - 4347 - 1　定价：99.00 元

译者序

因为工作原因,译者接触到 *Space Technology Export Controls and International Cooperation in Outer Space* 一书,该专著系 Michael C. Mineiro 在麦吉尔大学法律系读博士期间,在麦吉尔大学航空航天法研究所完成的博士论文。该专著以通信卫星为例,系统地阐述了卫星和其他航天技术的出口、交易和管制的国际法律环境,分析了美国卫星出口管制的单边制度,评估了出口管制对美国国内经济和政治的影响,探讨了美国航天出口管制改革的相关问题,具有相当高的学术和实践价值。译者认为该专著的史料性内容及研究视角、方法对国内航天国际合作及应对有关出口管制政策颇有裨益。

该专著内容涉及了大量的航天技术及法律法规专业术语,部分语言具有相当的诗性艺术。由于相关修养方面的欠缺,译者虽已尽全力,恐亦有词未达意、语不尽言之处,还请读者、专家不吝指正。

中国空间技术研究院王冀莲总法律顾问对翻译工作进行了指导,北京空间飞行器总体设计部杨文奕工程师、梁桂林工程师对本译著初稿进行了校对,北京空间飞行器总体设计部和北京航空航天大学国际学院为本译著的出版提供了资助,在此一并表示感谢。

译 者
2023 年 12 月

1

前 言

主导早期航天时代的两强模式已经不复存在。诸多因素要求国际社会参与外空活动的方式做出改变,如:航天参与者的多样性,经济实力的变化,航天技术的巨大进步,军事、民用和商业航天越来越多地相互依存。当前,航天技术出口管制仍然属于一种国家参与的单边模式。国家之间虽存在合作,但国际技术开发合作或转让仍非常有限,因此在和平探索与利用外空方面,国际社会还不能充分协同各方的能力。本书根据迅猛发展的全球化、国际关系和空间法的演变,对美国航天技术出口管制和外空国际合作做了全面而广泛的探究。

本书对外空国际合作、国家安全、航天技术、一般国际公法和国际空间法之间的关系进行了独特且有益的探索,试图阐明影响外空国际合作的法律、政治和技术等方面的根本原因。Michael C. Mineiro 博士条分缕析了这些复杂的关系,提出了一些切实可行的建议。

我将这本专著强烈推荐给对探索和利用外空有关法律与政策的研究及实践感兴趣的所有人,包括学生、教师、律师、航空航天专业人士、管理人员、外交官、政策和法律制定者。毫无疑问,他们会发现这本专著是对专业提升非常有用的资料和重要工具。

Ram S. Jakhu
于加拿大魁北克省蒙特利尔

序　言

　　航天国际合作是人类继续和平探索和利用外空的核心。少数国家称霸航天技术领域的时代已经成为过去。如今,新兴的航天大国,如中国、巴西和印度,在空间技术和空间应用方面正在日益发展壮大。传统的航天活动强国,如美国,将需要参与更广泛的国际合作,以实现利益最大化和成本最小化。

　　民用航天技术的扩散是一种积极发展。随着人类在外空实现更多的全球参与,民用航天活动也变得更加多样化,分配给民用航天活动的资源应该随之增加。从公众的角度来看,国际合作对空间技术和空间应用的促进,将提升和平探索和利用外空的整体利益。

　　支撑和平探索和利用外空的底层航天技术是航天国际合作的核心。民用航天技术与军事技术有着密切的关系。在航天国际合作时,航天技术的两用性引起了各国对技术扩散和未经授权使用的关切,因此,各国对合作对象的选取是有所取舍的。

　　本专著的基本结论是,在一般国际公法中存在一个空白,它使一种自证正当的安全困境长期存在,这反过来又抑制了在外空进行更大范围的国际合作。这一缺失体现在美国航天技术出口管制机制和相关的国际出口管制安排中。这一空白还表现在国际空间法规定的国际合作法律原则未能得到充分履行。

　　我希望本专著中所探讨的知识将有助于国际社会成功地履行《外层空间条约》第一条中的原则,特别是探索和利用外空应为所有国家谋福利和利益的原则。

Michael C. Mineiro
于加拿大魁北克省蒙特利尔

鸣　谢

如果没有朋友们的支持，这份手稿将无法完成。我的父母 Luiz E. G. Mineiro 博士、Barbara Mineiro 给予的持久的爱和支持是最重要的。

我在麦吉尔大学法律系读博士期间，在 Ram Jakhu 博士的指导下，在麦吉尔大学航空航天法研究所完成了本专著。我很荣幸能在 Ram Jakhu 博士的指导下工作。他对我作为一名学者的能力的信任、对我随时随地的指导，一直是我力量和灵感的来源。我永远都不会忘记我们在学术上的多次对话。我要特别感谢我的博士论文顾问委员会的 Francois Crepaeu 博士和 Victor Muñiz-Fraticelli 博士。他们的建设性批评对于我完善文稿和发展法律学者职业是非常宝贵的。

我要感谢麦吉尔大学航空航天法研究所的 Paul Dempsey 博士的领导和指导，感谢 Maria D'Amico 的友谊和专业精神，感谢我的同事们——包括 Ali Ahmdi, Michael Dodge, Catherine Doldrina, Dinane Howard, Norberto Luange, Yaw Nyampong。Nahum Gelber 法律图书馆的工作人员提供了世界一流的研究和支持服务，特别感谢 Daniel Boyer, Maryvon Cote, Eamon Duffy, Louisa Piatti 和 Kathleen Vandermoot。同时，还要感谢我在海牙国际法学院的同事及其他工作人员，我在那里学习国际公法并为撰写本专著进行前期研究。

特别感谢华盛顿特区国际通信卫星公司（Intelsat）的 Kent Bossart 和 Richard DalBello 提供的行业观点。同时，感谢维珍银河公司的 Marc Holzaphel 与我讨论美国出口管制对商业航天企业的国际影响。

我的研究得到了波音航空航天法研究奖学金的资助。在此，特别感谢麦吉尔大学航空航天法研究所、波音公司、Peter Nesgos 博士和 Robert Gordon 先生设立该项研究奖学金。

内容简介

I believe that the long-term future of the human race must be in space. Our only chance of long-term survival is not to remain inward looking on planet Earth, but to spread out into space.

我相信人类的未来在太空。我们长期生存的唯一机会不是依然向内注视地球，而是转向外空拓展。

——Stephen Hawking[1]

After one look at this planet any visitor from outer space would say "I want to see the manager."

任何来自外空的访客在看了这个星球一眼后，都会说"我想见这儿的主宰者。"

——William S. Burroughs[2]

外空与我们人类的未来密切相关。作为一个全球共同体，我们的未来是光明还是暗淡，将部分取决于我们如何利用外空为人类造福，以及如何将外空作为人类的下一个目的地。我们的旅程始于地球，始于我们的法律和政治，始于我们作为一个国家共同体和一个人类共同体。

人类探索和利用外空的一个关键因素是支撑这种努力的底层技术。人类智慧的奇迹以及航天技术使人们能够获得外空的惠益，但航天技术并非无处不在。它们是复杂的，需要高度发达的经济和技术发展作为支撑。几乎世界上所有的国家和人民都受益于外空应用，但只有很少的国家能够抵达外空或有能力制造航天运载器或航天器（如卫星）。鉴于航天技术的先进性，全球民用外空合作尚未实现。事实上，只有部分国家直接参与了外空的开发和利用。

目前，这种范式得到了国际、美国国内航天技术贸易和扩散管制体系的支持。美国现有的贸易和扩散管制范式优先考虑单一国家的"国家安全"担忧，进而通过带有歧视性的技术合作，使少数国家能够长期利用和探索外空。是否存在一种替代方法，它可以更好地促进全球民用航天合作？如果有，它将带来哪些挑战和机遇呢？

---

[1] 见 Stephen Hawking，关于人类未来和外层空间的讲话，2010 年 8 月 6 日发表于 BigThink 网站。

[2] 见 William Burroughs 的相关讲话，发表于 QuotationsPage 网站。

本专著对美国航天技术贸易和扩散管制进行了分析,重点关注了两个实质性问题,说明了美国航天技术贸易和扩散改革面临的挑战和机会。本专著所研究的第一个实质性问题是,在国际监管存在差异的情况下,美国国内法律和政策改革面临的挑战。这个问题是通过对美国商业通信卫星出口管制制度案例进行研究来探讨的。第二个问题是航天技术贸易和扩散管制对民用航天国际合作的影响。

本专著的统一论点是,各国在一种延续自证正当的安全困境的国际法体系中运作,该体系的基础源自各国生产、采购和维护军事性质航天技术的主权性法律权利。因此,监管航天技术贸易及扩散的国际法体系在所谓的国家安全需要与全球合作利益之间制造了一种紧张关系。

专著的方法论大纲

    本专著共有三部分(见下图)。第一部分为引言,介绍了后续案例研究的背景。第二部分详细研究了美国商业通信卫星(Comsat)的出口管制制度,分析了它在更大的国际法律、政治和经济框架内的运作过程。此案例的研究重点是美国机制与世界其他国家的相互联系,以及美国法律政策的域外影响。案例研究为目前国际和美国的航天技术管制改革提供了样本。在第二部分案例研究结论的基础上,第三部分从国际及国家安全担忧的角度,更广泛地探讨了促进民用航天国际合作的问题。

对美国国内的影响:美国的案例研究

在冷战期间,美国通过与盟国携手来实现卫星和相关技术的出口管制。多边出口管制协调委员会(COCOM)是控制有关技术流向苏联及其盟国的一个战略工具。随着冷战的结束,国际环境发生了重大变化,国际经济和政治自由化开始蔓延。新的"全球化"环境对冷战时期的外交政策和国家安全观念提出了挑战。美国及其盟国重新评估了航天相关技术管制的战略,放宽了对商业和民用卫星的管制。

过去,美国和欧盟的政策紧密一致。但在 20 世纪 90 年代中期,主要因为对与中国发射卫星所用的运载火箭相关的弹道导弹技术扩散的关切,美国改变了战略方向,修订了法律和政策,将所有源于美国的卫星技术归类为军品,而欧洲对商业和民用卫星则保持自由化的两用出口管制。

在冷战结束时,美国事实上垄断了西方先进的卫星技术。这种技术优势确保了西方制造的所有卫星都至少会有一些美国原产零部件。这一技术事实允许美国建立一个实际上的单边国际出口管制机制,其基础是通过出口许可证制度在域外适用美国国内法律,要求美国原产零部件再出口需要美国的授权。

直到最近,美国出口管制有关的费用和负担还一直由所有使用美国原产部件的卫星制造商和购买者分担。但是现在问题出现了,即美国是否能够维持,以及以何种代价来维持其目前的卫星出口管制机制。由于与美国原产技术相关的交易成本增加,美国的航天工业正在失去市场。非美国的卫星制造商正在开发本土技术,以取代美国技术并与之竞争。欧洲人正在把他们的通信卫星和民用卫星作为两用品进行销售,允许卫星被中国等国家发射和运营。

由于这些原因,目前美国的卫星出口管制体系受到了很大的批评,美国也开始就改革的必要性形成共识。美国最近的立法倡议已将航天技术出口管制改革问题带到联邦政府的最高层面前。我们可以预见,航天技术出口管制改革将在未来五到十年内取得法律上的重要进展。

关于航天技术出口管制改革的讨论,目前集中在卫星出口管制机制的改革上,因为它与 1999 年的《斯特罗姆·瑟蒙德国防法》(STDA)和立法取消行政部门对卫星归类的自由裁量权有关。③ 目前的趋势表明,国会和奥巴马政府在将部分或全部自由裁量权交还给行政部门方面正在达成共识。虽然在程序和国内政策层面已经过充分讨论,但它没有解决更深层次的国际法和国际关系问题,这些问题超越了对卫星"物项"归类的直接政策问题。

---

③　见第 89 届国会第 261 号法律和美国众议院第 2410 号决议第 826 节(待参议院批准)。

有鉴于此,下文将对美国关于商业通信卫星(Comsat)的出口和贸易管制进行案例研究——分以下步骤进行:

第一,研究美国商业通信卫星(Comsat)及其他航天技术的出口、交易和管制所处的国际法律环境。什么国际法适用这些技术?国际航天技术如何以及为什么受到国际法的管制或不受管制?

第二,特别关注美国商业通信卫星(Comsat)单边出口和贸易管制这一事实上的单边国际机制。这个制度是如何运作的?为什么美国建立了一个单边机制?这一机制是否可持续?

第三,美国航天工业基础由于出口管制而没有取得相应的战略利益,正经历经济侵蚀,这一流行的假设受到了检验和挑战。在此背景下,要力争回答的主要问题是:(1)关于经济和战略、成本与效益的主张是否有定量和定性的证据支持?以及(2)如果是的话,为什么美国政府未能进行法律改革?

第四,根据美国的国家利益,确定和评估了美国商业通信卫星(Comsat)出口管制的改革方法。在讨论改革的过程中,目前的假设是什么?国会和行政部门正在采取什么方法?这些建议忽略了哪些问题?

本案例研究和求解这些问题,本身就为空间法律和政策领域作出了原创性贡献。但回答这些问题并不是本专著的唯一目的。事实上,它只是一个关于未来人类在更高层次开展外空活动的假设的引子。

国际影响:航天技术贸易和扩散管制以及全球民用航天合作

上述案例研究的最重要发现是,目前的国际航天技术管制主要是以国家为中心的单边模式。在这种模式中,为了"国家安全",各国在实施航天技术贸易和扩散管制方面寻求最大的法律自由裁量权。这种以国家为中心的范式表现在尚没有一个具有法律约束力的超越国家层面的航天技术贸易和扩散管制机制。

本专著的第三部分第八章评估了这种以国家为中心的模式对全球民用航天合作的影响。本章的主要目的是理解和分析当前模式如何影响全球民用航天合作,该模式是国际法、国际关系和在外空的人类未来这一较大难题的一部分。

本章首先评估了当前国际航天技术贸易和扩散管制机制如何影响各国在民用航天方面的国际合作能力;然后讨论了外空军备控制、裁军和防扩散及其与国际合作、航天技术贸易和扩散管制的联系,并在全球航天合作框架下分析了三种不同的国际法律义务:维护国际和平与安全,促进合作和相互理解,以及为了所有国家的利益而探索和利用外空。

此后,本章过渡到更广泛的国际法、国际关系和哲学问题,提出了建立一个世界航天组织以及航天技术贸易和管制的补充性全球范式,指出了使单边航天活动继续合法化的"自证正当"的安全困境,预测了在目前的国际框架中,在航天技术贸易和管制下,国家间关系的未来,并将国家间关系、外空的法律政治历史演变与伊曼努尔·康德的世界主义进行了类比。

拼图的类比

试图理解出口管制、国家安全、航天技术和国际合作之间的关系是一项艰巨的任务。在许多方面这本专著就像一个拼图，但这个拼图具有非常独特的特点。它是一个四维的拼图，拼图的碎片在空间和时间上延展，国际法和国际政策为碎片部分。与大多数拼图不同的是，这块拼图并不完整，没有随之带齐所有的碎片。它是一个人类正在逐渐构建、尚未完成的拼图，过去铺设的每一块碎片都有助于确定未来"适合"这张拼图的碎片的参数。

在一般的文献中，出口管制的技术方面得到了很好的阐述，出口管制技术这块拼图已被充分理解。出口管制技术在拼图中占比很小。拼图中占比最大的是航天技术、出口管制和国际合作在国际和国家安全利益方面的相互联系。既然还没有人确定或理解它们之间的相互联系，那么我们应该如何构建这张拼图呢？本专著采用的方法是从美国商业通信卫星的出口管制机制这个已知的部分开始，在此基础上揭示出缺失的部分。这种方法背后的逻辑是，如果我们要研究法律存在的空白，就有必要首先研究确实存在的法律，以确定缺失的部分。

以下图为例：

如果我们只评估白色的拼图部分，而不考虑缺失的黑色部分与整个拼图的更广泛的关系，我们就只会看到六个独立的白色拼图，其中四个连接成一组，另外两个连接成另一组。在这种认知中，缺少的是两组看似"不相干"的白色拼图之间的联系，以及"看不见的"黑色拼图。认识的缺失与基于概念假定的感知空白相关，从而导致无法构想出其他的关系。

本专著的难题正如上面的拼图。如果我们只看监管航天技术出口管制的已知"立法和条例",而不看更广泛的国际法和国际关系之间的相互联系,那么这道谜题的一个重要"部分"就从未被看到。然而,正是这个"未被看到"的部分需要被阐明。如果没有考虑与国际法和国际关系之间的联系,航天技术贸易和扩散管制方面的法律和政策将在没有充分考虑其更广泛影响的情况下被推进。

目　　录

第一部分　对初步关切问题的探究——背景聚焦

第二部分 美国 Comsat 出口管制案例研究
——一个需要改革的制度？

第三部分　超越案例研究——国际空间法律与政策

第8章　安全和全球民用航天合作：航天技术贸易和扩散管制是更大难题中的一部分

第一部分
对初步关切问题的探究
——背景聚焦

本部分研究了美国商业通信卫星（简称 Comsat）出口管制所处的法律、技术和国际环境，旨在提出问题并构建本研究的整体背景，以便更好地理解美国通信卫星出口管制案例研究。

第1章

出口管制航天物项的特征

各国通过许可授权实施通信卫星出口管制,是否发放许可证以及许可证的发放条件通常由三个因素决定:

1. 物项本身的性质(例如,它是否涉及军事敏感问题、受国际协议约束、因国家安全而被禁止);

2. 物项的最终用户;

3. 物项的预期最终用途。

但什么是航天物项?与出口管制法律和政策相关的航天关键技术的特征是什么?

本章对航天物项的特点进行了技术性探究,目的是为读者提供充足易懂的背景信息,以便帮助读者了解美国试图管制的范畴及其最关键的特征。为此,本章(1)定义了航天技术,(2)说明了航天技术的两用特征,(3)指出了航天应用的军事和情报意义,(4)解释了卫星、发射服务和弹道导弹之间在技术出口管制方面的联系,(5)对航天技术的未来发展将如何影响出口和扩散管制进行了理论分析。

1.1　航天技术的含义

对"航天技术"一词没有达成共识或形成公认的定义。"technology(技术)"的词源是希腊语 technologia,意思是对一种艺术的系统论述,源自 techne art,skill＋o＋logia-logy。① 从广义上讲,它是"某一特定领域的工作/教育技术";从更具体的角度讲,它是"知识的实际应用,特别是在某一特定领域的实际应用"②。但外空是一个地理概念,而不是一项工作,更不是一项应用。那么,航天技术一词就没有真正的意

① 见 *Merriam-Webster Online Dictionary*(2009 年)中的词条"technology"。

② 同上一条。

义吗？

如果人们接受从地理范畴来定义技术，那么航天技术就是在外空或天体上设计、计划、部署或投入使用的任何技术。如果我们把航天技术一词的概念缩小到一项工作，那么航天技术可以是任何经过设计、计划、用于外空的技术。

在出口管制法的范畴内，"技术"一词不像前面提到的定义那样被广泛使用，往往有一个专门的定义。一个典型的出口管制系统不仅针对出口的货物或项目，也针对出口的技术清晰地描述了出口规则。出口管制规定区分了实体物品和开发、生产或使用该物品所需的具体信息。③这种具体信息是出口管制所要规制的，通常被归类为技术数据或技术支持，④可以表现为实物和非实物的形式。

更加令人困惑的是，在实际应用中，"技术"一词既可以指实物，也可以指制造实物的底层技术。为了解决这种模糊性，我们必须认识到，除非引用具体的法律语言，否则所讨论的技术一词很可能包括任何相关的实物，其原因是未经授权的技术知识转让与从底层技术知识衍生（如制造）的实物货物之间有合理的联系。换言之，实物货物本身可以是技术的一种形式，因此常常与更广泛的技术管制概念相关联。

还应该指出的是，从这个意义上讲，"卫星出口管制"一词有点用词不当。对出口管制条例进行仔细研究就会发现，"航天器"作为一个单独的货物而受管制，条例也管制宇航级物项、相关的推进器和航天相关设备。为方便起见，本专著使用"卫星"一词来代替航天器、宇航级物项、推进器和航天相关设备（简称 SQUIPE）。然而，大家应该清楚地知道，大量的航天器相关出口并不是出口整个卫星，而是出口宇航级物项、SQUIPE。

如何在概念层面对航天技术进行分类，取决于各类别的决定性特征。功能、用途、大小和位置只是一些可能的决定性特征。在出口管制制度中，航天"物项"通常被分为三大类，而如何分类则与该技术支持的航天系统的功能有关：(1)运载火箭⑤、

---

③　见 Canadian Export Control List，*Definitions*（2009）。*C. f.* International Trafficking in Arms Regulations，*United States Munitions List*，22 C. F. R. §120（2009）。美国《国际武器贸易条例》（ITAR）没有定义技术。相反，他们管控和定义国防服务及物品，其中包括"技术数据"。"技术数据"包括："除第 120 条第 10 款第 1 项(4)中定义的软件之外，国防物品的设计、开发、生产、制造、装配、操作、维修、测试、维护或修改所需的信息。这包括蓝图、图纸、照片、计划、说明或文件等形式的信息。"国防服务包括："在国防物品的设计、开发、制造、生产、组装、测试、修理、维护、改装、操作、非军事化、销毁、加工或使用方面，向外国人提供援助（包括培训），无论是在美国还是在国外。"在这种意义上，美国《国际武器贸易条例》（ITAR）区分实物商品和开发、生产或使用该商品所需的信息。

④　见 International Trafficking in Arms Regulations，*United States Munitions List*，22 C. F. R. §120（2009）。

⑤　见 Angelo Joseph，*Encyclopaedia of Space and Astronomy*（New York：Facts on File，2006），第 349 页。一次性火箭推进运载工具（ELV）或可重复使用（RLV）的火箭推进运载工具，提供足够的推力将航天器送入环绕地球的轨道或将有效载荷发送到另一个天体的多轨道上。

(2)航天器⑥和(3)地面支持设备⑦。人造卫星⑧是航天器的一种类型。虽然这些类别在概念上可能是有用的,但它们之间的技术区别并不明确,一类技术通常有助于另一类技术的发展和运行。

1.2　两用技术的特征

两用品(如物项和/或商品)是指能够同时用于军事和非军事用途的物品。两用技术是指开发、生产或使用某一物品所需的具体信息和相关知识。两用货物和技术"既有潜在的民事用途,也有潜在的军事用途"。⑨

在美国的出口管制体系中,"两用"一词通常用于"区分受 EAR(商务部)管制的既可用于军事和其他战略用途又可用于民用的物项,及受国务院、能源部或核管理委员会管制的与武器、军事相关的用途或与核相关的物项"。⑩

运载火箭、卫星以及其底层技术在本质上具有两用的特点,其中的主要原因是:(1)航天技术的历史发展,(2)航天技术的应用,(3)各国不愿意部署武器化卫星或航天平台,以及(4)航天技术在现代民用、商业和军事活动中的独特作用。

---

⑥　同上一条,第 556 页。一般来说,它是被设计放置在绕地球的轨道上或另一个天体的轨道上的一个载人或无人平台。航天器本质上是形成空间平台的硬件组合。它提供结构、热控制、布线和子系统功能,如姿态控制、命令、数据处理和电源。航天器有各种形状和大小,每一种都是为满足太空特殊任务的需要而定制的。通常,它们是根据飞行任务来分类的。

⑦　同上一条。地面支持设备(GSE)是指任何非飞行(即用于发射、检查或空中支持航空航天器、一次性火箭航天器或有效载荷)的地面设备。更具体地说,地面支持设备由非飞行设备、装置和工具组成,这些设备、装置和工具用于检查、测试、调整、校准、评估、计量、测量、修理、检修、组装、运输、保护、记录、存储或以其他方式支持火箭、航天器等——无论是在研发阶段还是在运行阶段。一般而言,地面支持设备不包括土地和建筑物,但可能包括支持另一项地面支持设备所需的设备。

⑧　见 International Trafficking in Arms Regulations, *United States Munitions List*, 22 C.F.R. § 121 (2009)。在美国,ITAR(国际武器贸易条例)对"运载火箭、制导导弹、弹道导弹、火箭、鱼雷、炸弹和地雷"、"飞机、航天器和相关设备"以及"航天器系统和相关设备"进行了分类。

⑨　见 Anna Wetter, *Enforcing European Union Law on Export of Dual-Use Goods* (Oxford: Oxford University Press, 2009),术语表十五。另见 John Heinz, *U.S. Strategic Trade: An Export Control Systems for the 1990s*, (Oxford: Westword Press, 1991),第 9 页。另见 *Strategic Goods (Control) Act*。"'两用物品'是指能够同时用于非军事用途和军事用途的物品。'两用技术'是指开发、生产或使用任何两用物品所必需的技术。"另见 Sam Evans, "Defining Dual-Use: An international assessment of the discourse around technology" (Paper presented to the ESRC New Directions Conference in WMD Proliferation Seminar Series, 27 February 2009)[未发表]。

⑩　见 Export Administration Regulations (United States), *Dual Use Exports*, 15 C.F.R. § 730.3 (2009)。

一次性运载火箭(ELV)基本上属于经过改装的弹道导弹,⑪两者的技术和相关知识几乎是等同的。基于此,国际社会将运载火箭和弹道导弹视为同一技术类别的大规模毁灭性武器载具。⑫运载火箭和弹道导弹之间通常在与有效载荷、助推器和整流罩系统相关的方面在技术上存在着区别。运载火箭、弹道导弹有效载荷和整流罩技术是不同的。与航天器不同,弹道导弹的有效载荷必须被设计成能在大气层再入中存留并能准确瞄准的形式。二者的助推器技术也不同,最有效的弹道导弹使用固体助推器以尽量减少发射准备时间,而大多数航天运载火箭使用的是液体助推器。然而,这些差异并不能排除运载火箭和弹道导弹项目之间的技术转移。例如,考克斯委员会报告表示担心美国向中国商业发射服务商提供的关于失败的运载火箭整流罩系统的技术数据和建议可能已经被转移并应用于改进中国的潜射弹道导弹。⑬

通常,卫星不被视为具有搭载进攻性武器能力的"两用"性,这是因为卫星尚未完全武器化,也没有证据表明已部署的卫星的功能或目的是投送大规模毁灭性武器或常规武器。⑭相反,卫星被认为是"两用的",是因为:(1)潜在的最终用户,(2)因为其组件或子组件被认为在军事上敏感。

根据最终用户的应用,卫星的应用可以分为三个"类型":民用、商用和军用(军用可细分为国防和情报)。在这三个类型中,某些类型的卫星和航天系统是相互依存的,本质上具有两用性。

图1.1⑮说明了大多数卫星是两用的。通信、定位导航、图像情报、气象和空间目标监视都是常见的商业应用、民用和军事航天部门应用类型。美国军方使用了不少于18颗民用卫星和商用卫星。⑯

---

⑪　见 Stanislav Nikolaevich Konyukhov, "Conversion of Missiles into Space Launch Vehicles",载于 Hans Mark, Eds., *The Encyclopedia of Space Science and Technology* (New York: Wiley, 2003).

⑫　见 *International Code of Conduct Against Ballistic Missile Proliferation*,也称 *Hague Code of Conduct* (HCOC),对弹道导弹和空间运载火箭方案实施透明度措施,"达到适当和足够详细的程度,以增加信任和防止能运载大规模毁灭性武器的弹道导弹的扩散"。

⑬　见 *U.S. National Security and Military/Commercial Concerns with the People's Republic of China* (Cox Commission Report), Select Committee of the U.S. House of Representatives, 105th Congress, Report 105-851 (1999).

⑭　见 Michael Mineiro, "The United States and Legality of Outer Space Weaponization: A Proposal for Greater Transparency and Effective Dispute Resolution Mechanisms" 33 *Annals of Air and Space Law* 441 (2008).

⑮　本图表由作者 Michael Mineiro 绘制。它部分基于"Briefing of the Working Group on the Health of the U.S. space industrial base and the impact of export controls" (February 2008)第42页中的 CSIS 图表。

⑯　见 Tamar Mehuron Ed., 2009 Space Alamanac: The U.S. military space operation in facts and figures (Air Force Magazine, August 2009).

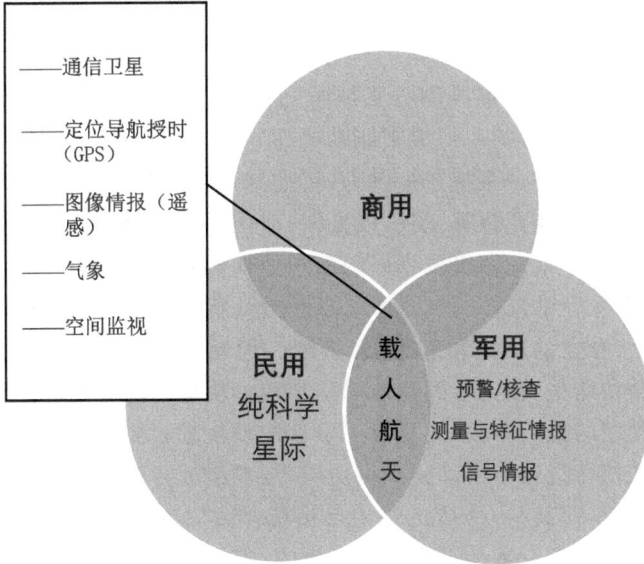

——通信卫星

——定位导航授时（GPS）

——图像情报（遥感）

——气象

——空间监视

商用

民用
纯科学
星际

载人航天

军用
预警/核查
测量与特征情报
信号情报

图 1.1　卫星"两用"应用的可视化展示

但图 1.1 没有说明的是,所有卫星和相关应用的组件、子组件部分都存在相互关联性。从出口管制的角度来看,这种关联性引起了对分系统集成、异常情况解决和事故调查所带来的技术转移的潜在隐患。

举例说明:一颗正常运行的通信卫星基本上由有效载荷和平台两部分组成。[17]"有效载荷包含了卫星的通信设备和天线,这些设备和天线为整个大陆、地区或国家的用户通信提供了基础设施。平台的任务是在难度较大的发射期间保护有效载荷,将有效载荷送入其指定的轨道或轨道带,并将其维持在那里。平台在整个生命周期中支持和维护有效载荷。"[18]

通信卫星的这两个"部分"通常包括以下七个分系统:[19]

> **有效载荷分系统**:通信分系统("有效载荷")包含卫星的射频设备。分系统前端的宽带接收器接收入站通信信道,这些信道占据了一个特定的频段,频段由多工器或滤波器组进行分频,并在有效载荷的各种转发器之间进行分配。经过转发器放大后,这些频道由另一个多工器重新组合,以向地面转发。

> **电源分系统**:电源分系统产生、调节和控制从太阳能电池组和星载电池获得

---

[17]　见 Steven Dorfman, "Technology of Telecommunication Satellites" in Hans Mark, Eds., *The Encyclopedia of Space Science and Technology* (New York: Wiley, 2003)。

[18]　同上一条。

[19]　见 Steven Dorfman, "Technology of Telecommunication Satellites" in Hans Mark, Eds., *The Encyclopedia of Space Science and Technology* (New York: Wiley, 2003)。下文对子系统的七个解释是对 Steven Dorfman 文章的逐字复制。

的电源,主要供通信有效载荷使用。这个分系统还能在日食期间维持卫星的运行。

> **姿态控制分系统**:姿态控制分系统感知任何姿态偏离,使航天器和卫星天线始终指向正确的方向——太阳能电池阵列指向太阳,散热器远离太阳。

> **推进分系统**:推进分系统产生推力,将地球同步轨道(简称 GEO)卫星置于所需的轨道,并定期调整其位置,以抵消(1)由于太阳和月球引力引起的南北向运动和(2)由于地球两极偏率引起的东西向运动。最后一个功能被称为位置保持。GEO 卫星包含一个固体火箭远地点启动发动机(AKM)或一个液体双组元推进(独立的燃料和氧化剂)系统。远地点启动发动机和双组元推进系统的部分功能是,在卫星到达地球同步转移轨道的远地点时,将其推入 GEO。在发射程序的最后阶段,卫星被一个近地点发动机推入一个椭圆形的转移轨道。除了执行远地点启动发动机功能外,双组元推进系统还帮助提高转移轨道的近地点,使其与 GEO 的远地点相吻合,这一过程称为轨道抬升。它还处理驻留任务。在有远地点启动发动机的卫星上,由一个单组元推进系统执行轨道定位和驻留任务。这个分系统的贮箱、阀门、管路、推力器和燃料在发射时,乃至在进入 GEO 后,都占了卫星质量的大部分。

> **热控制分系统**:热控制分系统将卫星上产生的热量辐射到空间。要使卫星内部保持在室温,所有多余的热量都必须从卫星上辐射出去。为此,该分系统使用了诸如加热片和反射镜等设备。如果卫星有一个远地点启动发动机——就像纺锤一样,那么就可以用一个绝缘墙和热屏障来保护组件不受发动机点火产生的热量影响。新的卫星设计正在增加更多的行波管放大器(TWTAs),其有效载荷的功率输出更高。尽管行波管放大器的效率提高到了70%,但剩下的30%是产生的无用热量,也必须被清除。

> **遥控遥测分系统**:遥控遥测分系统使地面人员能够监测卫星的健康和状态,并向卫星发出指令。它向地面遥测系统提供有关卫星温度、剩余燃料、行波管放大器性能和指向性的信息。遥控部分接受来自地面的指令信号,用于控制内务管理功能。它在日食期间给电池充电,并卸载星体稳定动量轮所集聚的能量。当卫星的任务寿命结束,星载燃料接近耗尽时,可以通过遥控遥测分系统命令它脱离轨道并关闭其通信分系统。

> **结构分系统**:结构分系统是为敏感设备提供物理支持和保护的底盘。在发射期间,卫星必须经受严苛的声学和振动影响,结构分系统采用了一个截顶锥体或桁架,上面有用于安装平台和有效载荷电子设备的面板。

根据通信卫星有效载荷的最终用途,其配置和分系统可以做必要的调整。军用通信卫星通常配有专门的、增强的或调整的分系统组件。出口管制的一个难题是确定哪些技术应按照军事敏感性进行归类和监管。对于卫星技术而言,军事敏感技术的使用是一个程度问题。例如,军用通信卫星通常有辐射加固装置,以保护卫星免受潜在的电磁攻击。Comsat 运营商也希望有辐射加固装置,这不是为了在攻击中幸存,而是为了在太阳风暴或其他自然灾害现象发生时提高卫星的生存能力。⑳

1.3　战略性军事和情报特点

出口管制最重要的特点不是航天物项本身,而是源于天基应用能够为军事情报行动提供战略优势。㉑ 当代军事和情报行动得到了几乎所有类别的航天技术的支持。㉑ 战场上,指挥官之间的通信链路、由 GPS 引导的导弹以及位于高处的情报卫星,侦察并提供相关活动的信息。航天技术支持现有的一系列行动,它们是未来军事和情报活动的基本要素。㉒

1.4　出口管制和卫星发射

运载火箭和地面支持服务是任何卫星系统进入太空和维持服务的必要条件。卫星的出口管制问题直接与运载火箭和地面支持服务相关。这是因为何时、何地、如何以及与谁一起发射卫星,都受到卫星出口管制制度的影响。如果一个美国公民购买了一颗产自美国的通信卫星,并由一个非美国的发射服务商发射,那么就需要出口许

---

⑳　关于抗辐射卫星电子设备如何固有地具有两用性的有趣例子请查阅空军 SBIR 招标书: *Rapid Radiation Hardened Prototyping of Obsolescent Military Satellite Microelectronics* (Air Force SBIR 2009. 3-Topic AF093-081):"PHASE Ⅲ/DUAL USE: MILITARY APPLICATION: All military satellite programs could potentially benefit from the research towards rapid radiation hardened prototyping of obsolescent military satellite microelectronics. COMMERCIAL APPLICA-TION: Commercial satellites and many commercial electronics packages for use in harsh environ-ments will benefit from the research towards rapid radiation hardened prototyping of obsolete mi-croelectronics."

㉑　见 James Ferguson and Wilson W. S. Wong, *Military Space Power: A Reference Hand-book* (*Contemporary Military, Strategic, and Security Issues*) (Oxford: Praeger, 2010)。见 Clayton Chun, *Defending Space: U. S. Anti-satellite Warfare and Space Weaponry* (New York: Osprey, 2006)。见 L. Parker Temple, *Shares of Gray: National Security and the Evolu-tion of Space Reconnaissance* (AIAA, 2004)。另见 Donald Walsh, *Present and Future Military Uses of Outer Space: International Law, Politics, and the Practice of States* (LL. M. Thesis, McGill University Institute of Air & Space Law, 1986) [未出版]。另见 Frank Fedele, *Peacetime Reconnaissance from Air Space and Outer Space: A Study of Defensive Rights in Contemporary International Law* (LL. M Thesis, McGill University Institute of Air & Space Law, 1965) [未出版]。

㉒　见 Peter Hays, *U. S. Military and Outer Space: Prospectives, Plans, and Programs* (Routledge, 2009). 见 Robert Jarman, *The Law of Neutrality in Outer Space* (LL. M. Thesis, McGill University Institute of Air & Space Law, 2008) [未出版] 第 2 章。

可证。从技术的角度来看,一次成功的卫星发射需要发射和地面服务提供者、卫星制造商、运营商之间一定程度的技术合作。由非美国发射服务商发射的美国卫星需要有最低限度的技术支持协议。因此,关于美国卫星出口管制改革的辩论常与商业发射服务交织在一起。

技术合作是否会导致弹道导弹技术扩散是一个令人关切的问题。商业运载火箭和弹道导弹之间的技术相似性意味着,成功发射商业卫星所需的技术知识也可用于改进弹道导弹。这是一个具体的问题,取决于目前的发射技术水平、卫星发射的技术要求以及所提供的技术支持的性质。

1.5 航天物项的未来

航天物项固有的两用特性是否会演变成特有的商业、民用和军事技术?也许会。

自冷战结束后,国防部门越来越重视现存的两用物项。[23] 传统上,在航空航天产业中存在着从军到民的技术转移[24]——最近已经被逆转为从民到军的技术转移。[25] 如今,航天技术在商业和民用领域应用的日益多样化,为军事领域提供了一个技术库。例如,针对专门用于非军事用途的运载火箭[26]和空间驻留技术[27]的商业开发正在进行。

这种技术的逆向流动让民用、商业和军事技术之间的区别趋于模糊,使它们越来越多地被认为具有两用特征。民用和商业技术的发展没有预定的两用目的,但它们仍然保有其技术固有的两用特征。[28]

因此,上述关于航天物项固有的两用特性是否会演变成特有的商业、民用或军事特性的问题具有误导性。从外空的军事战略特点看,所有航天技术在本质上都是两用的,问题是应该如何监管它们,这个问题的答案在于法律和政策的选择,取决于出口国的国家利益。

这一选择的影响是巨大的,它可以成为自由贸易和限制贸易、武器化和商业产业、技术合作和竞争、扩散和不扩散之间的区别。

---

[23] 见 Derek Braddon, *Exploding the Myth? The Pace Dividend, Regions, and Market Adjustments* (Amsterdam: Harwood Academic, 2000),第 233 页。

[24] 同上一条。

[25] 同上一条。

[26] 见维珍银河网站。另见 SpaceX 网站。

[27] 见毕格罗航空航天网站。

[28] 民用全球定位系统接收器、商业载人航天技术和商业遥感图像,是被视为并在某些情况下作为军事敏感物品加以管制的民用/商业技术的三个例子。

1.6　章节摘要和结论

本章的结论是,被列为出口管制目标的通信卫星,最重要的技术和战略特点是:(1) 卫星、发射和地面服务技术是相互关联的,(2) 军事和情报行动从航天技术的应用中获得了重大战略优势。正如在本专著随后章节的研究中所揭示的那样,需要根据这些技术和战略的特点来评估为什么要管制和应如何管制。

第2章

主权是出口管制的法律基础：
国际法与航天技术管制

本章研究了主权国家的国际法概念，因为它与出口管制有关。主权和出口管制之间的这种关系对随后的案例研究非常重要，因为主权国家的国际法概念以及与主权相关的权利和义务是关键的国际法要素，国际和国内通信卫星出口管制机制都是在此基础上建立的，各国也是在此基础上行使出口管制的法律权利。在当前的国际法环境中，每个主权国家都有一个单边的航天技术出口管制机制。各国可能试图协调其国内法规，但没有超国家权力来监管和执行。只有在特殊情况下，国际法才规定主权国家有义务管制航天技术出口。目前的国际法范式限制了主权国家能够采纳的选项。超越单一国家的单边出口管制必须通过自愿的双边或多边协议或其他具有法律意义的国家安排来获得。尚没有协调出口管制安排可以将国家作为主要的法律人格，使出口管制的航天范式脱离领土的概念，或者在不涉及出口概念的情况下管制技术。

主权包含国家管辖权和领土界限的概念。主权的主要主张之一是"公共权力控制跨边界活动的能力"①。出口管制和主权是相互联系的，但无论是有效的出口管制还是专属主权，都不一定以独立国家严格的领土边界为前提来定义。② 主权管辖、领土和出口管制之间的联系，限制了单边出口管制制度的执行效力、透明度以及管制的连续性。各国有权按照其认为的最佳利益对出口技术进行监管，只有国际法律义务

---

① 见 Stephen Krasner, *Problematic Sovereignty* (New York: Colombia University Press, 2006)第6页。

② 见 John Agnew, *Globalization & Sovereignty* (New York: Rowman & Littlefield, 2009)第9页。

才能取代这一权利。

2.1　主权是出口管制的前提条件

抽象地说，出口管制不一定要由一个主权国家来实施。任何个人或实体对"离开"其权威管制范围的任何事物（如人员、货物、技术）的流动行使强制权力，理论上都是在实施出口管制，然而这种权威管制的实施以前并没有得到国际法的承认。

根据国际法，法律认可的出口管制要求主权国家通过合法的和许可的管辖权行使其权力。这是因为，除了非常特殊的例外情况，只有被承认的国家才有权对领土、人员、自然资源以及在出口管制方面通常被管制的物项行使主权管辖权。当非国家行为者对货物、服务、物品等的流动行使胁迫性权力，但却没有得到对其行使胁迫性权力有正当理由的主权国家的合法授权时，根据国际法，这样做是一种非法行为。在实践中，这种对人员、货物和服务的流动行使胁迫性权力的非国家行为者往往被归类为海盗、小偷、强盗、恐怖分子、罪犯或叛乱分子。③

请注意"出口"一词。它在国际法中没有正式的定义。④ 在各国法律中，对其也存在不同的定义。习惯上，"出口"作为动词时意味着"将（货物或商品）送出、带出或运出国家；在贸易过程中将（商品）从一个国家运到另一个国家。"⑤同样，作为名词

---

③　见 Anthony Aust, *Handbook of International Law* (Cambridge：Cambridge University Press，2005)第 13 页。Aust 支持这样一种观点，即大多数权威机构认为国家是国际法的唯一主体，而自然人和法人通常被视为国际法的"客体"。见 Rebecca M. M. Wallace, *International Law 5th Edition*，(London：Sweet & Maxwell，2005)第 1～2 页。Wallace 认为，国家不是国际法的唯一主体，其他行为者可能需要参与。然而，Wallace 随后自相矛盾地站在了另一种立场，称尽管国家拥有完全的国际法人格并以之作为其国家地位的固有属性，但其他拥有人格的实体只能在国家允许的范围内这样做，也就是说，它们的人格是通过国家获得的。见 Rebecca M. M. Wallace, *International Law 5th Edition*，(London：Sweet & Maxwell，2005)第 63 页。再看 Teresa Fuentes-Camacho Ed.，*The International Dimensions of Cyberspace Law* (Paris/Aldershot：UNESCO Publishing/Ashgate，2000)，想想看，在网络空间，传统形式的管辖权受到了挑战。这些人类活动的新兴领域不符合管辖权和出口管制的典型结构。

④　经过广泛的研究，我惊讶地发现，在国际法中，没有关于出口的正式定义——无论是作为动词还是名词。该术语在国际协议和约定中广泛使用，但从未被正式定义。《瓦森纳协定宣言》没有界定出口。《世界贸易组织协定》中也没有对出口做出定义。"出口"的法律定义仍由各国自行确定。一个强有力的论点是，国家习惯已经确立了对出口（动词和名词）的理解。这种习惯性的国际法律定义很可能与 *Black's Law Dictionary* 中采用的出口定义相似。

⑤　参看 *Black's Law Dictionary* 第 8 版，见词条"export"（动词）。

时,"出口"一词意味着"在一个国家创造的货物或服务被运到另一个国家。"⑥Aubin 和 Idiart 正确地认识到,"虽然定义可能会根据所适用法律和法规的不同而有所不同,但是出口可以被定义为将物品从一个国家('出口国')发往一个外国('目的地国')"。⑦

出口是作为一个法律概念存在的,它与发送物品的主权国家及其地理边界直接相关。这种与主权国家的联系意味着领土主权是我们目前的出口和出口管制概念的必要前提。

2.1.1 主权权利和出口管制

根据国际法,主权国家被认为具有法律人格。⑧ 它们是监管和执行出口管制的法律"人"。但是,根据国际法,一个国家应如何获得法律主权地位呢？一个主权国家与出口管制有关的国际权利、特权和义务又是什么？

国家可以被概念化为法律上的国家和事实上的国家。⑨作为国际法学者,我们讨论的重点往往是主权国家的法律概念。然而,事实上的国家并不一定等同于法律上的国家。⑩ 对于一个事实上的国家是否具有主权国家的法律地位,有两种概念性界定方法。

第一种方法是,一旦一个国家在事实上表现出某些特征,此后该国就会隐含地获得国际法上的主权承认。⑪这就是宣告说。普遍接受的将事实上的国家判定为国际法"人"的标准是:(a) 常住人口;(b) 确定的领土;(c) 政府;以及(d) 与其他国家建

---

⑥ 参看 *Black's Law Dictionary* 第 8 版,见词条"export"(名词)。

⑦ 见 Yann Aubin and Arnaud Idiart, *Export Control Law and Regulation Handbook* (The Netherlands: Kluwer Law International, 2007)第 4 页。

⑧ 见 Malcolm N. Shaw, *International Law, 5th Edition* (Cambridge: Cambridge University Press, 2003),第五章"Subjects of International Law"。

⑨ 见 Ersun N. Kurtulus,"Theories of Sovereignty: An Interdisciplinary Approach" 18(4) Global Society (2004)第 361 页。

⑩ 见 Helmut Steinberger,"Sovereignty",载于 Rudolph Bernhardt Ed., *Encyclopedia of International Law Vol. Ⅳ* (Amsterdam: Max Plank Institute of Comparative Law,1992 - 2001)第 513 页。"Whether the status of sovereignty is acquired by a political entity as soon as it qualifies as State in the sense of international law, or whether such status depends in addition, in relation to other States, on its recognition as a State, is still controversial."

⑪ 见 Hermann Mosler,"Subjects of International Law",载于 Rudolph Bernhardt Ed., *Encyclopedia of International Law Vol. Ⅳ* (Amsterdam: Max Plank Institute of Comparative Law, 1992 - 2001)第 718 页。"It is generally agreed that newly arisen States are not outside international law. . . Recognition cannot create an independent entity to which, by a general rule of international law, legal personality is not attached. Recognition is, however, significant in according a new State the possibility of putting its legal capacity into practice through relations with other members of the international community."

立关系的能力。⑫

第二种方法提出，只有当一个事实上的国家被明确承认具有合法的国际法律人格时，它才能获得法律上的主权国家地位。⑬ 这是构成说，其基本前提是国家的国际法概念从根本上取决于国际法意义上的国家成员的相互承认。

主权国家的这些理论基础在出口管制方面具有实际意义。多边出口管制协议只在公认的法律上的主权国家之间进行。⑭ 国际法没有承认任何其他法律人格有管辖权和有权力来实施国内出口管制，无论是单方面管制还是在多边协议中都是如此。如果理论上有其他形式的出口管制，就必须考虑这一关键的法律事实。出口管制的改革和演变要么继续在这一历史性的法律结构中运作，要么就会背离它。如果背离，那么就需要考虑法律和政治改变带来的挑战。

2.1.2 国内主权和相互依存主权

一个主权国家"在其领土管辖范围内不受外国的政府、行政、立法或司法管辖，也不受国际公法以外的外国法律管辖。"⑮在主权的这个一般概念中，为了出口管制的目的有必要区分两种不同形式的主权：国内主权和相互依存主权。

---

⑫ 见 Article 1, *Montevideo Convention*, 1993, 165 LNTS 第 19 页。另见 The American Law Institute, *Restatement of the Law（3rd）: Foreign Relations Law of the United States*, Vol. 1 第 201 页。另见 Karl Doehring "State"，载于 Rudolph Bernhardt Ed., *Encyclopedia of International Law Vol.* Ⅳ（Amsterdam: Max Plank Institute of Comparative Law, 1992-2001）第 601 页。另见 Anthony Aust, *Handbook of International Law*（Cambridge: Cambridge University Press, 2005）第 16 页。另见 Rebecca M. M. Wallace and Olga Martin-Ortega, *International Law 6th Edition*（London: Sweet & Maxwell, 2009）第 64 页。见 *Opinion Number 1 of the Arbitration Commission of the European Conference of Yugoslavia*, 92 I. L. R., 第 162、165 页："the State is commonly defined as a community which consists of a territory and a population subject to an organized political authority" and "such a state is characterised by sovereignty."。

⑬ 见 Lassa Oppenheim（Ed. Ronald Roxburgh）, *International Law: A Treatise*（Clark, NJ: The Lawbook Exchange, Ltd., 2005）第 135 页："International Law does not say that a State is not in existence as long as it is not recognized, but it takes no notice of it before its recognition. Through recognition only and exclusively a State become an International Person and a subject of International Law."。

⑭ 关于法律上的国家和事实上的国家之间，有一些非正式双边出口管制安排和特殊案例。在这些案例里，一方或者双方都没有依据主权平等原则承认对方为法律上的国家。参见美国出口管制安排。

⑮ 见 Helmut Steinberger 所讲的"Sovereinty"，载于 Rudolph Bernhardt Ed., *Encyclopedia of International Law Vol.* Ⅳ（Amsterdam: Max Plank Institute of Comparative Law, 1992-2001）第 513 页。（关于 Steinberger 采用的术语）见 *Reparation for Injuries Suffered in Service of the U. N.*, advisory opinion, *I. C. J. Reports* 1949 第 174 页。

国内主权可以被定义为"一个国家内的公共权力组织以及拥有权力的人所行使的有效管制水平",而相互依存主权是"公共权力管制跨境流动的能力"。[16] 出口管制和执法应该在这两种形式的主权背景下进行,因为两者都是国家有效管制和执行出口的前提。一个主权国家可以制定国内出口管制法,并签订国际协议来协调出口。然而,如果一个国家缺乏有效行使国内主权或相互依存主权的能力,其法律的出口管制体系实际上可能是:(1)一个被外国管制或受外国严重影响的管制体系,(2)一个无效的管制体系。

对有效的主权管制的研究也提出了这样一个问题:是否有其他代理人可以保障授权的技术转让? 如果存在管制物项与技术的替代模式,那么就需要解决有效性的问题,即什么是有效的管制系统以及如何实现这一系统。正如在本专著随后的章节中所讨论的那样,有效性问题与所要实现的政策目标直接相关,广义地讲,是与特定政策的基本哲学观相关。

2.2　出口管制和主权管辖

一个主权国家必须在合法和许可的管辖权基础上对一项出口行使法律管制。最常见的是行使属地管辖来监管出口和进行出口执法。在某些情况下,国籍也是一种依据。从理论上讲,任何许可的管辖权都可以被用来监管或执行出口管制。通俗地讲就是,国家管辖权的限制通常通过国际法的五项原则来描述:(1) 属地原则,(2)国籍原则,(3)被动人格原则,(4)保护管辖原则,(5)普遍管辖原则。[17]

除了法律上的管辖依据,有效的出口管制需要两种具体的管辖实施形式,以便加强出口监管:"规定性"管辖权和"执行性"管辖权。[18] "规定性管辖权涉及一个国家规范或规定行为的权力,通常是法律或法规以及国内法院或法庭对这些规则的解释。"[19]"相比之下,执行性管辖权涉及对这些规则采取相应行动的权力,通常是行政或管理行动,并包括旨在确保这些规则得到遵守的所有限制性措施。"[20]因为一项有效的管制制度必须能够在国际上规定和促使执行其法规,在研究出口管制时,"规定性"管辖权和"执行性"管辖权变得特别有用。

但是,一个出口国应如何合法有效地行使管辖权,并在国际上规定和促使执行其

---

[16]　见 Stephen Krasner,*Problematic Sovereignty* (New York：Colombia University Press, 2006)第 6 页。

[17]　见 Bernhard Oxman，"Jurisdiction of States",载于 Rudolph Bernhardt ed. , *Encyclopaedia of International Law* (Amsterdam：Elsevier, 1997)。另见 John H. Currie,*Public International Law , 2nd Edition* (Toronto：Irwin Law, 2008)。

[18]　见 John H. Currie,*Public International Law , 2nd Edition* (Toronto：Irwin Law, 2008) 第 334～335 页。

[19]　同上一条。

[20]　同上一条。

法规,特别是当针对在外国土地上的外国国民时？出口国将需要与进口国达成出口后管制的核查、执行和更广泛的技术保障协议与安排。

从出口管制的角度来看,有三个法律层面的有效技术保障措施,其中两个侧重于出口后的管制和执行：

（1）初始的出口管制许可（包括许可申请审查、调查、尽职调查）。

（2）出口国和进口国之间的海关对海关的谅解备忘录。

（3）战略贸易/保障协定和多国出口管制协定/安排。㉑

原产国颁发的初始出口许可证是在其领土和国籍的基础上合法行使国家管辖权,无论一个人是否是外国人,都不妨碍出口国行使合法的管辖权,因为该外国人是在该国境内活动并从该国出口物品的。然而,一旦受控货物或技术离开原产国,对在外国土地上的外国国民建立管辖权就需要与进口国进行法律上的合作和协调。

第一个层次的国际安排是海关对海关的谅解备忘录（MOU）。海关对海关的谅解备忘录"规定了预防、调查和制止违法行为的互助协议"。㉒ 这些谅解备忘录是一个国家的海关当局对另一个国家的援助请求采取行动的基础。㉓ 然而,谅解备忘录有几个不足之处。首先也最重要的是某一特定的谅解备忘录是否具有法律约束力的协议无法明确。谅解备忘录是否具有法律约束力,根据各方的意图、签署方的立场和文件的语言,在不同的情况下会有所不同。㉔ 其次,谅解备忘录往往没有在联合国条约数据库中登记,未登记的谅解备忘录不能在联合国的任何机构被援引,包括在国际法院中。㉕ 最后,从更实际的角度来看,海关对海关的谅解备忘录不一定能提供任何核查支持,以证明东道国的海关部门正在完整和准确地执行这些请求。㉖

战略贸易/保障协定填补了谅解备忘录的空白。战略贸易/保障协定通常会规定许可证前和发货后的检查,允许出口国政府核实出口货物是否已抵达出口许可证所附最终用途证书上所列的目的地,㉗允许出口国官员进行随机检查,并确保对地点和

㉑　请注意,多国出口管制协定（如《瓦森纳协定》）也可能被列为另一种法律机制,与传统的双边战略贸易/保障协定密切相关。

㉒　见 John Heinz, *U. S. Strategic Trade：An Export Control Systems for the* 1990s （Oxford：Westword Press,1991)第 80~82 页。

㉓　同上一条。

㉔　见 *Maritime Delimitation and Territorial Questions Between Qatar and Bahrain* （*Qatar v. Bahrain*）, Judgment of 1 July 1994 (1994 ICJ Rep. 112)。另见 *Maritime Delimitation and Territorial Questions Between Qatar and Bahrain* （*Qatar v. Bahrain*）, Merits Judgment of 16 March 2001 (2001 ICJ Rep. 93)。另见 Article 2(1) (a) of *Vienna Convention on the Law of Treaties*, 1155 U. N. T. S. 331 (23 May 1969)。

㉕　见 *U. N. Charter* 第 102 条。

㉖　见 John Heinz, *U. S. Strategic Trade：An Export Control Systems for the* 1990s （Oxford：Westword Press, 1991)第 80~82 页。

㉗　同上一条。

用途进行核实。进口国也可以修改其法律,允许限制再出口,为原产国调查违反出口管制的行为提供司法依据,并对未经授权的再出口和转让规定刑事和民事制裁。

这里以 20 世纪 90 年代末的加拿大-美国技术保障协议为例进行说明。1999 年,美国因安全关切暂停了加拿大的《国际武器贸易条例》(简称 ITAR)豁免,据称原因是加拿大未经授权向不友好国家转让战略物资。㉘ 在与加拿大政府达成协议,提供美国政府认为足够的技术保障后,美国恢复了对加拿大的豁免。加拿大制定的保障措施包括修订《国防生产法》,建立受控货物计划(CGP),以及颁布《受控货物条例》(CGR)。如果被列为受控货物的加拿大出口货物中含有美国原产的部件,则受 ITAR 的约束,这实际上相当于所有与卫星有关的设备都需要加拿大政府的再出口授权,㉙违反者将受到加拿大政府的刑事、民事制裁,刑事制裁最高可判处十年监禁,并由法院酌情对每项违法行为处以罚款。㉚

多边出口管制安排与双边战略贸易/保障协定密切相关,因为它们寻求协调和统一各成员国在具体出口方面的国家立法和条例。

2.3　国家管制航天器和运载火箭技术出口的国际法义务

每个国家都充分享有完全主权所固有的权利。㉛ 在出口管制方面,最重要的是国家行使"对领土和人口的专属权力或管辖权"的主权权利。㉜ 通过行使这一权利,国家在认为符合其最佳利益的情况下,管制其管辖范围内的出口。管制可以是作为的,也可以是不作为的(选择不管制)。

行使这种对出口的专属管制权的一般权利,要遵守国际法的要求。从理论上讲,国际法可以对国家施加管制出口的义务。这种义务甚至可以采取要求一个国家允许某种物项出口的形式。有四个国际法源可以规定这种义务:联合国安全理事会决议、具有约束力的国际协议(如条约)、国际习惯法和国际法的强制性规范(强制法)。此外,各国还签订不具约束力的协议,规定政治(但不是法律)义务。

㉘　见 Eric Chao and Sorin Niculescu, "The Impact of U. S. Export Controls on the Canadian Space Industry" 22(1) Space Policy (2006)第 29 页。

㉙　见 Canadian Export Control List §5504 (2009)。另见 Export Permit Regulations,SOR/97-204, §(3)(2)(c)(2009)。

㉚　见 *Defense Production Act*,R. S. ,1985,c. D−1,Part 3 §44 (2009)。

㉛　见 *Declaration on Principles of International Law Concerning Friendly Relations and Cooperation Among States*,G. A. Res. 2625(XXV),1883rd Plenary Meeting,(24 October 1970)。

㉜　见 John H. Currie,*Public International Law*,2nd Edition(Toronto:Irwin Law, 2008)第 39 页。

2.3.1　联合国安全理事会的决议

根据《联合国宪章》($U.N.Charter$),如果受联合国安全理事会命令管辖的技术出口(或拒绝出口)构成"对和平的威胁,破坏和平,或侵略行为"[33],那么联合国安全理事会有权管制卫星技术出口。事实上,联合国安全理事会从未通过管制卫星技术出口的决议。这是因为,在常规的地面武器或大规模杀伤性武器的典型范式中,当代卫星技术的出口一般不会对国际安全造成威胁。[34]但请记住,卫星只不过是一个绕地球或天体运行的人造物体。卫星这个词并没有告诉我们它的能力或预期用途。[35]人类也可以开发出被联合国安全理事会认为威胁国际和平与安全的卫星技术。这些卫星技术的能力变化多样,从动能的到电磁的,再到具有想象不到的其他能力。在这种情况下,国际社会可能会创建一个新的武器类型——被视为空间毁灭性武器(WSD),其扩散将被视为对国际和平与安全的潜在威胁。[36]

联合国安全理事会第 1540 号决议指出了这一法律演变的起源。国际社会对大规模毁灭性武器及其运载交付机制的扩散越来越关注。这些物项的扩散显示了"对国际和平与安全的威胁",并引起了联合国安全理事会的关注。[37]根据《联合国宪章》第 7 章的规定,依据卫星用来将大规模毁灭性武器从轨道运送到地面的程度,联合国安全理事会针对各国规定了出口管制的义务,这些管制影响到各国出口卫星技术的权利。如果一颗卫星是专门为这种用途而设计的,那么第 1540 号决议就对会员国施加了管制其出口的积极义务。[38]同样,可用于设计、开发、生产或使用大规模毁灭性

---

　　[33]　见 $U.N.Charter$,第 39 条。

　　[34]　见联合国安全理事会第 1737(2006)号决议[联合国安全理事会第 1874(2009)号决议重申]规定对朝鲜实施武器禁运。这种禁运要求成员国不能直接或间接供应禁运物品,因此需要对朝鲜进行出口管制。管制清单(见 S/2006/814 号文件和 S/2006/815 号文件)禁运航天器,但没有列出航天载荷,因为国际社会的关切(如这些文件所示)是空间飞行器/弹道导弹技术,而不是卫星有效载荷技术本身。

　　[35]　鉴于航天器技术的现状以及与航天器和卫星有关的出口管制,任何在轨道上的天基系统(例如航天器)都被视作卫星,都属于卫星出口管制的灰色地带。换句话说,从出口管制的角度,卫星和航天器是同义的。

　　[36]　另一个有趣的问题是,国际社会将如何接受"武器化"空间系统的部署,并根据国际法对其加以控制。这些空间系统武器化的问题涉及关于更广泛的人类外太空进化和人类共同未来的问题。

　　[37]　见 $U.N.Security\ Council\ Resolution$ 1540,UN Doc. S/Res/1540(2004)。

　　[38]　见 $U.N.Security\ Council\ Resolution$ 1540,UN Doc. S/Res/1540(2004):将 "means of delivery" 定义为 "missiles, rockets and other unmanned systems capable of delivering nuclear, chemical, or biological weapons that are specially designed for such use"。

武器"运载工具"的卫星材料、设备和技术也受该决议约束。㊴

2.3.2 条 约

目前,尚不存在公开的、具有约束力的针对卫星技术出口管制㊵的多边条约。某些多边军备控制条约确实将航天技术作为武器运载系统纳入其管辖范围。㊶ 此外,一些多边条约还禁止部署或操作特定的空间系统。㊷

在某些情况下,双边条约用于处理出口管制问题。这些条约通常寻求办法来免除各自国家的特定国内出口管制许可要求。㊸ 然而,对于双边出口管制问题,更常见的做法是通过国内立法和监管行动而不是双边条约来实现。㊹ 由于双边条约不受国际法条文的约束,在法律上,这为出口国和进口国提供了随意修改其出口管制法律和

㊴ 见 *U. N. Security Council Resolution* 1540,UN Doc. S/Res/1540 (2004);将"related materials"定义为"materials, equipment and technology covered by relevant multilateral treaties and arrangements, or included on national control lists, which could be used for the design, development, production or use of nuclear, chemical and biological weapons and their means of delivery"。

㊵ 管理卫星和其他空间技术的秘密性质的协议的存在,乃至法律协议的存在都是很可能的。笔者不能确认或否认它们的存在,因为在国家关系条约领域,谅解备忘录的建立和其他外交交流有时是在公众不知情的情况下进行的。

㊶ 见 *Treaty on the Non-Proliferation of Nuclear Weapons*,729 U. N. T. S. 161 (entered into force 5 March 1970)。又见 *Treaty Between the United States and the Union of Soviet Republics on the Limitation of Anti-ballistic Missile systems (AMB Treaty)*,(Entered into force October 3, 1972; rescinded by the United States in 2022)。反弹道导弹条约禁止开发、测试或部署天基防空导弹卫星系统,但没有规定任何技术出口管制义务。

㊷ 见 Michael Mineiro, "The United States and the legality of Outer Space Weaponization: A Proposal for Greater Transparency and a Dispute Resolution Mechanism", 33 Annals of Air & Space Law (2008)第 441 页。又见 *Treaty on Principles Governing the Activities of States in Exploration and Use of Outer Space, Including the Moon and Other Celestial Bodies*, 18. U. S. T. 2410 (entered into force 27 January 1967);又见 *Convention on the Prohibition of Military or Any Other Hostile Use of Environmental Modification Techniques*, 1108 U. N. T. S. 151 (18 May 1977)。又见 *Treaty Banning Nuclear Weapon Tests in the Atmosphere, in Outer Space and Under Water*, 480 U. N. T. S. 43 (5 August 1963)。

㊸ 见 *Treaty Between the Government of the United Kingdom of Great Britain and Northern Ireland and the Government of the United States of America Concerning Defense Trade Cooperation*[该条约尚未生效,仍需经美国参议院批准]。

㊹ 根据美国关于国防项目出口的规定(ITAR),加拿大被授予特殊许可证豁免。见 *Defence Trade, Lessons to Be Learned from the Country Export Exemption*,GAO Report to the Subcommittee on Readiness and Management Support, Committee on Armed Service, I. S. Senate,GAO-02-62 (March 2002)。又见 defense articles and services that are controlled on the U. S. Munitions List (22 C. F. R. , secs. 120-130)。

法规的自由裁量权。

2.3.3 不具约束力的协议和指南

只有一个公开的、不具约束力的出口管制协议将具体的卫星技术纳入管辖范围:瓦森纳安排(WA)。还有两个直接针对运载火箭技术的国际安排,在卫星技术管制方面只是一个次要的关切:导弹及其技术控制制度(简称 MTCR)和海牙行为准则。

2.3.3.1 瓦森纳安排

多边出口管制协调委员会(简称 COCOM)是一个由西方国家组成的冷战组织,负责协调敏感物项的出口,包括可能用于军事或武器扩散的物项,实际上是"服务于西方国家,对社会主义国家的出口实施禁运"。[45] 卫星和卫星技术属于 COCOM 管制清单的范围,是美国国际技术管制的基础。[46]

1994 年 COCOM 解散,1996 年《关于常规武器和两用货物及技术出口管制的瓦森纳安排》(简称瓦森纳安排)被采纳为冷战后的替代方案。瓦森纳安排的目的不是对特定国家实施禁运,而是"通过提升常规武器和两用物项及技术转让的透明度和承担更大的责任来为区域和国际安全做出贡献"。[47] 与 COCOM 不同,管制清单上的物项的许可决定不需要得到其他瓦森纳安排成员的同意。[48] 相反,转让或拒绝转让任

---

[45] 见 Yann Aubin and Arnaud Idiart, *Export Control Law and Regulation Handbook* (Kluwer Law International,2007)第 52 页。

[46] 见 Joan Johnson-Freese, "Alice in Licenseland:U. S. Satellite Export Control since 1990" 16 Space Policy 195 (2000)第 195～198 页。

[47] 见 *The Wassenaar Arrangement on Export Controls for Conventional Arms and Dual-Use Goods and Technologies* "目的陈述"第一段,1996 年 7 月 11 日至 12 日全体会议通过,并作为 2001 年 12 月 6 日至 7 日全体会议的例外情况修正。又见 Richard Cupitt and Suzette Grillot, "COCOM is Dead, Long Live COCOM:Persistence and Change in Multilateral Security Institutions" 27 British Journal of Political Science (1997),第 361～387 页:"Members of the now defunct COCOM structure began evolving their national and multilateral practices towards a system meant to make access to strategic items freer for non-military end-uses. In the post-Cold War world, members of the Wassenaar Arrangement prefer to facilitate access to technology for post-communist states, rather than co-ordinate its denial, in their desire to promote international trade and encourage democracy. "。

[48] 见 Richard Cupitt and Suzette Grillot, "COCOM is Dead, Long Live COCOM:Persistence and Change in Multilateral Security Institutions" 27 British Journal of Political Science (1997),第 361～387 页:"Decisions on some licences were subject to COCOM review. These licence decisions, and decisions to modify the lists of controlled items or proscribed countries, required unanimous consent. This meant that the country with the most stringent control standards, generally the United States, held a veto over all licences subject to review and over the deletion of items. "。又见 Jamil Jaffer, "Strengthening the Wassenaar Export Control Regime" 3 Chicago Journal of International Law 519(2002)。

何物项的决定完全由每个成员国独自负责。㊾ 就该安排采取的所有措施都与各国的立法、政策一致,并在国家自由裁量权的基础上实施。㊿ 因此,瓦森纳安排的主要作用是将出口管制透明化。该安排适用于“两用货物与技术清单以及军品清单”中所列的常规武器和两用技术。(51) 成员国必须通告所列物项的转让和拒绝转让情况。两用品清单有两个附件类别:敏感物项和非常敏感的物项。(52) 某些航天技术,包括卫星技术,被列为两用货物与技术、敏感和非常敏感。(53)

2.3.3.2 导弹及其技术控制制度和海牙行为准则

MTCR 的指导方针用于在成员国之间协调对可能有助于除载人飞机以外的大规模毁灭性武器系统载具的管制。这包括与导弹有关的设备、材料、软件和技术。附件的第一类涉及完整的火箭系统,包括运载火箭和探空火箭。MTCR 的基础是遵守共同的出口政策指南(MTCR 指南),这些指南应用于一个完整的共同管制物项清单(MTCR 设备、软件和技术附件)。(54) MTCR 的所有决定都是以协商一致的方式做出的,MTCR 伙伴会定期交流有关国家出口许可信息。(55)

《防止弹道导弹扩散国际行为准则》(即海牙行为准则,简称 HCOC)旨在加强努力,遏制弹道导弹在全世界的扩散,并进一步使这种扩散失去合法性。(56) HCOC 由一套一般原则、适度承诺和有限的建立信任措施组成。(57) 它旨在补充而不是取代 MTCR,并由所有签署国集体管理。(58) 因为它与运载火箭技术出口管制有关,所以签署国必须“在考虑向任何其他国家的运载火箭计划提供援助时保持必要的警惕”,并致力于运载大规模毁灭性武器的弹道导弹的“不扩散”。(59)

在卫星出口管制方面,MTCR 和 HCOC 只是次要的关切,因为它们的管制对象和管制清单上所列的物项都不是明确的卫星技术。只有当一项卫星技术也被用于一个同等受控的物项时(如远地点启动发动机或辐射加固装置),这些管制安排才会影

㊾ 见《瓦森纳协定》,第 3 段。

㊿ 同上一条。

(51) 见《瓦森纳协定》。又见 Yann Aubin and Arnaud Idiart, *Export Control Law and Regulation Handbook* (The Netherlands: Kluwer Law International, 2007)第 53 页。

(52) 同上一条。

(53) 见《瓦森纳协定》,“两用物品和技术清单”。例如:第 9 类“航空航天和探测”,第 1 类“先进材料”,第 3 类“电子设备”,第 7 类“导航和航空电子设备”。

(54) 见 MTCR 网站。

(55) 同上一条。

(56) 见 *The Hague Code of Conduct Against Ballistic Missile Proliferation*。

(57) 同上一条。

(58) 同上一条。

(59) 见 *The Hague Code of Conduct Against Ballistic Missile Proliferation* (HCOC)(已于 2002 年 11 月 25 日正式生效)。

响卫星技术的出口。

2.3.4　国际惯例和国际条约

国际条约和国际惯例是国际法的两个公认来源。[60] 国际惯例"源于国家实践，并被国家认定具有法律约束力。"[61]"实践和法律确信"的构成要素是具有约束力的国际习惯规则存在的必要条件。[62] 国际条约是"国际社会接受并认可的一般国际法的强制性或强制性规范，是不允许减损的规范"。[63]

具体到卫星和卫星技术出口管制，没有任何国际法的习惯性规则规定或限制管制。如果触发了强制性规范的基本法理，则强制性规范可以规定或限制管制。人们普遍认为，国际法的某些规范具有强制法的地位。违反行为通常表现为"违反《联合国宪章》的原则使用武力"，"实施奴隶贸易、海盗行为和种族灭绝等行为"，以及其他侵犯"每个人的基本人权"的行为。[64] 现行强制性规范的范例规则基础是法律原理，其中最主要的是有一些义务应该普遍存在（即对所有国家而言），而且就其性质而言属于强制性规范。

展望未来，国际法普遍适用的强制性规范逻辑有一天可能适用于管理卫星和其他航天技术的出口管制。未来如果出现下述三种特殊情况，将证明为国际社会必要的集体利益而实施强制性管制是合理的。

（1）人类的生存与否取决于对特定航天技术的管制；

（2）发现地球以外生命时（无论是有知觉的还是无知觉的）需要国际社会共同管制特定的航天技术，以确保对我们的保护或对地外生命的保护；

（3）某一特定航天技术的发展或扩散使国际和平与安全受到一定程度的威胁，以至于国际社会达成可以应用强制性规范的共识。

例如，在未来，卫星和卫星技术可能具有毁灭人类或防止人类被毁灭的能力。[65]

---

[60]　见 *Statute of the International Court of Justice* 第 38 条；又见 *Encyclopedia of International Law Vol. IV* (Amsterdam：Max Plank Institute of Comparative Law，1992-2001)。

[61]　参见 *Black's Law Dictionary*，第 8 版，见词条"customary international law"。

[62]　见 *Encyclopedia of International Law Vol. IV* (Amsterdam：Max Plank Institute of Comparative Law，1992-2001)，Rudolph Bernhardt Ed.，"Customary International Law" by Rudolph Bernhardt。

[63]　见 Article 53 of *Vienna Convention on the Law of Treaties*，1155 U. N. T. S. 331 (23 May 1969)。又见 *Black's Law Dictionary*，8th ed.，*s.v.* "Jus Cogens"。

[64]　见 *Encyclopedia of International Law Vol. IV* (Amsterdam：Max Plank Institute of Comparative Law，1992-2001)，Rudolph Bernhardt Ed.，"Jus Cogens" by Jochen Abr. Frowein，第 66～67 页。

[65]　考虑一下，例如，卫星有可能具有改变关乎人类生命存亡的环境的能力。有关卫星和环境改造合法性的更详细审查见 Michael Mineiro，"The United States and the Legality of Outer Space Weaponization：A Proposal for Greater Transparency and a Dispute Resolution Mechanism"，33 Annals of Air & Space Law 441 (2008)第 458～459 页。例如，卫星可能有能力转移威胁地球生命的近地物体。

卫星可能具有阻止近地天体撞击地球的能力(在这种情况下,这是一种防止人类毁灭的技术)。卫星也可以发展到有能力改变地面天气,以至于对人类构成威胁的程度(在这种情况下,这是一种能够主动毁灭人类的技术)。在这两种情况下,管制和利用该技术的强制法规范都可能成为现实。同样,假如发现了地外生命,如果人类对航天器的使用可能危及这种地外生命或我们与它的关系(如果它是有知觉的生命),那么国际法很可能会发展到根据强制法的规范来管制这种相关技术。⑤⑥ 就对国际和平与安全的威胁而言,能够控制全球天气变化的航天平台技术的开发是可能被视为强制法禁止的航天技术的一个例子。

2.4　主权与美国 Comsat 技术出口管制机制的形式和结构

前文提到的主权和出口管制之间的关系直接影响了美国通信卫星出口管制制度的形式和结构。虽然在随后的案例研究中对该制度会有更详细的描述,但现在让我们先来看看该制度的整体结构,因为它与国家法律主权的感知和应用概念有关。

美国的制度实际上是由国会制定并由行政部门实施的。美国这个主权国家有一个公认的合法政府,由美国总统和正式任命的代表在国际上代表。国会是国内立法机构,是国内主权范围内的法律制定者。

通信卫星的出口管制制度源于国会的立法,并通过行政部门的法规来执行。在有具有法律约束力的条约的情况下,国会已经批准了该条约,并将其适当地纳入监管结构中。在没有具有法律约束力的安排的情况下,行政部门只能根据国家立法来采取措施。

因此,美国的出口管制系统只是一个国家的出口管制系统,而不是一个国际出口管制系统。实际上,包括美国在内,所有国家都被赋予开发和交易航天技术的充分自由裁量权。美国可以尝试与其他主权国家协调,但没有被授予超国家权力来协调、监管和执行出口管制。换句话说,就像世界上数百个法律岛屿中的一个,美国的出口管制系统是一个单边出口管制系统。政治权力(所有种类)被用来胁迫和便于与其他国家合作。从博弈论的角度来看,美国的出口管制体系是在一个非零和体系中运作的,是自我构建的规则体系(适用于出口管制的国际法规范除外)。⑤⑦

---

⑤⑥　如果人类"发现"了有知觉的生命,这样的情况就会变得非常可信。关于法律和外星生命的有趣研究,请参阅 Andrew J. Haley 的著作和他的金属理论。又见 Ernst Fasan, *Relations with Alien Intelligence*；*The Scientific Basis of Metalaw*(Berlin：Berlin Verlag,1970)。

⑤⑦　换句话说,国际体系的国家:(1)不一定是零和(当一个国家的获得等同于其他国家的损失时就是零和);(2)国家创建游戏规则(例如,国际法规则不是由外部权威强加的)。

2.5　章节摘要和结论

"主权国家"和相关的主权管辖概念,特别是那些与地理和领土有关的概念,是构建现代出口管制制度的法律基础。在国家出口管制体系的国内立法结构中,往往假定并默认使用这一模式——美国也是如此。

正如本专著随后的章节中所讨论的那样,这种主权管制的范式主导了与出口管制相关的文献和讨论。事实上,在整个国际法领域,至少有相当一部分法律都认可主权国家作为国际法的主要行为者。牢记关于国家主权的总体法律结构及其对国内出口管制法律、政策和话语的影响是很重要的。

本章还提供了一个更广泛的关于航天技术的国际法概要。航天技术的两个主要类别——运载火箭和航天器,在国际法义务下受到一定的管制。运载火箭技术,由于其与弹道导弹运载系统的密切关系,一直是更多国际协议和安排协调的主要对象,但是在有约束力的国际法中,几乎没有涉及与航天器相关的技术。

第 3 章
政策、经济和技术全球化

一切都在变化，没有什么是不变的。①

出口管制是管制物项的流动、转让的法律机制，它们所要管制的流动和转让是国际性的，因此衡量出口管制所处的国际环境很重要。本章确定并解释了与全球化相关的政策全球化、经济全球化和技术全球化三种现象，它们与通信卫星出口管制的法律和政策挑战密切相关。这三种现象是冷战后国际环境中的主要非法律特征，这种国际环境正在改变国际关系并挑战美国卫星技术出口管制的有效性。

3.1　全球化的三种现象

变化是永恒的，它是人类经验的本质。我们称之为"社会"的东西，其法律和社会制度是可塑的、短暂的。在人类经验的变迁中，唯一不变的是人类自己，甚至这个不变在时间上也只是相对概念。有了适当的视角，人们就可以观察到我们相对于生物常量中最一致的那一部分的变化（通常称为进化）。然而，这种变化的真相并没有改变当前的现实。人类在建设、破坏和创造。饥饿和痛苦、快乐和悲伤、人类的需求在继续。因此，我们构建术语和概念，试图描述这些不断变化的经验。

全球化是人类试图描述不断变化的国际环境而构建的一个概念。全球化的字面意思是"形成全球性的行动、过程或事实。"②我们今天所知道的"全球化"世界观是在

---

① 乔达摩·悉达多，佛教的创始人，公元前 563—公元前 483 年。（本句引自 Kobina Wright，"Ten Great Quotes on Change"，*The American Chronicle*（23 October 2008）。

② 见 *Oxford English Diction Online*，词条"globalization"（名词），最后访问时间是 2009 年 9 月 25 日。

16 世纪到 18 世纪之间开始成形的。③ 就是在这一时期,发生了人类第一次环球航行。哥白尼革命开创了一个新时代,将地球设想为一个在日心系统中运行的球体。地球和她的人类政治、经济和社会元素开始处于"全球范围"的视野下,尽管不一定就是我们今天所持有的以国家为中心的观点。④

但我们称之为"全球化"的现象是什么?"全球化"的说法受到学术界的很多批评,经常被攻击为一个没有任何实质意义的"流行语"。⑤ "在常见语境中,全球化往往只是以下一种或多种现象的同义词:在世界经济追求古典自由主义(或'自由市场')政策语境下,西方政治、经济和文化生活方式日益成为主导,新的信息和通信技术扩散('互联网革命'和'宽带通信'),以及人类站在实现一个单一统一社会的新起点上,在此社会中,冲突的主要来源应该消失('全球一体化')。"对于"全球化"一词的含义,以及这一现象是否存在,目前尚无共识。⑥

简单地评估"全球化"会显得过于笨拙,过于模糊,过于不精确,无法支持实质性的分析。相反,我们必须把观点集中在与后续章节中的案例研究和分析有关的特定属性上。在全球化的大背景下,有三种现象与国家出口管制的挑战密切相关。这三种现象是:(1)政策全球化,(2)经济全球化,(3)技术全球化。

3.1.1　政策全球化

政策全球化是指国家法律和政策在国际层面上的统一和协调。自第二次世界大战结束以来,各国之间以统一和协调法律与政策为目的的合作显著增加,从数量和质

---

③　见 John Agnew, *Globalization & Sovereignty* (New York: Rowman & Littlefield, 2009) 第 12 页。

④　同上一条。

⑤　见 Gillian Teubne, *Defining a Changing World: The Discourse of Globalization* (Ph. D Thesis, Texas A&M University, 2004) [未发表],"在学术、政治和商界,全球化已经成为过去十年中的一个突出的流行词,引出了各种联想、内涵和伴随的神话";又见 B. Strath, "The State and Its Critics: Is There a Post-Modern Challenger?" 载于 Q. Skinner and B. Strath Eds. , *States and Citizens: History, Theory, Prospects* (Cambridge: Cambridge University Press, 2003)第 178 页: "Globalization rhetoric has taken on mythical proportions, in Roland Barthes's view of myth as the transformation of the cultural products of history into something apparently natural." 又见 *The Stanford Encyclopedia of Philosophy Online* ,"globalization"词条: "Covering a wide range of distinct political, economic, and cultural trends, the term 'globalization' has quickly become one of the most fashionable buzzwords of contemporary political and academic debate." 。

⑥　见 Gillian Teubne, *Defining a Changing World: The Discourse of Globalization* (Ph. D Thesis, Texas A&M University, 2004) [未发表]第 2 页。

量上看,国际协调有了明显的增加。⑦ 大量民用、商业和军事活动的标准和实践越来越多地受到国际法律和政策协调机制的制约。

在这个政策全球化的大趋势中,令人惊讶的是卫星出口管制的缺位。如前所述,在卫星出口管制方面没有具有法律约束力的国际承诺。COCOM 是迄今为止针对SQUIPE 物项出口管制的最强有力的非法律安排,其在冷战结束后被解散,取而代之的是瓦森纳安排。瓦森纳安排在结构上无法实现与 COCOM 相同的协调水平,而主要是一种较透明的安排。在我们这个全球化的时代,卫星出口管制是政策全球化趋势的例外。为什么会这样? 现有的航天技术出口管制政策本土化对外空全球合作有什么影响?

3.1.2 经济全球化

经济全球化是一个术语,用于更广泛地描述地区和国家市场以及相关的生产、资本手段在区域和全球层面的整合。根据联合国西亚经济社会委员会(ESCWA)的说法,"在经济范畴内使用时,它(全球化)是指减少和消除国家边界之间的障碍,以促进货物、资本、服务和劳动力的流动……"⑧经济合作与发展组织(OECD)将经济全球化描述为这样一个术语,"广泛用于描述金融市场以及商品和服务市场的日益国际化。(经济)全球化首先指的是一个动态的、多维的过程,在这个过程中,国家资源越来越具有国际流动性,同时国家间在经济上则越来越相互依存。"⑨

---

⑦　自第二次世界大战以来,各国之间的条约和其他协定及安排的数量显著增加。定性地说,国际协定涵盖的政策主题越来越广泛(包括民航、国际贸易、电信、环境等)。这些协定和安排有各种形式,包括多边条约、双边条约、协约、谅解备忘录、合同守则和行政安排。见 May Hawkesworth and Maurice Kogan Eds. , *Encyclopedia of Government and Politics*, *2nd Edition* (New York: Routledge, 2004),第 913~915 页。Keohane 和 Murphy 指出:"世界政治各方面的日益制度化不仅体现在国际组织数量和活动水平的增长上,而且表明国际制度范围的扩大。第二次世界大战以后建立了以处理汇率、贸易、重建、食品和农业,以及航空运输等方面的问题为主的国际制度。在 20 世纪 50 年代,经济发展的概念导致了核能组织的激增,而对和平利用核能的追求则催生了国际原子能机构。最近,我们目睹了债务管理、人权和全球环境等各个方面的主题的出现。然而,在不同领域,制度化仍然不均衡。例如,仍然没有关于石油生产和销售的全球国际制度,更不用说能源或原材料了,也没有关于税收和反垄断法这样的重要问题的重大多边公约。"

⑧　见"Summary of the Annual Review of Developments in Globalization and Regional Integration in the Countries of the ESCWA Region by the United Nations Economic and Social Commission for Western Asia" (UN Doc. E/ESCWA/GRID/2002/2)第 1 页。

⑨　见 OECD's "Measuring Globalization: Handbook on Economic Globalization Indicators" (2005),第 11 页。

商业卫星行业在经济全球化的模式内运作,实际上也加强了这种模式。[10] 全球化对该行业的影响是多方面的。它扩大了市场规模,创造了一个更具竞争力的卫星货物和服务市场,支持国际供应链,增加了潜在的资本来源,并改变了研发的相对经济性。[11] 出口管制在某种程度上是对与经济全球化相关的经济一体化的贸易限制。[12] 对出口管制的经济影响评估必须考虑它们如何限制(或促进)经济全球化。

3.1.3 技术全球化

在目前的学术讨论中,没有一个概念能够准确地描述技术、技术知识和技术创新的基础流动,而这正是我们全球化时代的特征。我们建议考虑用"技术全球化"的概念来描述这一特征。

"技术全球化"一词确实存在于公共话语中,但它并不在出口管制和技术创新的

---

[10] 见 Hugh R. Slotten, "Satellite Communications, Globalization, and the Cold War" 43(2) Technology and Culture (2002)第 315 页。Slotten 博士称这颗通信卫星是"全球化的一个重要工具"。又见 Oliver Boyd-Barrett, "International Communication and Globalization: Contradictions and Directions", 载于 Ali Mohammadi, Ed., *International Communication and Globalization* (London: Sage, 1997)第 14 页。Boyd-Barrett 先生认识到,通信卫星对现代全球化现象中的核心跨国通信基础设施的发展做出了贡献。

[11] 见 Theodore Levitt, "The Globalization of Markets" *Harvard Business Review* (May—June 1983)。Levitt 先生谈到了全球化对市场的影响。又见 Gary Hufbaurer and Tony Warren, "The Globalization of Services: What Has Happened? What Are the Implications?" *Working Paper* 9912: *Institute for International Economics* (1999)第 4 页。Gary Hufbaurer 和 Tony Warren 利用世界贸易组织的贸易数据,确定了电信部门跨境贸易的定量增长。见 *Defense Industrial Base Assessment: U. S. Space Industry* (U.S. National Security Space Office, 31 August 2007)及美国工业和安全局网站。NSSO 的报告指出,在一个全球化的卫星市场中,研发的状况发生了变化。还要考虑到,在航空航天制造业领域,全球供应链正被用于某些项目。例如,波音公司最近的商用客机 787 梦幻客机是全球供应链制造的产品,其结果各不相同。又见 Stanley Holmes, "Boeing's Global Strategy Takes Off" *Businessweek Online* (30 January 2006)。又见 Dominic Gates, "前 787 首席执行官说波音公司重新考虑其全球制造方法"(西雅图时报在线)。

[12] 见 Charles Shotwell, "Export Controls: A Clash of Imperative", 载于 Richard Kulger and Ellen Frost Eds., *The Global Century: Globalization and National Security* (Honolulu: University Press of the Pacific, 2002)。

背景下使用。它在技术和公共话语(电影和文学)、[13]技术创业、[14]技术安全、[15]技术"推动"全球化中的作用、[16]全球化和技术系统之间的关系、[17]社会技术发展等研究中都有体现。[18] 但人们对其含义并没有达成共识,而且根据不同的背景,在概念上也有所改变。因此,有必要在这一与出口管制相关的全球化背景下,对它建立一个概念性认识。

学者 S. M. Montresor 提出了一个在出口管制法律和政策背景下出现的问题——技术创新是如何形成的? Montresor 假设"新产品、新工艺和新组织形式的引进和传播不是孤立发生的。相反,它们是不同种类的'行为主体'在地理和历史特定背景下复杂互动的结果",并且本质上是"系统性的"。[19]

创新的问题至关重要,因为技术是人类思考和努力的结果。据推测,出口管制的法律和政策挑战不仅来自过程或程序,而且还来自关于用途的基本假设。例如,美国卫星和航天技术管制制度的目标是什么?航天技术出口管制的整体目标又是什么呢?与此有必然联系的是技术、创新和管制的问题。这是因为,出口管制制度不仅涉及有形货物,而且涉及潜在的创新结构和技术知识,这些都最终在技术应用中得到过体现。因此,急需一个参考概念来表征在我们这个全球化时代技术、技术知识和技术创新的基础流动。技术全球化就是这样一个概念。

以下是技术全球化的定义:

技术全球化是技术及其内在的技术知识的加速扩散,超越了传统上由领土界定

---

⑬ 见 Jason Abbott, "Living in the Matrix: Capitalism, Techno-Globalization and the Hegemonic Construction of Space," Montreal, 2004 [未发表]。又见 William Ford Gibson 的小说。

⑭ 见 Leonard Lynn and Hal Salzman, "Multinationals, Techno-Enterprises, and the Globalization of Technology Value Chains"(presented at the Global Social Networks and Industry Roadmapping Session: Sloan Industry Studies Conference, Boston, April, 2008)[未发表]。

⑮ 见 Denis Simon, *Techno-Security in an Age of Globalization: Perspectives from the Pacific Rim* (New York: M. E. Sharpe, 1996)。

⑯ 见 Al D. Mc Cready, "Strategic Technology Planning for the Techno-Global Economy: Cities in the Market",载于 Mila Gasco-Hernandez and Teresa Torres-Coronas Eds., *Information Communication Technologies and City Marketing: Digital Opportunities for Cities Around the World* (ICI Global, 2009)。

⑰ 见 Sando Montresor. "Techno-Globalism, Techno-Nationalism and Technological Systems: Organizing the Evidence" 21 Technovation 399-412 (2001)。Montresor 提出了"技术系统"的概念,并利用分类法对这一系统进行了研究,以区分其对"与国家关系更密切的技术系统"和"与国家概念更密切的技术系统"中的元素的影响。Montresor 在他称之为"技术全球化"的背景下对这一系统性过程进行了讨论。

⑱ 见 Borisz Szanto, "The Paradigm of Globalism" 21 Technovation 673-687 (2001)。

⑲ 见 Sando Daniele Archibugi Montresor, "Techno-Globalism, Techno-Nationalism and Technological Systems: Organizing the Evidence" 21 Technovation 399-412 (2001) 第 401 页。

的人类技术创新网络。空间位置和领土边界虽然仍然影响着人类网络,但在其结构中却不一定占主导地位。[20] 在这种扩散的基础上,日益一体化的跨国人类交流网络催生了人类创新系统的新形式。

技术的发现、发展和扩散是人类历史上的一贯规律。技术扩散和相关人类网络对创新的支持的加速也不是独特的历史产物,但可以确证,技术全球化可以作为一个特别的全球化子集。当前全球化时代的有些特点可以将"技术全球化"现象与人类知识和技术发展的总体趋势区分开来。

第一,技术全球化是在真正的全球范围内发生的。原则上讲,日益整合的跨国交流网络可以以史无前例的规模使获取知识和创新的能力成为可能。第二,技术全球化是在一个特定人类治理结构中发生的,在当前的历史时期,这个结构是独一无二的。当前全球治理结构的核心是国家作为地缘政治法人的中心地位,国家对离散的地理边界内的土地、水和空气以及其边界内的人拥有主权管辖权。技术全球化作为一种独特现象出现,在一定程度上是由于国家传统管制权在空间位置和领土划界基础上的权威受到了侵蚀。第三,技术创新的发展速度是前所未有的,部分源于在传播和创新体系中运行的人类协同网络,在与网络开发、使用和维护相关的成本方面,这些传播和创新体系提高了生产效率。

3.2　全球化的三种现象之间的关系

政策全球化、经济全球化和技术全球化是相互关联的现象,影响和促进着彼此的发展。实际上,在一个"反馈"系统中,它们存在着如图 3.1 所示的内在联系。

从政策全球化和经济全球化方面来看,经济全球化是在主权国家的国际体系中发生的。[21] 国家作为社会和政策的基本单位,签订具有法律约束力的协议,以协调国家法律和促进经济一体化。正如我们所知,经济全球化只是部分地作为主权国家提供的法律、政策和行政机制的结果而存在的。反过来,政策全球化提供了国际政治基础,经济全球化在此基础上发展。同样,创新和相关的技术全球化是建立在政策全球化推动的法律和政治安排基础之上的。

---

　　[20]　跨国创新系统与"国家"或"有限空间"系统同时存在。参考 Daniele Archibugi et al. , "Innovation Systems in a Global Economy" 11(4) Technology Analysis & Strategic Management 527(1999)第 528 页。Archibugi 等人正确地指出,"国家(或有限空间)创新系统和技术系统的概念不应该被视为是相互排斥的。事实上,建立两者之间的相互关系有利于对更广泛的创新系统方法产生有价值的认识"。

　　[21]　人们认识到,非国家行为者在国际经济活动中,包括经济全球化中,发挥着重要作用。此外,人们还认识到,非国家行为者为促进经济全球化的国际约束性规则和非约束性规则的发展做出了贡献,非国家行为者甚至在其自己构建的规范结构中运作。然而,从根本上说,国际法仍然是由主权国家设定的,这导致国际贸易规则和相关的全球化现象涉及的主要法律人格仍然为国家。

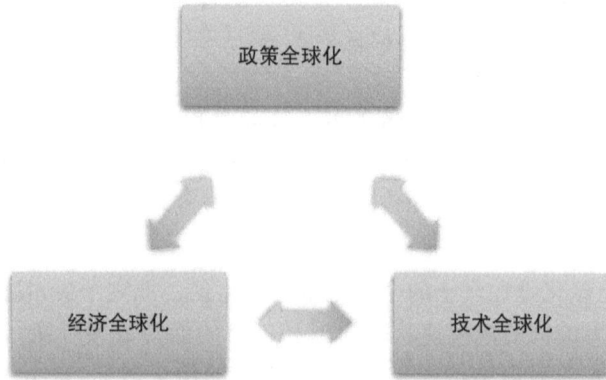

图 3.1　政策全球化、经济全球化、技术全球化之间的内在联系

3.3　观察到的全球化的表现形式

从经济全球化和技术全球化方面来看,相互作用的四种表现形式与出口管制尤其相关:

(1) 从促进经济全球化的基本交流结构来看,技术全球化现象出现。[22]

(2) 制造业的全球外包导致了技术知识的扩散和新的创新体系的建立。[23]

(3) 全球化的创新体系创造了被国家和非国家行为者采用的技术及其应用。[24]

(4) 与技术相关的商业研发成本现在可以由通过全球市场产生的资本流动来

---

[22]　有关通信网络和新兴财产的一般性理论,见 Peter R. Moore and Noshir Contractor, *Theories of Communication Networks* (Oxford: Oxford University Press, 2003)。

[23]　尽管关于全球采购能否提供可持续优势存在争议,但人们普遍认为,外包会导致技术知识的扩散和新的创新系统产生。见 Masaaki Kotabe and Janet Y. Murray, "Global Sourcing Strategy and Sustainable Competitive Advantage" 33(1) Industrial Marketing Management 7 (2004);目前对于外包的影响和长期后果方面缺乏共识。另见 Tomas Hult, "Cultural Competitiveness in Global Sourcing" 31(1) Industrial Marketing Management 25 (2002);探讨与全球技术外包有关的创新和计划性学习。

[24]　见 Daniele Archibugi, "Innovation Systems in a Global Economy" 11(4) *Technology Analysis & Strategic Management* 527 (1999)第 534 页。Archibugi 等人假设了一个循环过程,其中"技术促进了全球化,反之亦然。该过程的一个要素是新的创新系统创造了新的技术和技术应用,或者也可以描述为'产生和传播新技术的过程被个人、商品和资本的流动塑造和加强了'"。

支持。㉕ 这使得技术发展得以加速。

3.4　章节摘要和结论

上述三种全球化现象反映了三者之间的本质区别。他们与出口管制法律和出口管制政策的分析紧密相关。第一，政策全球化在主权国家的法律-政治一体化和经济一体化之间做出了重要区分。第二，经济全球化将经济一体化与全球化的其他现象区分开来。这为出口管制的经济分析提供了一个更清晰的背景。第三，技术全球化指出，产品和技术源于人类的创新和创造，全球化正在改变技术的发展和转移方式。全球化的这三种现象共同有助于解释基于主权地理领土的出口管制制度与参与超越国家有形领土的全球经济之间的矛盾。

本专著考虑到我们生活在一个全球化的时代，主权国家仍然是国际法的主体和来源，反思了政策全球化、经济全球化和技术全球化如何与卫星和航天技术的主权管制相关联，并提出以下关键问题：

（1）政策全球化、经济全球化和技术全球化对国家规范行使主权权力有什么影响？

（2）政策全球化、经济全球化和技术全球化对航天技术出口管制的有效性有什么影响？或者更具体地说，对美国的卫星出口管制制度有何影响？

（3）这三种全球化现象之间的关系如何？

（4）它们与更广泛的全球化有什么关系？

这些问题将在本专著后面的章节基于美国卫星出口管制制度的案例研究中被提出。本案例研究将揭示美国制定其法律和政策所基于的战略愿景未能适当考虑这三种现象以及它们与航天技术出口管制的关系。

㉕　见 Rene Stulz，"Globalization，Corporate Finance，and the Cost of Capital" 12(3) Journal of Applied Corporate Finance 8(1999)。

第二部分

美国 Comsat

出口管制案例研究

——一个需要改革的制度？

　　本部分是对美国 Comsat 出口管制制度的案例研究。本案例研究要回答的根本性问题是：目前的制度是否需要改革？如果需要，是为什么？为此，本案例研究的内容包括，美国对 Comsat 的出口管制方法、美国和欧盟监管分歧带来的挑战、根据战略有效性进行的经济影响评估、改革努力失败的公共选择分析以及具体的改革建议。在本案例研究的最后得出了"重要发现"，并在适当的时候对宽泛的航天技术贸易和扩散管制予以归纳。此后，这些"重要发现"提供了一个基础，在此基础上，本专著的第三部分跨越了案例研究的细枝末节，并升华至讨论航天贸易和扩散管制与全球民用航天合作的关系。

第 4 章

美国对 Comsat 的出口管制
方法以及美国–欧盟监管分歧
带来的挑战

本章在监管分歧的背景下探讨了美国和欧洲的通信卫星管制方法,向读者揭示了美国 Comsat 出口管制相关政策的理由,特别是与中国有关的政策的理由。同时,关于美国与欧盟管制的研究显示,尽管美国试图实现与欧洲的监管协调,但双方仍有分歧。正如在本专著随后的章节中所探讨的,与欧洲实现监管协调的困难是影响美国通信卫星管制有效性的一个关键因素。本章首先对美国出口管制法律和政策进行了法理研究,重点关注国会政策在美国出口许可授权系统中的实施(第4.1节:美国军品和两用品出口管制系统概述);然后对美国 Comsat 政策的理由、立法和法规的具体内容进行了探究(第4.2节:美国 Comsat 出口管制),最后解释了欧洲对 Comsat 出口管制的方法(第4.3节:欧洲 Comsat 出口管制),并使用监管差异的定性指标对美国和欧盟的法律进行了比较(第4.4节:美国与欧盟通信卫星管制的比较分析)。

4.1 美国军品和两用品出口管制系统概述

有组织的对商品和技术的社会管制由来已久。它早在美国第一次出口管制之前就存在了。历史上的管制和我们现代的管制之间的共同点是,人类需要保护自己的利益。自我利益保护是管制的驱动力。

例如,拜占庭帝国将"希腊火"归类为军事技术秘密,严格管制其"技术诀窍",并通过死刑等刑事制裁来实施管制执法。① 希腊火是一种强大的燃烧武器,这种武器可在海战中为帝国提供巨大的优势。拜占庭帝国对这项技术拥有垄断权,如果这项技术的"秘密"被公开,希腊火的非对称军事优势将被打破。同样,在中世纪的欧洲,弩和卡累利阿木材被作为军事和战略物资加以出口管制。② 弩是一种强大的武器,是重要的力量倍增器,而卡累利阿木材因其在制造帆船桅杆方面的作用而被管制。欧洲的王国通过禁止武器(如弩)和禁止战略物资(如卡累利阿木材)的出口来取得战略优势。

这种利己的战略优势逻辑并没有被美国遗忘。美国最初的几部法律之一就是出口管制。1775 年 9 月 10 日,美国第二届大陆会议下令并随后暂停了对英国、爱尔兰和西印度群岛的所有出口。③ 如同美国在 20 世纪中叶之前的所有出口管制一样,这些措施只在战争时期被制定和实施,④直到 1935 年的《中立法》出台,出口才在和平时期被管制。

① 见 R. J. Forbes, *More Studies in Early Petroleum History* 1860—1880 (Leiden:E. J. Brill,1959),第 82 页。Costantine Porphyrogentius 皇帝宣布:"最重要的是,你必须把你的注意力和精力放在液体燃料上……如果他们胆敢向你索要……你必须否认并拒绝这一要求……他宣布这是永远的诅咒,他宣布任何试图违反这项法律的人,无论是皇帝、族长、王子或臣民,都是臭名昭著的。他还命令所有敬畏上帝和热爱上帝的人将罪犯视为公敌,谴责他并对他施以最残酷的酷刑。"引自君士坦丁•波菲罗根(Costantine Porphyrogentius),De Administrando Imperio,第 13 章。见 Elizabeth Jefferys, *Byzantine Style*, *Religion and Civilization* (Cambridge:Cambridge University Press, 2006),第 290~326 页。

② 见 Ralph Payne-Gallwey, *The Crossbow*, *Medieval and Modern*, *Military and Sporting*:*It's Construction*, *History*, *and Management* (London:Holland Press, 1958)。另请参阅 Jackson Slipek,"U. S. Export Controls:Is there a new sheriff in town";另见 Bruce Jackso. "An Overview of U. S. Export Controls" (Trade Management and Consulting Group of JP Morgan, August 2008)。

③ 见 Worthington Ford. *Journals of the Continental Congress* 1774-1779,(Washington, D. C.:Government Printing Office,1905);见"1774 年 10 月 20 日公司章程",可在耶鲁法学院阿瓦隆项目在线获取:"The earnest desire we have not to injure our fellow-subjects in Great-Britain, Ireland, or the West-Indies,induces us to suspend a non-exportation,until the tenth day of September,1775;at which time, if the said acts and parts of acts of the British parliament herein after mentioned, ate not repealed,we will not directly or indirectly,export any merchandise or commodity whatsoever to Great-Britain, Ireland, or the West-Indies, except rice to Europe."

④ 有关美国政府出口限制的有趣历史,请参阅 Harold Berman and John Garson, "U. S. Exports Controls—Past, Present, and Future" 67(5) Columbia Law Review 791 (1967)第 791 页。

4.1.1　军品出口管制：1976 年《武器出口管制法》

1935 年,国会为美国制定了第一部和平时期的出口管制法。1935 年的《中立法》禁止美国向任何处于战争状态的外国出口武器、军需品和战争工具。⑤ 其主要政策目标是"监管快速增长的、价值数十亿美元的商业武器出口行业。"⑥ 为此《中立法》要求武器制造商、出口商和进口商向国务卿登记,禁止在没有国务卿颁发许可证的情况下出口和/或进口管制物项。⑦ 该法律还授权总统将应被视为武器、军需品和战争工具的物品列入现在的美国军品清单(简称 USML)的前身。⑧

《中立法》已被多次修订和取代,但其影响仍然存在。1976 年《武器出口管制法》(简称 AECA)是其后续立法,该立法授予总统管制国防物品和服务出口的权力,并授权国务院对国防物品和服务的出口进行许可和执法。⑨ 正如下文将进一步详细讨论的那样,《中立法》中建立的许多监管机制仍然存在于 AECA 中。1976 年的 AECA 授予总统管制国防物品和服务出口的权力。⑩ AECA 的政策目标是促进世界和平以及美国的国家安全和外交政策。⑪ 总统被授权指定被认为是国防物品和服务的物项,这些物项被列入 USML。⑫ 根据 AECA 颁布的监管措施被称为 ITAR。⑬ 这些监管措施由美国国务院国防贸易管制局(DDTC)负责施行。

4.1.2　商业出口管制：1979 年《出口管理法》

1940 年 7 月 2 日国会制定了《加速加强国防的法案》(即 1940 年《出口管制法》)。该法是美国第一部在和平时期管制具有军事意义的商业产品和材料的立

---

⑤　见 *Neutrality Act*, 22 U. S. C. 441, 49 Stat. 1081 (1935)。

⑥　见 John Heinz, *U. S. Strategic Trade: An Export Control Systems for the* 1990s (Oxford: Westword Press, 1991)第 8 页。见 *Neutrality Act*, 22 U. S. C. 441, 49 Stat. 1081 (1935)。

⑦　见 *Neutrality Act*, 22 U. S. C. 441, 49 Stat. 1081 (1935)。

⑧　同上一条。

⑨　见 The *Arms Export Controls Act of* 1976, 22 U. S. C. § 2778 et al. (2009)。

⑩　见 22 U. S. C. § 2778(a) (2009)。

⑪　同上一条。

⑫　在 EAA 和 AECA 中,总统被授权指定商业管制清单(CCL)或 USML 上的项目。商务部和国务院是行政机关,将会对这些清单进行定期评估和修订。根据宪法,总统在确定清单项目方面享有广泛的自由裁量权。

⑬　见 22 U. S. C. § 2778(a) (2009)。

法。⑭ 这些管制措施是以"国防"这一政策理由为前提的。美国总统被授权禁止或限制"军事设备或军需品或其组成部分,或机械、工具,或材料,或制造、维修或其操作所需的用品……"的出口——只要总统确定这是为维护国防利益所必需的。⑮

在制定 1940 年《出口管制法》时,国会的意图是将出口管制权限制在必要范围内,以确保为美国国防计划提供材料。⑯ 然而,富兰克林·罗斯福总统根据该法所行使的权力所达到的外交政策目标,远远超出了"国防"这一有限概念的范围。例如,在1940 年,罗斯福禁止在没有特定许可证的情况下从美国出口石油、石油产品和废金属,该禁令有效地禁止了对日本的战略物资出口,以实现阻碍日本作战能力发展的外交政策目标。⑰ 直到 1949 年,为了美国国家安全利益的外交政策目标才被列举为一个恰当的管制理由。⑱

第二次世界大战以后,美国对军品和原子能材料以外的物项实施了一系列管制措施,其理由是具有潜在军事意义的材料不应出口到以苏联为首的社会主义国家。⑲ 这些在第二次世界大战后对"非军事"物品的管制是出口管制作为"国家安全"工具的肇始,也是现代"两用货物"概念的起源。

---

⑭ 见 Panel on the Impact of National Security Controls on International Technology Transfer *Balancing the National Interest:U.S. National Security Export Control and Global Economic Competition*(Washington, D.C.:National Academy Press, 1987)第 71 页:"Under the provisions of the Neutrality Acts of 1935 - 1939,exports of goods with potential military application such as advanced aircraft and parts did require a license from the State Department. But State could not withhold such licenses until the President invoked the full provisions of the act and embargoed all such exports to both parties in the war in question—an action he consistently resisted. In particular the Roosevelt administration opposed efforts to apply this act to the Sino-Japanese conflict in 1937 because it would have hurt China far more than Japan.".同脚注 4 第 71 页。

⑮ 见 *Export Control Act*,54 Stat. 714,§ 6 Public Law 703(2 July,1940)。

⑯ 见 *Export Control Act*,54 Stat. 714,§ 6 Public Law 703(2 July,1940):"Be it enacted... that in order to expedite the building up of the national defense...".又见"Key Materials Put under Export Ban" *The N.Y. Times*(3 July, 1940)第 1 页。

⑰ 见 John Chider,"Ban Affects Japan:U.S. Supply of Materials to Her War on China Can Be Cut Off" *N.Y. Times*(26 July, 1940)Special to the *N.Y Times* 第 1 页:"While no final conclusions as to political implications of the action would be warranted until it is observed how the government intends to exercise its remaining power, the mere act of subjecting exports of products so important to Japan to a control system was regarded as a definitive step in the application of a vigorous economic policy toward Japan.".

⑱ 见 *Export Control Act of* 1949,63 Stat. 7,§ 2 Public Law 11(26 February, 1949)。

⑲ 见 Walter Surrey and Crawford Shaw,"Excerpt from a Lawyer's Guide to International Business Transactions,"(1963)in Stanley Metzger Ed.,*Law of International Trade:Documents and Readings*(Washington,D.C.:Learner Law Book Company,1966)第 1051 页。

　　鉴于为外交政策目标实施出口管制与第二次世界大战后美国国家安全和利益相一致,且存在管制具有潜在军事意义的商业物项的需要,国会制定了《1949 年出口管制法》。该法案确立了美国对"任何物品、材料或用品,包括技术数据"进行必要的出口管制的政策目标:

　　(a) 以保护美国国内经济免受稀缺材料的过度消耗的影响,并减少不正常的外国需求(即供应短缺)对通货膨胀的影响;

　　(b) 推进美国的外交政策并协助履行国际责任(即外交政策);以及

　　(c) 从出口对国家安全的重要性的角度,对出口保持必要的警惕性(即确保国家安全)。[20]《1949 年出口管制法》以四种关键的方式扩展了先前的立法。第一,总统实施出口管制权利及管辖的政策基础扩大到明确包含外交政策和国家安全。第二,对和平时期的两用物项(除军品和原子能材料以外的具有潜在军事意义的物项)进行了管制。第三,管制范围扩大到技术数据。第四,"任何物品、材料或用品"意味着管制几乎适用于所有出口。

　　今天,1979 年《出口管理法》(简称 EAA)建立了美国对两用物项的出口管制。[21] EAA维持了国会早期为解决供应短缺、外交政策和国家安全问题而制定的出口管制政策。[22]但除此之外,EAA 还承认经济安全是一项政策优先事项,并将出口管制政策扩展到军事和外交安全之外。[23] 具体而言,出口管制只有在"充分考虑到对美国经济的影响"及"利用其经济资源和贸易潜力来促进其经济的健康增长和稳定"之后才能使用。[24]

　　国会政策包括经济安全关切的演变始于 20 世纪 60 年代。当时以安全关切为由严格控制美国与欧洲共产主义国家贸易的理由变得不那么令人信服。[25] 根据 EAA,商务部长被授权颁布管制物项出口的监管措施。这些监管措施就是《出口管理条例》(简称EAR)。为此,商务部长还维护着商业管制清单(简称 CCL),该清单表明了根据该法对物项出口的许可要求。[26] EAR 由工业与安全局(BIS)负责管理(见图 4.1)。

---

　　[20]　见 *Export Control Act of* 1949, 63 Stat. 7, §2 Public Law 11 (26 February, 1949)。

　　[21]　应当注意,EAA 中规定了定期延长的终止日期。最后一次延期于 2001 年 8 月到期。自到期以来,美国总统援引《国际紧急经济权力法》(IEEPA),继续实施 EAA 授权下的出口许可证制度。见 50 U. S. C. §2419(2009)。

　　[22]　见 *Export Administration Act*, 50 U. S. C. §2402 et seq. (2009)。

　　[23]　EAA 采取的政策旨在最大限度地减少出口管制政策的不确定性,鼓励国际贸易,并充分考虑出口管制对美国经济的影响。

　　[24]　见 50 U. S. C. §2402(a) (2) & §2402(a) (3) (2009)。

　　[25]　见 Kenneth Abbott, "Linking Trade to Political Goals: Foreign Policy Export Controls in the 1970s and 1980s" 65 Minnesota Law Review 739(1981)第 757 页。另见 Harold Berman and John Garson, "U. S. Exports Controls—Past, Present, and Future" 67(5) Columbia Law Review 791 (1967)。

　　[26]　见 50 U. S. C. §2402(c) (2009)。

```
                    ┌──────────────┐
                    │   美国国会   │
                    └──────┬───────┘
          ┌────────────────┴────────────────┐
   ┌──────────────┐                   ┌──────────────┐
   │ 武器出口管制法 │                   │  出口管理法  │
   └──────┬───────┘        授权        └──────┬───────┘
   ┌──────────────┐                   ┌──────────────┐
   │  美国国务院   │        管理        │  美国商务部  │
   └──────┬───────┘                   └──────┬───────┘
   ┌──────────────┐                   ┌──────────────┐
   │ 国际武器贸易条例│                  │  出口管理条例 │
   │    (ITAR)    │      出口管制物项    │    (EAR)    │
   └──────┬───────┘                   └──────┬───────┘
   ┌──────────────┐                   ┌──────────────┐
   │美国军品清单(USML)│                  │ 商业管制清单  │
   │              │                   │    (CCL)    │
   └──────────────┘                   └──────────────┘
```

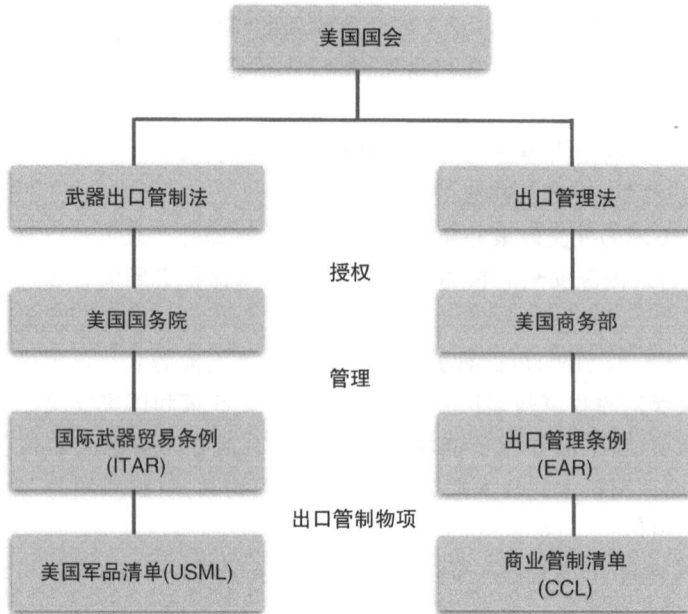

图 4.1 美国对军品和两用品出口的管制体系[27]

4.1.3 ITAR 和 EAR 法规的比较分析

AECA 的 ITAR 和 EAA 的 EAR 之间最重要的区别是，EAR 广泛地管制物项，并特别考虑到出口管制对国内经济的影响，而 ITAR 则管制国防物项。这些差异反映在各自的许可证管理机制中，包括对申请人出口权利的固有推定、许可证申请要求、[28] 机构间审查和国会通知程序、[29] 最低限度背景、在外国的可获得性和其他许可例外情况、[30] 与许可和合规有关的费用[31] 以及违反规定时的民事和刑事处罚的严重

㉗　由 Michael C. Mineiro 创建。以美国商务部出版物(2008 年 10 月)美国商业航天工业出口管制简介中的图表为基础，可在线获取。

㉘　一般见 ITAR 22 C. F. R. §120 et seq. (2009) & EAR 15 C. F. R. §730 et seq. (2009)。

㉙　见 22 U. S. C. §2776 & §2778 et seq. (2009)。又见 §1512 of the Thurmond Act, Pub. L. 105-261(1999)。

㉚　见 50 U. S. C. §2403(c) (2009)。

㉛　见 EAA 50 U. S. C. 2403(g) (2009)，"提交或处理出口许可证申请不收取任何费用"。将此与 AECA 和 ITAR 进行比较，在 AECA/ITAR 中，政府要求出口商自筹美国国务院国防贸易管制局(DDTC)许可证要求的资金。见 *Federal Register* 第 73 卷第 55349 条(修订的 ITAR 第 122. 2、122. 3 和 129. 4 条)。

程度(见表 4.1)。[32]

表 4.1　ITAR 与 EAR 许可证比较

ITAR 许可证	EAR 许可证
ITAR 授权立法的基础是国会认为需要对国际武器贸易进行监管	EAR 授权立法是基于国会的结论,即供应短缺、外交政策和国家安全要求对商业货物出口进行监管
管制国防物品和服务(例如,本身具有军事性质的物项和服务;武器和弹药;包括相关的技术数据和技术援助	管制商业和"两用"的货物和技术(例如,为商业目的出售的货物,会对另一个国家的军事潜力做出重大贡献的货物,这种贡献可能被证明对美国的国家安全不利)
严格的监管机制,其政策完全是为了确保美国的国家安全利益;经济增长和对外贸易并不是政策目标	国家安全只是这一监管制度的一个政策考虑;经济增长和对外贸易也是政策目标
外交政策和目的地/最终用户管制	外交政策和目的地/最终用户管制
承认并实施国际出口和扩散管制协议及安排	承认并实施国际出口和扩散管制协议及安排
有限许可例外	许可证的例外情况包括在外国的可获得性和最小价值
许可收费	许可免费

在 EAR 体系中,对出口许可申请人进行"推定批准"。[33] 在 EAR 体系内,获得许可的大多数出口货物被授予通用许可证(EAR. 99 许可证),只要求出口商在出口时提供最低限度的文档和信息披露。[34] 在商务部工业与安全局(BIS)已经确定需要有效出口许可证的特定物项和/或目的地国家的情况下,存在多种许可证豁免,许可证申请人可能有资格获得豁免。这些包括最小含量,有限价值货物装运(SLV),民用最终用户(CIV),临时出口、进口和再出口(TMP),以及维修、替换零件和设备

---

[32]　见 AECA 下的刑事制裁,22 U. S. C. §2778(c):"对每项违法行为处以不超过 100 万美元的罚款或不超过 10 年的监禁,或两者兼有之。"见 AECA,《美国法典》第 22 卷第 2728 条(e)款下的民事制裁:"对涉及国防用品和国防服务出口管制的每项违规行为的民事处罚不得超过 50 万美元。"EAA 50 U. S. C. §2410(b) 2009 规定:对于故意违反规定的个人,"应处以不超过 25 万美元的罚款,或不超过 10 年的监禁,或两者兼而有之";非个人情况的,"应处以不超过所涉出口价值 5 倍的罚款,或 100 万美元,以数额较大者为准"。

[33]　见 EAA 50 U. S. C. §2403(d)(2009):"根据本法或根据本法颁布的条例,除执行本法第 3 条规定的政策外,不得要求出口授权或许可。"另见美国商业航天业出口管制介绍,由美国商务部出版(2008 年 10 月),可在线查阅。

[34]　《出口管制法》(EAR)第 99 条是关于商品和技术一般类别的规定,其中包括许多广泛交易的消费品和工业产品。

(RPL)。㉟ 但是需要注意到,某些宇航级物项被明确排除在 EAR §740 许可豁免之外。㊱ 可以将此与 ITAR 系统进行比较,ITAR 系统对出口许可证申请人进行"推定拒绝"。㊲ ITAR 的出口商必须证明他们的物项或服务不会对国家安全构成重要风险。㊳ ITAR 唯一的主要许可证豁免是公共领域例外(将基础研究排除在外)。㊴

在根据 EAR 为了国家安全目的(相对于外交政策或供应短缺)而需要有效许可证的情况下,受管制的出口被认为是"军事用途的关键技术"。㊵ 这与 ITAR 物项有区别,ITAR 中的物项都是"国防物品与服务",在某些情况下被提升到"重要军事设备"的地位。㊶ 正如这种语言的模糊性所表明的,在"两用"和"军事用途"技术之间可以有一条模糊的界限。

EAR 管制 CCL 上的货物和技术。货物被定义为"任何物品,自然或人造物质,材料,供应品或制成品,包括检查和测试设备,但不包括技术数据。"㊷技术是"可用于设计、生产、制造、利用或重建货物的信息和技术诀窍(无论是有形形式,如模型、原型、图纸、草图、图表、蓝图或手册,还是无形形式,如培训或技术服务),包括计算机软件和技术数据,但不包括货物本身"。㊸

ITAR 管制 USML 中的国防物品和服务。"国防物品"是指:

Ⅰ. 任何武器、武器系统、军需品、航空器、舰船、船舶或其他战争工具。

Ⅱ. 任何用于进行军事销售的财产、设施、商品、材料、设备、补给或货物。

Ⅲ. 制造、生产、加工、修理、服务、储存、建造、运输、操作或使用本段所列任何物品所需的任何机械、设施、工具、材料、补给或其他物项。

Ⅳ. 列入 USML 的任何物品的任何组件或部件。㊹

国防物品还包括相关的技术数据。㊺ 技术数据是指:

㉟　见 U. S. C. §2404(a)(5)(2009)。又见 EAR 15 C. F. R. §740 et seq.(2009)。

㊱　见 EAR 15 C. F. R. §740.2(7)(2009)。

㊲　见"Introduction to U. S. Export Controls for the Commercial Space Industry," Department of Commerce Publication (October 2008)。

㊳　见"Introduction to U. S. Export Controls for the Commercial Space Industry," Department of Commerce Publication (October 2008)。

㊴　见 ITAR 22 C. F. R. §120.10 & 120.11 (2009)。见其他 ITAR 条款,其中对北约或盟国,以及其他特殊情况有特殊豁免。

㊵　见 50 U. S. C. §2403(a)(3) & 2404(d)(2009)。

㊶　见 22 U. S. C. §2794 (2009)。

㊷　见 50 U. S. C. §2415(3)(2009)。

㊸　见 50 U. S. C. §2415(4)(2009)。

㊹　见 22 U. S. C. §2794(3)(2009)。

㊺　见 ITAR 22 C. F. R. §120.6 (2009)。

Ⅰ. 设计、开发、生产、制造、装配、操作、修理、测试、维护或修改国防物品所需的信息。这包括草图、图纸、照片、计划、说明或文档形式的信息。

Ⅱ. 与国防物品和国防服务有关的非公开信息。

Ⅲ. 发明保密令所涵盖的信息。

Ⅳ. 与国防物品直接相关的软件。

国防服务"包括用于军事销售的任何服务、测试、检查、维修、培训、出版、技术或其他援助,或国防信息[如本法第 2403(e)条所定义的],但不包括本编 § 2769 规定的设计和建造服务。"⑯国防信息"包括任何文档、文字、草图、照片、计划、模型、规范、设计、原型或其他与任何国防物品有关的记录或口头信息,但不包括经修订的 1954 年《原子能法》[42 U. S. C. 2011 et esq.]所定义的受限数据 "。⑰

EAA 和 AECA 都有出于多种目的的外交政策管制,包括反恐怖主义、维护区域稳定、犯罪管制、联合国制裁、单边禁运和制裁,以及不扩散。特定目的地、个人或实体的管制清单与 CCL 和 USML 一起使用,以确定出口限制和许可条件。与其他国家合作维持的管制措施在 EAR 和 ITAR 范围内实施,而且美国国务院(DOS)和商务部(DOC)都有行政管辖权,以确保出口符合美国签署的国际协议和安排。

在颁发许可证的过程中,可能会进行机构间审查。根据 ITAR,任何提交给国务院的许可证申请都可能被国防部(DOD)审查,⑱但是商务部不参与对许可证申请的审查。⑲ 国务院根据外交政策和国家安全,对许可证申请拥有非正式的否决权;然而,国务院和国防部往往相互尊重,上诉极为罕见。⑳ 相比之下,在商务部的许可证申请中,没有一个相关部门或机构(商务部、国务院、国防部、能源部以及军控和裁军署)对许可证申请有否决权,而是在咨询委员会和审查委员会层级采用多数票的方式确定结果。㉑

在许可证申请人要求阐明商务部或国务院是否有出口管制的管辖权的情况下,申请人可以请求做出"商品管辖权请求"(简称 CJR)裁决。㉒ 大多数情况下,商品管

---

⑯　见 22 U. S. C. § 2794(4)（2009）。

⑰　见 22 U. S. C. § 2403(e)（2009）。

⑱　见 *Report of the Select Committee on U. S. National Security and Military/Commercial Concerns with the People's Republic of China* [*Cox Report*],（U. S. Congress, Washington, D. C. , 1999）第 9 章,第 39 页。

⑲　同上一条,第 40 页。

⑳　同第 48 条脚注。

㉑　同第 48 条脚注。

㉒　见 ITAR 22 C. F. R. § 120. 3 & 120. 4（2009）。又见 EAR 15 C. F. R. § 770. 2（2009）。

辖权请求是向国务院提出的,因为 ITAR 被广义地解释为"涵盖任何为军事用途而设计、指定、开发、配置或改造的产品",出口商需要清楚地知道他们的货物是作为国防物品被 ITAR 涵盖,还是作为两用或商用物品被 EAR 涵盖。[53] CJR 在消除 USML 和 CCL 中的模糊性方面作用有限,这是因为 CJR 是基于个案具体实际情况的,不对外公布,也不构成对各机构有"约束力"的法律判例。因此 CJR 只在个案的基础上有用。

在各类监管制度中,"出口"一词的含义各不相同。例如,EAR 将"出口"定义为将受 EAR 管制的物项实质运输或传递到美国境外,或在外国发布受 EAR 管制的技术或软件。[54] ITAR 将"出口"定义为将国防物品(如受 ITAR 管制的物项)送至或携带至美国境外,或执行国防服务(无论是否在美国),或向外国人(无论是否在美国)披露或转让技术数据。[55]

EAR 和 ITAR 都涵盖了"视同出口"和"再出口"。[56] EAR 规定的视同出口是指在美国"向外国国民提供 EAR 规定的任何技术或源代码"。[57] ITAR 规定的视同出口是指在美国向外国人提供或转让任何国防物品或国防服务(包括技术数据)。请注意,虽然 EAR 不认为向在美国的外国国民提供货物是出口,但 ITAR 确实认为向在美国的外国国民提供国防物品(如货物)是出口。ITAR 还认为,USML 所涵盖的任何航空器、船只或卫星的登记、控制或所有权的转让是视同出口。[58] 对于再出口,在 EAR 和 ITAR 中都有规定。[59] 美国永久居民被排除在 EAR 和 ITAR 的外国人定义之外。[60]

在 EAR 中,有两项重要的许可例外是 ITAR 所没有的,那就是最小含量例外和外国可获得性例外。作为一般规则,EAR 的最小含量规则规定,在世界任何地方再出口包含美国原产商品或与美国原产软件"捆绑"在一起的外国制造商品,其中美国原产商品或软件价值为外国制造商品总价值的 10% 或以下的,则不受 EAR 的约束。[61] 包含美国原产商品或与美国原产软件"捆绑"在一起的外国制造商品,其中美国原产商品或软件价值为外国制造商品总价值的 25% 或以下的,可以再出口到特定国家(E:1 类)而不受 EAR 的约束。[62] 最小含量例外不适用于某些物项和/或特定的

[53]　见 United States Munitions List，Category 11（"Military and Space Electronics"）（2009）。

[54]　见 15 C. F. R. §734.2(b)（2009）。

[55]　见 22 C. F. R. §120.17（2009）。

[56]　见 22 C. F. R. §120 et seq.（2009）；15 C. F. R. §734.2(b)（2009）。

[57]　见 15 C. F. R. §734.2(b)（2009）。

[58]　见 22 C. F. R. §120.17（2009）。

[59]　见 22 C. F. R. §120.19（2009）；15 C. F. R. §734.2(b)（2009）。

[60]　见 22 C. F. R. §120.16（2009）；15 C. F. R. §734.2(b)（2009）。

[61]　见 15 C. F. R. §734.4(b)（2009）。

[62]　见 15 C. F. R. §734.4（2009）。

目的地和/或人员。"国务院没有像商务部那样的最小含量规则,来根据美国含量的百分比决定美国对外国来源物项的管制是否合适。不同的是,国务院使用'穿透'政策来管制技术:如果另一个国家想出售含有美国零部件的管制'国防物品'(如卫星),它将需要美国的批准。"[63]

在决定一个物项是否应该被纳入 USML 时,AECA 没有考虑受管制物品与服务在外国的可获得性的政策要求。"这是因为不管外国人是否可以出售一个物项,美国政府希望的都是保持技术领先,或者不希望某些国家从美国获得军事技术。"[64]同时,物项出口的预期用途也与其是否受管制无关。根据监管规定:

物项出口后的预期用途(即用于军事或民用目的)与确定该物项是否受 ITAR 管制无关。[65]

将 USML 与 EAA 进行比较可知,EAA 确实要求商务部长考虑从美国以外的来源得到同类货物或技术的可能性。[66] "对于 EAR 所涵盖的两用物项,某商品在外国的可获得性可以作为取消对该商品出口管制的依据,但是却不能凌驾于国家安全之上。"[67]

4.1.4　合宪性

在美国,宪法没有赋予个人参与国际贸易和商务的权利。国会可以在不违反正当程序的情况下建立标准,并提供公共政策管制考虑的因素,用以管制、限制或禁止进出口。[68] 对国会的唯一限制是,宪法禁止其对出口运输的任何货物或服务征税。[69]

如果对商品管辖权和 USML/CCL 清单的规定中列有司法审查,则不违反正当程序。其理由是,确定危及美国国家安全的技术是国会和行政部门面临的政治问题,

---

[63]　见 *Report of the Select Committee on U. S. National Security and Military/Commercial Concerns with the People's Republic of China* [*Cox Report*],(U. S. Congress,Washington, D. C. ,1999)第 9 章,第 44 页。

[64]　见 *Report of the Select Committee on U. S. National Security and Military/Commercial Concerns with the People's Republic of China* [*Cox Report*],(U. S. Congress,Washington, D. C. ,1999)第 9 章,第 59 页。

[65]　见 22 C. F. R. § 121 (2009)。

[66]　见 22 U. S. C. § 2404(f) et seq. (2009)。

[67]　见 *Report of the Select Committee on U. S. National Security and Military/Commercial Concerns with the People's Republic of China* [*Cox Report*],(U. S. Congress,Washington, D. C. ,1999)第 9 章,第 41 页。

[68]　见 *Butterfield v. Stranahan*,192 U. S. 470;24 S. Ct. 349 (1904)。

[69]　见 Article 1,Section 9 of the *U. S. Constitution*。

不属于司法部门的权限范围。[70] 只要出口管制的内容是中立的并符合美国与奥布莱恩案中确立的标准(所谓的奥布莱恩测试),那么第一修正案中关于计算机代码出口管制的言论权利就被裁定为符合宪法。[71]

4.1.5 司法审查

根据 AECA 和 EAA,对行政行为的司法审查是有严格规定的。AECA 排除了对指定为 USML 国防物项和商品管辖权确认的司法审查。[72] 同样,EAA 也排除了对列入 CCL 物项和商品管辖权确认的司法审查。[73] 将某一物项列入 USML 或 CCL 的决定,以及对商品管辖权的请求,只能通过各自的行政机构进行上诉。如果原告声称该机构在表面上违反了法规所赋予的权利,则可申请进行司法审查。[74] EAA 确实赋予了就出口许可证申请被拒绝进行上诉的权利,如果申请的处理没有在 EAA 规定的时间内完成,则可以进行司法审查。[75] 这与 AECA 有明显的区别,后者没有对国防贸易管制办公室(ODTC)必须做出许可决定的时间进行限制。[76]

4.2 美国 Comsat 出口管制

在美国,除非涉及核材料,否则 Comsat 及其宇航级零部件、设备(SQUIPE)都要受到 AECA 或 EAA 的出口管制。正如下文所讨论的,AECA 建立了一个名为 ITAR 的监管制度,以管制被划分为军品的商业货物、服务和技术的出口,而 EAA 建立了一个名为 EAR 的监管制度,以管制被列为两用的商业货物、服务和技术的出口。

美国在 Comsat 管制方面经历了三个不同的时代。在第一个时代(始于冷战时期,持续到 20 世纪 90 年代初),通信卫星主要作为军品进行管制,并受 ITAR 的约

---

[70] 见 *United States v. Spawr Optical Research, Inc.*, 864 F. 2d 1467 (9th Cir. 1988), *cert. denied*, 493 U. S. 809, 107 L Ed. 2d 20, 110 S. Ct. 51 (1989)。见 *Karn v. Macnamara*, 925 F. Supp. 1 (1996)。

[71] 见 *Karn v. Macnamara*, 925 F. Supp. 1 (1996)。另见 *U. S. v. O'Brien*, 391 U. S. 367, 20 L. Ed. 2d 672, 88 S. Ct. 1673 (1968)。除了"内容中立"的政府法规外,它还必须:(1)在政府的宪法权力范围内,(2)促进重要的政府利益,(3)严格符合政府利益。

[72] 见 *Karn v. Macnamara*, 925 F. Supp. 1 (1996)。又见 § 2778(h)。

[73] 见 *United States v. Spawr Optical Research, Inc.*, 864 F. 2d 1467 (9th Cir. 1988), *cert. denied*, 493 U. S. 809, 107 L Ed. 2d 20, 110 S. Ct. 51 (1989)。又见 50 U. S. C. 2412(a) (2009)。

[74] 见 *Dart v. U. S.*, 270 U. S. App. D. C. 160, 848 F. 2d 217, 223 (D. C. Cir. 1988)。

[75] 见 50 U. S. C. § 2409(j) (2009)。

[76] Rachel Claus, "Space-Based Fundamental Research and the ITAR: A Study in Vagueness, Overbreadth, and Prior Restraint" 2 Santa Clara Journal of International Law 1 (2003)。

束。在第二个时代(1991—1999 年),美国放宽了对通信卫星的出口管制,授予商务部更大的出口管制权限。第三个时代持续到今天,始于 1999 年《斯特罗姆·瑟蒙德国防拨款法》的通过,是基于 ITAR 冷战时期出口管制政策的回归。上述三个时期的监管是相互渗透的,在这些时代的过渡中存在着模糊性。这种模糊性在 20 世纪 80 年代末和 90 年代初表现得尤为明显,因为美国将冷战时期商业卫星活动的军品管制范式,转变为 90 年代中期以商业部门为导向的两用范式(见图 4.2)。

| 冷战时期
(1949—1991年) | 后冷战自由监管
时期
(1991—1999年) | 斯特罗姆·瑟蒙
德时代(1999年至今) |

图 4.2

在冷战早期,卫星和运载火箭的开发只是为了国家安全和军事需要,由于没有商业航天市场,几乎没有技术受到商业出口管制。直到 1965 年"晨鸟"通信卫星的发射,商业航天应用才开始发展。自"晨鸟"发射以来,航天方面的商业活动主要是在通信卫星行业进行。

在 20 世纪 60 年代末和 70 年代,基于航天的商业通信飞速发展。由联邦政府根据美国军事合同提供大量资金的美国卫星制造商拥有技术、资本和基础设施来主导市场。严格的出口管制防止了技术的扩散,美国的卫星技术被归类为军品。美国的外交政策通过 COCOM 在很大程度上实现了与其他西方国家在卫星出口管制方面的政策协调。⑦ 与此同时,美国政府垄断的航天发射服务行业几乎保证了所有西方卫星都将在美国发射,其实际结果是,没有美国卫星会被出口用于使用美国以外的国家提供的发射服务。

然而,商业航天环境在 20 世纪 80 年代初开始发生变化。西欧也开始成为商业航天参与者。欧洲国家开发了本土卫星技术,用于商业出口。世界上第一个商业发射服务商——阿丽亚娜航天公司在法国成立。⑧ 欧洲正在发展成为一个市场竞争者,美国不再能够垄断国际卫星销售和发射。由于美国和欧洲的利益存在竞争,美国

---

⑦　见 Richard Cupitt and Suzette Grillot, "COCOM Is Dead, Long Live COCOM: Persistence and Change in Multilateral Security Institutions" 27 British Journal of Political Science 361 (1997). 另见 Joan Johnson-Freese, "Alice in Licenseland: U. S. Satellite Export Control Since 1990" 16 Space Policy 195 (2000). 另见 Michael Mastanduno, *Economic Containment: COCOM and the Politics of East-West Trade* (Ithaca, NY: Cornell University Press, 1992).

⑧　见 Klaus Iserland, "Ten Years of Arianespace" 6(4) Space Policy 341 (1990).

在 COCOM 内部实现卫星出口管制的政策协调开始变得困难。[79]

更多的国家参与到不断增长的国际通信卫星市场,以及国际发射服务商数量的增加,使得卫星和卫星发射服务国际贸易不断扩大。[80] 1986 年"挑战者"号灾难发生后,美国官方政策从政府资助的发射转向私营商业发射,美国航天政策的重大转变进一步加速了卫星出口的商业化。[81]

到苏联解体时(20 世纪 90 年代初),COCOM 对 Comsat 管制的协调被认为是不可持续的。冷战的结束为贸易增加开辟了可能性,因为当时没有政治意识形态的问题。随着 COCOM 的终止和瓦森纳安排的建立,欧洲和美国重新评估了它们的国际出口管制承诺。[82] 中国、俄罗斯与美国签订了双边技术保障和发射服务协议,中国和俄罗斯的发射服务商开始向卫星的美国本土技术的所有者/运营者开放。[83] 在美国国内和欧洲,出口管制都从更严格的"军品"类管制更多地转向商业"两用"标准。

在美国,卫星出口管制宽松政策使商务部获得了对卫星和相关设备的更多监管权力。典型的 Comsat 根据 EAR 而不是 ITAR 获得许可,美国的卫星被出口到中国运载火箭上发射。第二个宽松管制时代一直持续到 1999 年,当时 COCOM 的调查结果和相关立法(1999 年《斯特罗姆·瑟蒙德国防法》,简称 STDA)使美国回到了将 Comsat 归为军品分类的冷战时期,从而再次将传说中的精灵放回瓶中(见表 4.2)。

---

⑦⑨ 见 Richard Cupitt and Suzette Grillot, "COCOM is Dead, Long Live COCOM: Persistence and Change in Multilateral Security Institutions" 27 British Journal of Political Science 361 (1997)。另见 Joan Johnson-Freese, "Alice in Licenseland: U. S. Satellite Export Control Since 1990" 16 Space Policy 195 (2000)。另见 Michael Mastanduno, *Economic Containment: COCOM and the Politics of East-West Trade* (Ithaca, NY: Cornell University Press, 1992)。

⑧⓪ 见 2009 *Commercial Space Transportation Forecasts*, (Washington, D.C.: U. S. Federal Aviation Administratio, 2009)。

⑧① 见 U. S. *Presidential Directive on National Space Policy* (February 11th, 1988)。

⑧② 见 Richard Cupitt and Suzette Grillot, "COCOM Is Dead, Long Live COCOM: Persistence and Change in Multilateral Security Institutions" 27 British Journal of Political Science 361 (1997)。另见 Joan Johnson-Freese, "Alice in Licenseland: U. S. Satellite Export Control Since 1990" 16 Space Policy 195 (2000)。

⑧③ 见 *China-U.S. Agreements of Satellite Technology Safeguards* (1988, 1993, 1995)。见 *China-U. S. Agreements on International Trade in Commercial Launch Services* (1989, 1995)。见 *Russia-U. S. Agreements of Satellite Technology Safeguards* (1993, 1999)。见 *Russia-U.S. Agreements on International Trade in Commercial Launch Services* (1993)。

表 4.2　确定通信卫星监管时代的特征

	冷战时代	后冷战时代	斯特罗姆·瑟蒙德时代
时间	始于 1949 年，终止于 20 世纪 80 年代中期至 90 年代初的过渡时期	始于 20 世纪 80 年代中后期，一直持续到 1999 年	始于 1999 年 STDA 通过直到今天
ITAR 与 EAR 的分类	美国把 Comsat 的出口管制主要归类为 ITAR	美国国内对商业卫星(特别是通信卫星)出口管制的自由化，这体现在商业卫星越来越多地被归类为"两用"货物，受 EAR 的约束	国会规定，所有卫星和相关技术实际都要归入 ITAR 的范畴
国际政策协调和分歧	早期 COCOM 成员国在卫星出口管制方面的政策趋同，但到了 20 世纪 80 年代，COCOM 成员国之间的政策分歧越来越大	COCOM 被终止，取而代之的是瓦森纳安排；欧洲和美国都采取了自由化的商业卫星出口管制；美国和欧洲在与 Comsat 有关的大部分出口管制问题上的政策趋于一致	美国和欧盟之间存在严重的政策分歧；欧盟通常将 Comsat 作为一种"两用"货物进行管理，使其出口管制的严格程度大大降低；欧盟成员国正在向中国出口卫星；美国基本上禁止美国的卫星技术向中国发射或向中国销售
国际商业市场	商业航天货物和服务(特别是通信卫星)国际市场的发展，导致对卫星和发射服务的需求增加	增加美国向中国销售用于运营和发射的商业卫星；对通信卫星和发射服务的需求增加	中国是一个发射服务商，其费率大大低于市场费率；欧洲试图摆脱美国的出口管制，以获得中国的发射服务；中国和印度正在进入 Comsat 主承包制造市场
扩散特征	技术扩散的特点是商业卫星行业和发射服务行业的竞争加剧	美国和欧洲是技术领先者；中国在商业卫星和运载火箭方面的本土开发	欧洲正在开发本土卫星技术，以摆脱美国的出口控制；中国和印度正在开发本土卫星和运载火箭技术
处于主导地位的 Comsat 制造国	美国、法国	美国、欧盟成员国(特别是法国)	美国、欧盟成员国(特别是法国)、中国
有商业发射服务的国家	法国	法国、美国、中国、俄罗斯	法国、美国、中国、俄罗斯和印度

4.2.1 中国、考克斯委员会和 1999 年 STDA

中国是理解美国的法律和政策决定的关键所在。如果不讨论中国的作用,那么关于 20 世纪 90 年代出口管制自由化和随后恢复严格的 ITAR 管制的叙述就不完整。

在 Comsat 领域,美国与中国的关系是建立在两个基本的经济事实之上的。第一,中国是美国主要卫星制造商们的一个新兴市场。第二,中国的次级商业发射服务为美国的卫星制造商提供了巨大的成本优势。

为了阐明这一点,首先从把中国作为一个蓬勃发展的市场角度来探究。据估计,自 1978 年以来,中国的国内生产总值(GDP)已经增长了 10 倍。[84] 国内生产总值的增长使得国民生活水平得到了提高,这反过来又使得基于航天的通信服务需求激增。这种需求需要更多的卫星转发器,因此需要更多的卫星。在 20 世纪 80 年代和 90 年代,急于从中国分一杯羹的美国制造商积极争取和竞争中国的业务。Comsat 的市场相对较小,每年大约有 20 颗卫星的合同。[85] 这些卫星有大型 GEO 通信卫星,也有较小的中轨道(MEO)或近地轨道(LEO)星座卫星。在一个每年只有较低销售数量的国际市场中,中国的市场份额是非常宝贵的。

向中国出口 Comsat 也与由中国发射卫星有关,这是出口管制难题中经常被忽略的经济成本部分。中国以低于美国、俄罗斯和欧洲的价格提供 Comsat 发射服务。[86] 中国相对较低的发射价格向美国和欧洲的卫星制造商提供了经济激励。发射成本的降低使得卫星制造商能够提供更具竞争力的销售价格,从而使得能够获得更便宜的发射服务的制造商更具有竞争优势。

正是这两项经济激励措施使得美国卫星制造商成功游说中美进行谈判并通过双边协议,以开放中国的卫星和发射服务市场。1988 年,美国和中国达成了两项双边协议,一项是卫星技术保障协议,另一项是发射贸易协议。[87] 这些协议既保证了出口

---

[84] 见 *CIA World Fact Book:China*(2010)。

[85] 见 Ryan Zelnio,"Whose Jurisdiction Over the U. S. Commercial Satellite Industry?" 23(4) Space Policy 221 (2007)第 227 页:"如果某一年竞争激烈,则可获得其中的 15~20 颗星,其余的通常由姐妹公司获得。"见 Futron Corporation 白皮书 *How Many Satellites Are Enough? A Forecast of Demand for Satellites* 2004—2012(Bethesda,MD,2004)。2000—2004 年的定量数据表明,每年平均只发射 19 颗 Comsat。假设发射次数与售出单位数直接相关,则平均数约为 19。

[86] 见 Bill Lai,"National Subsidies in the International Commercial Launch Market" 9(1) Space Policy 17 (1993)。另见 Peter Van Fenema,*The International Trade in Launch Services* (Leiden Faculty of Law,1999)第 183~240 页。

[87] 见 Peter Van Fenema,*The International Trade in Launch Services*(Leiden Faculty of Law,1999)第 183~240 页。

到中国用于发射的美国卫星技术不发生未经授权的转让问题[88]，又对中国的发射能力和国际市场上的定价进行了限制。[89] 随着这些协议的签订，美国的卫星产业终于准备好了从与中国的卫星贸易中获得回报。

就在这些协议缔结六个月后，由于种种原因，美国迅速暂停了上述协议。[90] 除非总统以符合国家利益为由，以一事一议的方式对禁令做出豁免，否则禁止用中国的运载火箭发射带有美国原产技术的卫星。[91] 这项禁令一直保留到今天（并在 1999 年《斯特罗姆·瑟蒙德国防授权法》中进一步得到强化）。

在 20 世纪 90 年代，乔治·布什和威廉·克林顿政府都出于国家利益给予了一系列行政豁免，中国可以继续发射美国卫星。与中国发射服务有关的事件致使国会特别委员会进行调查，并在 1999 年 STDA 中通过了卫星出口管制修正案，由此，这种批准向中国出口卫星的临时方法结束了。

1998 年 6 月，由众议员克里斯托弗·考克斯（R. CA）担任主席的国会特别委员会成立，旨在调查使用中国火箭发射美国民用卫星以获取美国敏感导弹和航天技术的问题。[92] 1998 年 10 月，国会特别委员会的调查范围扩大到包括所谓美国核武器实验室的安全问题和可能的间谍活动。[93] 国会特别委员会于 1999 年 5 月 25 日发布了一份解密报告，通常被称为考克斯委员会报告。[94] 该报告的结论和建议对国会通过 1999 年 STDA 中的出口管制改革修正案发挥了至关重要的作用。

国会特别委员会调查了三起独立的事故。在这些事故中，中国的运载火箭未能将美国的通信卫星载荷送入轨道。这些航天器是 INTELSAT 708、OPTUS B 和 APSTAR 2 商业性通信卫星。国会特别委员会在发射事故调查中发现，美国卫星制造商违反了关于向中国转让技术（以技术支持或数据的形式）的出口管制条例。此外，国会特别委员会还注意到，美国卫星制造商可能已经协助了中国运载火箭工程师解决与各次运载火箭故障有关的技术异常问题。委员会发现，这种支持不仅有助于中国改进商业运载火箭，而且还有助于他们改进其核弹道导弹，特别是潜艇导弹的整

---

[88]　同上一条，第 111 页。

[89]　采取贸易限制的目的是在中国进入国际发射市场时保护美国国内的发射工业。见 Bill Lai，"National Subsidies in the International Commercial Launch Market" 9（1）Space Policy 17（1993）。

[90]　见 § 902 of the Foreign Relations Authorization Act, Fiscal Years 1990 and 1991（P. L. 101-246；22 U. S. C. 2151 note）。

[91]　同上一条。

[92]　见 M. May Ed. , The Cox Committee Report：An Assessment（Stanford, CA：CISAC, 1999）。

[93]　同上一条。

[94]　同上一条。

流罩。⑨⑤

考克斯领导的国会特别委员会的这些结论绝不是准确无误的。1999 年 12 月，斯坦福大学国际安全与合作中心(CISC)的成员发布了一份报告，对国会特别委员会的调查结果提出了质疑。他们的报告认为，"在许多情况下，《考克斯报告》并不符合现实情况"，"一些重要的相关事实是错误的，且很多结论也无可信证据"，⑨⑥关于卫星和运载火箭故障中的盗窃和技术损失，CISC 发现《考克斯报告》"没有提供中华人民共和国(PRC)盗窃或违反协议的证据"。⑨⑦

尽管如此，考克斯领导的国会特别委员会还是发挥了巨大的政治影响力。1998 年，在《考克斯报告》定稿之前，国会通过了 STDA⑨⑧，该法案包含一个具体的卫星出口管制修正案，《考克斯报告》将其视为"纠正美国卫星出口管制体系的安全缺陷"的一个积极步骤。⑨⑨

该修正案对美国的卫星出口管制系统进行了若干重要修改。首先，该修正案将在 CCL 上的所有卫星和相关技术转移到 USML 中。⑩ 这一转移意味着现在所有的 Comsat 都要受到 ITAR 的约束，即使该通信卫星之前已经根据 EAR 获得了出口许可。行政部门不能再利用其自由裁量权来决定通信卫星是否最好作为军品或两用物品来管理。这一授权的特殊意义不能被低估。在美国的整个出口管制史上，这是国会首次将一个特定物项划归为军品和两用物项进行管制授权。自从美国卫星出口管制体系建立以来，行政部门一直利用内部程序对 USML 和 CCL 进行定期审查。行政部门将在认为适当的时候对清单项目的分类进行修改，以实现出口管制的政策目标。但自从 1999 年 STDA 颁布以来，行政部门失去了自由裁量权，所有通信卫星和相关物项都被归类为军品。因此，无论技术的敏感性、在外国的可获得性如何，无论是否有任何其他可以支持商务部针对一颗卫星或其相关设备放松监管的充足理由，所有卫星都必须由国务院作为军品进行出口监管。

---

⑨⑤ 见 *Declassified Report of the Select Committee on U. S. National Security and Military/Commercial Concerns with the People's Republic of China* (Submitted by Rep. Cox, U. S. G. P. O., Washington, D. C.; January 3rd, 1999—declassified May 25th, 1999)。

⑨⑥ 见 M. May, *The Cox Committee Report: An Assessment* (Stanford, CA: CISAC, 1999) 第 6 页。

⑨⑦ 同上一条，第 18 页。

⑨⑧ 见 *Strom Thurmond Defense Act*, 22 U. S. C. §2778, P. L. 105-261 (1998) at §1511-1516。

⑨⑨ 见 *Declassified Report of the Select Committee on U. S. National Security and Military/Commercial Concerns with the People's Republic of China* (Submitted by Rep. Cox, U. S. G. P. O., Washington, D. C.; January 3rd, 1999—declassified May 25th, 1999) 第 253~254 页。

⑩ 见 *Strom Thurmond Defense Act*, 22 U. S. C. §2778, P. L. 105-261 (1998) at §1511-1516。

对中国发射卫星的出口豁免,以前是由总统根据是否符合"国家利益"进行逐案批准,现在则须向国会报告并符合"美国国家安全利益"方可予以豁免。[101] 这些更高的标准使总统很难签发出口豁免。事实上,自该修正案颁布以来,没有任何总统签发过豁免令。

该修正案还对卫星出口进行了特别的国家安全管制。这些管制措施包括:(1)强制性技术管制计划,(2)强制性监测和补偿,(3)强制性坠毁调查许可,(4)与任何提供发射服务的外国个人或实体的会议都必须事先报告,(5)强制性情报审查,(6)强制要求通知国会。这些管制措施是在 AECA 规定的对 ITAR 物项管制之外的。北约成员国和美国的主要非北约成员国盟友被授予豁免这些额外的管制措施。[102] 然而,在 ITAR 机制中,对这一豁免有一个例外情形。ITAR 第 124.15(c)条规定了额外的管制措施,"为促进美国国家安全和外交政策利益,除了(规定的管制措施),任何其他的出口管制仍然可以适用"。[103]

4.2.2 监管趋同的必要性和美国管制措施作为事实上的"单边"国际机制

在 STDA 和将所有卫星重新归入 ITAR USML 之后,美国不得不解决一个国际监管协调的问题。[104] 随着 COCOM 的消亡,美国不再有一个国际安排来实现有效的通信卫星出口管制协调。虽然瓦森纳安排是一个实用的管制透明度安排,但对管制清单上的物项的许可决定,并不需要得到其他成员的同意。[105] 欧洲将通信卫星归类为两用物品与中国进行贸易,在管制出口方面采取了更为宽松的方法,因此美国和欧洲无法在通信卫星出口管制方面实现政策趋同。未能与欧洲实现协调是(并将继续是)一个严重的问题,因为欧洲是除美国以外的唯一主要通信卫星制造商和出口商,因此美国和欧洲之间的政策分歧是一种完全的国际监管分歧——例如,它是仅有的两个监管者之间的分歧。这种分歧对美国的经济、外交政策和国家安全利益构成了

---

[101]　同上一条。

[102]　同上一条。

[103]　见 ITAR 22 C.F.R. §124.15 (2009)。

[104]　见 Daniel Drezner, *All Politics Is Global* (Princeton: Princeton University Press, 2007) 第 11 页: "Regulatory coordination is defined as the codified adjustment of standards in order to recognize or accommodate regulatory frameworks from other countries."。

[105]　见 Richard Cupitt and Suzette Grillot, "COCOM Is Dead, Long Live COCOM: Persistence and Change in Multilateral Security Institutions" 27 British Journal of Political Science 361 (1997) 第 364 页: "Decisions on some licences were subject to COCOM review. These licence decisions, and decisions to modify the lists of controlled items or proscribed countries, required unanimous consent. This meant that the country with the most stringent control standards, generally the United States, held a veto over all licences subject to review and over the deletion of items."。

挑战。

　　例如,可以考虑国际通信卫星市场的经济状况因素。自 20 世纪 90 年代中期以来,欧洲对销售或发射的 Cosmat 的出口管制采取了更加面向商业化的两用品监管方法。⑩ 如果没有监管协调,美国将对美国的出口商实施更严格的管制,而欧洲可以在较少的监管障碍下出口。(注:本章第 4.3 和 4.4 节将讨论美国和欧盟监管分歧的性质。)与欧洲对卫星实施两用品管制相比,遵守 ITAR 的相关监管成本可能要高得多。(注:本专著第 5 章详细讨论了监管分歧的成本。)如果欧洲国家实行较低成本的监管壁垒,那么这种成本差异就会使得欧洲制造商拥有竞争优势。⑩ 美国对中国实行了卫星贸易禁运,如果禁运不被欧洲卫星制造国遵守,那么美国卫星制造商将面临一个重大的竞争劣势,因为欧洲通信卫星制造商可以使用价格实惠的中国运载火箭。

　　如果欧洲与中国人进行贸易,与某贸易制裁有关的美国外交政策目标就会受到破坏。只有当中国没有替代市场来获取先进的通信卫星时,制裁的经济和政治压力才会有效。同样,只有在欧洲制造商也参与禁令的情况下,美国制造商禁止中国发射服务才会有效。⑩

　　因此,在缺乏有约束力的国际协议和未能与欧洲实现政策协调的情况下,美国建立了一个单边国际通信卫星出口管制机制。这种单边制度的运作方式是,美国ITAR 机制适用于所有通信卫星及相关航天技术(SQUIPE)的出口。⑩ 如果一个外国制造商在他们卫星系统中使用了美国原产的部件,那么没有美国国务院的明确许可,外国制造商就不能再出口美国原产部件。⑩ 实际的结果是,外国制造商没有美国的许可就不能出口卫星。因此,美国对所有含有美国原产技术的通信卫星的再出口拥有了事实上的否决权。

　　一些法律评论人士认为,美国法律的这种应用在国际法上是没有合法管辖权的。⑪ 他们的论点是,一旦一个物项被购买和出口,美国就不再有管制该出口物项的

---

　　⑩　见 Antonella Bini,"Export Control of Space Items:Preserving Europe's Advantage" 23(2) Space Policy 70 (2007)。另见 Regulations,Council Regulation (EC) NO. 428/2009,*Setting Up a Community Region for the Control of Exports,Transfer,Brokering,and Transit of Dual-Use Goods(Re-cast)*,[2009] O. J. L 134。

　　⑩　见 Ryan Zelnio,"Whose Jurisdiction over the U. S. Commercial Satellite Industry?" 23(4) Space Policy (2007) 第 221~223 页。另见 M. Garcia-Alonso,"The role of technology security in model trade with horizontal differentiation" 18(5) International Journal of Industrial Organization 747 (2000)。

　　⑩　该结论基于这样一个假设,即只要欧洲通信卫星在功能、性能、质量上都等同于美国的通信卫星,中国发射和/或运行通信卫星的相关贸易利益对中国来说就是等同的,而与原产国无关。

　　⑩　见 22 C. F. R. §120. 17 (2009)和 22 U. S. C. §2778 et seq. (2009)。

　　⑩　同上一条。

　　⑪　见 Andreas F. Lowenfeld,"Trade Controls for Political Ends" 4 Chicago Journal of International Law 355 (2003)。另见 Kenneth Abbott,"Defining the Extra-territorial Reach of American Export Controls:Congress as Catalyst" 17 Cornell International Law Journal 79 (1984)。

管辖权理由。这一论点的理论基础在于,国家与反对其主张的管辖权之间存在着不充分的联系。[112] 因此,属地管辖权应被视为是主要的,域外管辖权必须受到限制,以尊重作为或不作为发生的国家。[113]

然而,这是一个错误的推理思路,原因如下:首先,美国并没有对该物项本身行使管辖权,相反,美国试图对违反许可证条款的合法当事人采取执法行动。其次,执法行动与领土或国籍的管辖权基础相联系。美国当局要么对美国境内的财产和人员行使管辖权,要么通过国际协议与外国政府协调执法。根据"莲花案"的法律推理和效果学说,美国认为当域外行为违反美国国内法时,就存在充分的联系。[114] 此外,只有在领土或国家管辖权的基础上,对外国人及其财产实际行使管辖权才会发生。

这种单边机制只有在欧洲通信卫星包含美国原产零部件,并且美国能够执行其出口许可证条款的情况下才有效。在美国境外执行美国出口管制法需要与外国签订法律协议,以协调海关、安全、刑事/民事制裁和警察执法。在美国境内,只要是对人或物管辖,强制执法就是一个可行的选项。由于所有主要的欧洲通信卫星制造商在美国境内都有物质或财务上的利益,理论上在一级制造商层面的执法不会受到管辖权问题的限制,二级和三级制造商可能会逃避有效惩罚,但这取决于国家间执法合作的程度。

因此,美国单边机制的真正限制因素是在欧洲通信卫星上使用美国零部件。如果欧洲可以用非美国原产的零部件代替美国原产的零部件,它们就不再受美国出口管制许可条款的约束。摆脱了美国的限制,他们就只需要遵守欧洲的管制。例如,欧洲并不禁止用中国运载火箭发射通信卫星,也不禁止向中国出售通信卫星。替换美国原产零部件的能力将大大改善出口商的行动自由度,更重要的是,使出口商有机会获得与中国进行贸易往来的经济利益。[115]

---

　　[112]　见 Cedric Ryngaret,"Extraterritorial Export Controls" 7(3) Chinese Journal of International Law 625 (2008)。见 *Encyclopedia of International Law Vol. Ⅲ* (Amsterdam:Max Plank Institute of Comparative Law,1992-2001),Rudolph Bernhardt Ed.,第 56 页的"Jurisdiction"由 Bernard Oxman 定义。

　　[113]　见 Cedric Ryngaret,"Extraterritorial Export Controls" 7(3) Chinese Journal of International Law 625 (2008)。见 *Encyclopedia of International Law Vol. Ⅲ* (Amsterdam:Max Plank Institute of Comparative Law,1992-2001),Rudolph Bernhardt Ed.,第 60 页的"Jurisdiction"由 Bernard Oxman 定义。

　　[114]　见 *Lotus Case* (*France v Turkey*) (*Judgment*) [1927] PCIJ (ser A) No. 10。

　　[115]　见 Regulations,Council Regulation (EC) No 428/2009,Article 4(2),*Setting Up a Community Regime for the Control of Exports,Transfer,Brokering,and Transit of Dual-Use Goods* (*Re-cast*),[2009] O.J. L 134。根据第 4(2)条,中国不受 Comsat 禁运限制。

1999 年，当美国根据 ITAR 将通信卫星移交给国务院管辖时，美国在通信卫星技术的某些领域拥有霸权地位，当时，几乎所有在欧洲制造的具有可比性的通信卫星都集成了美国原产技术，但欧洲制造商认识到有必要开发本土的通信卫星技术，以替代美国原产零部件。自 1999 年以来，欧洲已经做出共同努力，制造与美国卫星具有相当能力的"无 ITAR"通信卫星，从许多方面来看，它们正在取得成功。[⑯] 欧洲制造商，如 EADS 宇航公司（荷兰）、Thales Alenia（法国/意大利），以及几十家较小的欧洲公司现在都生产不受 ITAR 管制的卫星和零部件。[⑰] 欧洲的卫星正在由中国的运载火箭发射。[⑱] 美国原产的零部件被完全替代只是时间问题，美国不能再依靠其国内的出口许可来实现国际通信卫星出口管制的趋同。

4.3　欧洲通信卫星出口管制

欧洲对出口管制的监管取决于对出口的归类，即常规军备（如军需品）或两用品的分类。常规军备不属于欧盟的管辖范围，成员国可以将武器的生产和贸易豁免于共同市场的规则。[⑲] 在实践中，"每个成员国都制定了自己的常规武器出口政策和程序"。[⑳]两用品属于欧盟的管辖范围，欧盟有权要求所有成员国对"出口清单上的物

---

⑯　见 Benjamin Sutherland，"Why America Is Lost in Space" *Newsweek Online* （9 February 2009）。见 Sandra Erwin，"Export Rules Under Fire for Eroding U. S. Space Industry" *National Defense Magazine* （June 2009）。见 National Research Council，*Beyond Fortress America：National Security Controls on Science and Technology in a Globalized World* （Washington，D. C.：National Academy Press，2009）。见 "U. S. Satellite Export Control Policy" （Center for Security and International Studies：September 20，2006）。见 Peter Brown，"No Chinese Rockets for U. S. Satellites Yet" *Asia Times* （19 March 2009）。

⑰　见 Benjamin Sutherland，"Why America Is Lost in Space" *Newsweek Online* （9 February 2009）。

⑱　见 Andy Pasztor，"China to Launch Satellite for France's Eutelsat" *Wall Street Journal Asia*（25 February 2009）。

⑲　见 *Consolidated Version of the Treaty on the Functioning of the European Union* （2011 年 4 月 15 日）。其中，第 346 条规定："本条约的规定不应排除下列规则的适用：（a）任何成员国均无义务提供其认为披露会违背其基本安全利益的信息；（b）任何成员国均可采取其认为必要的措施，保护其与武器、弹药和战争物资的生产或贸易相关的基本安全利益；此类措施不得对非特定军事用途产品的共同市场竞争条件产生不利影响。"

⑳　见 Yann Aubin and Arnaud Idiart，*Export Control Law and Regulations Handbook* （The Netherlands：Kluwer Law International，2007）第 111 页。

项"颁发许可证,对违规行为进行适当的处罚,并建立有效的体系来执行相关法律。^{⑫⑩}因此,在欧盟内部,两用品出口管制监管是趋同的。

欧盟根据理事会(EC)第 428/2009 号条例享有两用品独家授权。^{⑫⑫}理事会第428/2009 号条例规定了一个统一的共同体出口许可体系、管制清单和通用出口授权(简称 CGEA)。成员国通过发放许可证和处罚违反出口管制的行为来执行理事会第428/2009 号条例。^{⑫⑬}关于海关管制的协调(例如,关于许可证拒绝的信息),是由欧盟委员会税收和海关联盟总署通过欧盟海关安全计划进行的。

两用品列在理事会第 428/2009 号条例的附件一和附件四中。附件一是需要从欧盟获得出口授权的两用品清单,附件四"列入了那些被认为非常敏感的物项,甚至在它们从一个欧盟国家转移到另一个欧盟国家之前就需要授权——换句话说,它规定了货物自由流动的例外情况"。^{⑫⑭}附件二规定了共同体 CGEA 的条件。

两用品的出口许可授权有四种类型:

(1) 共同体通用出口许可证:共同体通用出口许可证是理事会条例中规定的一种出口授权,规定除最敏感的两用物项外,可向特定国家出口所有物项。这种授权载于理事会(EC)第 428/2009 号条例第 9 条和附件二。所有不受 CGEA 约束的物项仍需得到成员国的授权。

(2) 国家通用出口授权(简称 NGEA):它是由国家法律规定的。各成员国发布的 NGEAs 不能与 CGEAs 相冲突。^{⑫⑮}

(3) 全球授权:就某一类型或类别的两用物项授权给某一特定出口商,该授权可

---

⑫⑩　见 Anna Wetter, *Enforcing European Union Law on Exports of Dual-Use Goods*(Oxford：Oxford University Press, 2009)第 49 页。见 *Treaty Establishing the European Community*(TEC), 25 March 1957。

⑫⑫　见 Article 4(2), Regulations, Council Regulation (EC) No. 428/2009, *Setting Up a Community Regime for the Control of Exports, Transfer, Brokering, and Transit of Dual-Use Goods*(Re-cast), 2009 O. J. L 134。见 Article 113, *Treaty Establishing the European Community*(TEC), 25 March 1957。

⑫⑬　见 Anna Wetter, *Enforcing European Union Law on Exports of Dual-Use Goods*(Oxford：Oxford University Press, 2009)第 49 页。见 Regulations, Council Regulation (EC) No 428/2009, Article 9, *Setting Up a Community Regime for the Control of Exports, Transfer, Brokering, and Transit of Dual-Use Goods*(Re-cast), 2009 O. J. L 134。

⑫⑭　见 Anna Wetter, *Enforcing European Union Law on Exports of Dual-Use Goods*(Oxford：Oxford University Press, 2009)第 54 页。

⑫⑮　见 Article 2(11), Regulations, Council Regulation (EC) No 428/2009, *Setting Up a Community Regime for the Control of Exports, Transfer, Brokering, and Transit of Dual-Use Goods*(Re-cast), [2009] O. J. L 134。

能对出口到一个或多个特定的最终用户和一个或多个特定的第三国有效。⑯

（4）单次出口授权：授权一个特定的出口商为第三国的一个最终用户或收货人，并涵盖一个或多个两用物项。⑰

通信卫星及其相关组件归类为附件一中的两用物项，从欧盟出口通信卫星需要出口授权。⑱ 授权是由出口商所在的成员国的主管当局做出的。⑲ 出口商向主管当局提供申请单次和全球出口授权所需的所有相关信息，以便向主管当局提供关于最终用户、目的地国和出口物项的最终用途的完整信息。在适当情况下，授权可受制于最终用途声明或其他出口核查机制。

理事会第 428/2009 号条例第 12 条规定：

在决定是否授予出口许可时，成员国必须考虑到所有相关因素，包括：

（a）它们各自作为有关国际不扩散机制和出口管制安排的成员，或通过批准有关国际条约而需要履行的义务和承诺。

（b）它们根据理事会通过的共同立场或联合行动或欧洲安全合作组织（OSCE）的决定或联合国安全理事会有约束力的决议所规定的制裁义务。

（c）国家外交和安全政策的考虑，包括 2008 年 12 月 8 日理事会第 2008/944/CFSP 号共同立场所涵盖的考虑，该立场界定了关于军事技术和设备出口管制的共同规则。

（d）关于预期最终用途和偏离的风险的考虑。⑳

在实践中，成员国根据国家法律和法规，遵照欧盟的政策和法规进行出口授权。成员国将卫星和其他与航天有关的货物作为军火或两用品加以管制。对于理事会第 428/2009 号条例中没有列出的物项，该物项归类的最终决定由成员国自行做出。

例如，在法国，根据理事会第 428/2009 号条例，民用通信卫星（及相关设备和地面站）的出口作为两用货物和技术受到管制。㉑ 法国通信卫星出口申请人向对外商业产权局（SETICE）提交申请文件。申请由法国经济、财政和工业部（MINEFI）的两用品出口管制办公室审查，对国际扩散管制清单（如 MTCR、瓦森纳安排）、联合国制裁和欧盟禁运物品都要实施合规性审查。如果通信卫星出口到 CGEA 国家，只要法国当局没有理由认定其有军事用途，该通信卫星就可以根据欧洲通用许可证进行出口。如果通信卫星出口到其他地方（如中国），法国将决定最合适的许可证类型（如单

---

⑯　同上一条，第 2 条第（10）款。

⑰　同上一条，第 2 条第（8）款。

⑱　同上一条，第 3 条。

⑲　同上一条，第 9 条第（2）款。

⑳　见 Article 12，Regulations，Council Regulation（EC）No 428/2009，*Setting Up a Community Regime for the Control of Exports，Transfer，Brokering，and Transit of Dual-Use Goods（Re-cast）*，［2009］O. J. L 134。

㉑　见 Yann Aubin and Arnaud Idiart，*Export Control Law and Regulations Handbook*（The Netherlands：Kluwer Law International，2007）第 153 页。

次许可证、全球许可证或通用许可证)。

如果法国拒绝发放许可证,则必须依据理事会第 428/2009 号条例第 12 条授权的理由。其他成员国将通过欧盟委员会税收和关税联盟总署、欧盟海关安全计划被告知拒绝的情况。

4.4　美国与欧盟通信卫星管制对比分析

美国和欧洲的通信卫星出口管制法规在多大程度上进行了协调?为了回答这个问题,我们选择了美国和欧盟法律的三个特定要素进行比较分析:(1)通信卫星管制分类(是军品还是两用品),(2)与中国相关的外交政策利益管制,(3)执行制裁。选中这些要素是因为它们代表了美国和欧盟在监管方面的最大分歧。

4.4.1　通信卫星归类

正如上文所讨论的,美国将通信卫星归类为军品,而欧盟则将其归类为两用品,这是两个行为体之间最重要的监管分歧。这种分歧导致的差异贯穿了出口许可、许可后管制和执行过程。关于出口通信卫星用于发射或向外国出售通信卫星在地缘政治和军事影响方面的政策逻辑存在根本性不同。与其他国家相比,美国通信卫星在出口和再出口方面受到了更多的限制,美国的出口许可需要更长的处理时间,美国制造商在卫星采购过程中的投标、购买、制造、融资、保险、发射、发射后阶段和外国国民的沟通等方面受到了更严格的约束和更多的监管,而且与欧洲的许可证持有者不同,美国的许可证申请人还要负责支付许可和监管费用。[132]

4.4.2　与中国相关的外交政策利益管制

美国禁止向中国出口通信卫星,[133]这种禁令只有在总统认定符合美国"国家安

---

[132]　见 Yann Aubin and Arnaud Idiart, *Export Control Law and Regulations Handbook* (The Netherlands: Kluwer Law International, 2007)。见 Government Accountability Office Report, *Defense Trade: State Department Needs to Conduct Assessments to Identify and Address Inefficiencies and Challenges in the Arms Export Process* (U. S. GAO, GAO-08-710-T, Washington, D. C.; April 24th, 2008)。见 Ann Calvaresi-Barr, *Export Controls: State and Commerce Have Not Taken Basic Steps to Better Ensure U. S. Interests Are Protected* (Testimony of GAO Acquisition and Sourcing Management Director Before the U. S. Senate Subcommittee on Oversight of Government Management, the Federal Workforce, and the District of Colombia, Committee on Homeland Security and Governmental Affairs, Washington, D. C.; April 24, 2008)。另见 Ram Jakhu and Joseph Wilson, "The New United States Export Control Regime: Its Impact on the Communications Satellite Industry" 25 Annals of Air & Space Law 157 (2000)。

[133]　见 § 902 of the Foreign Relations Authorization Act, Fiscal Years 1990 and 1991 (P. L. 101-246; 22 U. S. C. 2151 note)。

全利益"的情况下才会被"一事一议"地豁免。⑬ 欧盟没有对中国实施通信卫星禁令。只要出口符合理事会第 428/2009 号条例确立的标准,欧洲的通信卫星就可以用中国的运载火箭发射,并出售给中国运营。对中国政策的这种差异完全是一种监管分歧。它代表了对中国商业和民用航天计划的政策合理性的根本差异。

4.4.3 执行制裁

在欧洲,通信卫星两用品出口管制法的执行完全是成员国的职能。⑬ 程序自治原则允许成员国依据现行的国家法律与执法机制对违反两用品出口管制的行为进行惩罚;对未经授权从欧洲共同体出口两用品的法律处罚可能会有所不同,这取决于获得许可的出口者所在的成员国。

欧盟委员会开展的一项关于制裁的调查,显示了成员国之间制裁执法的差异。⑬ 刑事制裁之间的差异从最高 12 年到 0 年,⑬大多数成员国对每项违法行为的最高刑事处罚在 1~10 年,大多数成员国都实施了行政制裁(包括民事处罚)。一些成员国对违法行为规定了严格的民事责任。执法制裁方面的这种差异使得不良的出口商利用这一体系从制裁最不严格的成员国进行非法出口。

美国对故意违反 ITAR(如通信卫星管制)的行为处以最高十年的刑事处罚和/或每次 100 万美元的处罚,民事处罚可高达每项违法行为 50 万美元。与大多数欧盟成员国相比,美国的刑事处罚和民事处罚都处于较重的区间。总的来说,欧盟和美国在监管方面达到了中等程度的趋同。然而,这仅告诉我们这种趋同是否是纸面上的,仍未解决的是双方在对制裁的执行和应用层面是否相似。⑬

---

⑭ 见 *Strom Thurmond Defense Act*,22 U. S. C. §2778,P. L. 105-261 (1998) at §1511-1516。

⑮ 见 Regulations,Council Regulation (EC) No 428/2009,*Setting Up a Community Regime for the Control of Exports*,*Transfer*,*Brokering*,*and Transit of Dual-Use Goods* (*Recast*),2009 O. J. L 134。另见 *U. N. Security Council Resolution* 1540,UN Doc. S/Res/1540 (2004)。

⑯ 见 Anna Wetter,*Enforcing European Union Law on Exports of Dual-Use Goods* (Oxford:Oxford University Press,2009)附录 A,"Sanctions for dual-use export control violation in the E. U.",引用欧盟委员会、贸易总局、两用物品工作组、关于现有制裁的 DS6/2005 Rev. 3 号问卷答复的报告——理事会第 1334/2000 号条例第 19 条的执行情况,DS 37/4/2005 Rev. 4(11 May 2006);欧盟委员会、贸易总局、两用物品工作组,以及关于欧盟成员国对违反出口管制立法草案第 14 次修正案实施制裁的报告(2005 年 9 月)。

⑰ 同上一条。

⑱ 该定量数据不会公开且超出了本论文的研究范围。但它确实提出了一个需要进行实证法律研究的未解决的领域。

4.4.4　对比分析结果

表 4.3 表明美国和欧盟在通信卫星出口管制法律和政策方面存在很大分歧。两者对通信卫星的主要监管机制在本质上是不同的,在与中国有关的外交政策利益管制方面是有冲突的。美国的制裁执法通常比欧盟严格,在某些情况下明显更严格。

表 4.3　美国-欧盟 Comsat 出口管制协同与分歧情况

	Comsat 分类	对中国的外交政策管制	执法制裁
协同	—	—	/
分歧	X	X	/

注:(X)＝强烈;(—)＝轻微;(/)＝中等

鉴于这些发现,问题就产生了:美国和欧盟的不同监管偏好会导致什么样的经济和政治后果? 这些后果是如何影响美国的? 这些问题将在下一章进行研究。

4.5　章节摘要和结论

美国现代的通信卫星出口管制系统由过去的系统逐渐演变而成。就最基本形式而言,美国的管制系统是一个三分法系统,针对商业、军事、核产品技术有不同的立法和监管制度。传统上,将特定类型的物项归入哪个类别由行政部门决定,而国会只是提供立法权力和监督。然而,在通信卫星的案例中,国会采取了非常规措施,将所有的物项都规定为军品,取消了行政部门的自由裁量权。

这一决定于 STDA 中由立法确定,这样就导致了美国与欧洲在出口管制方面的分歧。欧洲是美国的主要市场竞争者,也是美国以外的唯一的主要通信卫星制造地。起初,这种分歧并没有表现为一个重要的问题,因为美国对原产于美国的技术实行域外出口管制,只要外国制造商使用原产于美国的零部件,美国就可以限制外国的出口。但是,由于欧洲和其他国家正在开发本土技术,这些本土技术将清除这些国家与美国域外管辖的联系,所以美国对非美制造国单方面实施其通信卫星出口管制的影响能力正在被削弱。

中国发射禁令是美国和欧洲之间的另一个主要监管分歧。它代表了一种独特的出口管制,与外交政策利益、贸易限制和美国国内对导弹技术扩散的关注交织在一起。它是一种贸易限制,通过与 STDA 相同的域外法权来实施。因此,它的命运至少部分地与外国本土技术扩散问题联系在一起,就像在 STDA 下管制的通信卫星一样。

第5章

美国与欧盟对通信卫星出口监管的差异:从战略有效性角度评估经济影响

出口管制必然会给一个国家及其公民增加经济成本,出口管制国的公民不得不牺牲自由贸易的直接益处,以实现国家安全和外交政策目标,因此出口管制的战略有效性会受到经济成本与收益方面的质疑和挑战。美国通信卫星出口管制机制目前正受到公众的批评。批评者要求撤销或改革国会的两项监管要求:(1)STDA 强制将通信卫星列入 USML①;(2)《1990—1991 年外交授权法》(FAAA)中规定的对中国发射服务的禁令。② 批评者的主要论点是,这些出口管制对美国通信卫星产业产生了负面影响,却没有给美国国家安全带来好处。这一论点的内在逻辑是合理的,因为出口管制的合理目标应该是实现战略意图,同时将为此付出的经济成本降到最低。正如本专著第四章所讨论的,美国的这些监管要求并没有被欧洲采纳。相反,欧洲将通信卫星作为两用物项进行监管,并允许通信卫星出口到中国进行发射和销售。欧洲是美国的主要市场竞争对手,可以假设,如果美国的出口管制带来了额外的经济成本,那么不受美国管制的欧洲制造商便会因此获得经济竞争优势。欧洲已经遵循了这一假设,并从 1999 年开始积极寻求开发不受 ITAR 限制的本土技术,使欧洲制造

---

① 见 *Strom Thurmond Defense Act*,22 U.S.C. §2778,P.L. 105-261 (1998) at §1511-1516。

② 见 §902 of the Foreign Relations Authorization Act,Fiscal Years 1990 and 1991 (P.L. 101-246;22 U.S.C. 2151 note)。

商能够更有效地与美国竞争。③ 如果欧洲的努力是成功的，假使美国通信卫星出口管制实际上给美国通信卫星制造商附加了限制和额外的经济成本，那么其经营业绩相对于强制列入 USML 前应该出现下降。

相比美国对中国运载火箭的禁令，欧洲最近才与中国合作，利用成本较低的中国运载火箭来开展发射业务。与中国合作的竞争优势刚刚开始影响国际市场。然而，在不久的将来，随着欧洲能够进一步远离美国的 ITAR 技术，它将更有效地利用中国运载火箭的竞争优势，这种竞争优势的影响也将更加明显。因此，尽管目前可量化证据相对较少，但解决美国与欧洲监管分歧对当前和未来的经济影响还是至关重要的。为了达到这些目的，本章评估了 STDA 和禁止中国发射服务的经济影响，以确定是否应该根据其效果来决定是否继续保留这些政策。第 5.1 节评估了 STDA 对美国卫星产业的经济影响。第 5.2 节评估了禁止中国发射的经济影响。第 5.3 节考察了《科技发展法》的战略效力。第 5.4 节考察了禁止中国发射的战略效力。最后对是否应该改革和/或废除这些政策得出了结论。

5.1　STDA 对美国卫星产业基础的经济影响

评估任何公共政策的"经济影响"都是一项困难的任务。一项经济活动，如通信卫星制造，会受到一系列因素的影响。这些因素可能对某个特定的制造商或整个行业产生影响。这种复杂性使我们很难在这些影响与任何一个特定的公共政策决定之间建立直接的因果关系。因此，衡量 STDA 对美国通信卫星行业的影响是最好的着眼点，而且最好是能够对这种影响趋势进行评估。虽然我们应该考虑到这一做法的局限性，但也不能顾忌这种局限性，进而阻碍评估任务的进展，因为基于定性和定量信息的合理评估总比没有评估要好。

在本节中将分析 STDA 对通信卫星产业的经济影响，主要对 STDA 造成美国商业卫星产业（其中通信卫星产业占收入和销售的绝大部分）失去国际市场份额的观点进行分析。主流的文献认为，STDA 已经并将继续对美国的航天工业基础产生可衡

---

③　见 Council of Europe, Resolution, 4th Space council Sess. , *Resolution of European Space Policy* (EN), 10037/2007, (22 May 2007) at § E(11): "Stresses the need for a targeted approach for the development of strategic components, concentrated on selected critical components, for which dependency of European industry on international suppliers should be avoided, in order to achieve an optimum balance between technological independence, strategic cooperation with international partners and reliance on market forces. "。见 Benjamin Sutherland, "Why America Is Lost in Space" Newsweek Online (9 February 2009)。见 Andy Pasztor, "China Launches New Communications Satellite" (10 June 2008)。见 Peter Selding, "China Launches New Communications Satellite" (10 June 2008)。

量的负面影响。④ 这些观点往往引用四个主要数据源中的经济数据来论证其主张（见下文）。还有一些观点认为，自 1999 年以来，通信卫星市场的收入和相对份额损失与 STDA 的颁布和通信卫星从 CCL 转移到 USML 相关。对于这些观点，下文将提出质疑。

5.1.1　关于卫星制造业层级的简要说明

简单地将所有类型的制造商组合在一起，可避免对经济影响进行干扰性审查。因此，将航天产业的公司划分为三类是有用的，即第一层、第二层和第三层。

> 第一层是"向其领域内的商业和/或政府客户销售卫星终端产品的公司，包括卫星销售、卫星发射或卫星服务公司。"⑤
> 第二层是分包商。这些公司向主制造商提供主要零部件和/或分系统。⑥
> 第三层是次级分包商（sub-subcontractors）。这些公司提供不太复杂的部件、零件、结构和材料，也包括工程、信息技术、研究和定制制造等服务。⑦

5.1.2　评估数据的来源

有四个数据源在文献中占主导地位，并且最常被引用来声称 STDA 对美国商业卫星产业造成了负面影响。它们是：

（1）国家安全太空办公室航天产业评估（NSSO‑SIBA）[2007]；⑧

（2）联邦航空管理局，航天运输办公室主任（FAA‑AST）商业航天运输报告[年度]；⑨

---

④　见 P. J. Blount，"The ITAR Treaty and Its Implications for U. S. Space Exploration Policy and the Commercial Space Industry" 73 Journal of Air Law and Commerce （2008）705 第 712 页。见 Mike N. Gold，"Lost in Space：A Practitioner's First-Hand Perspective on Reforming the U. S.'s Obsolete，Arrogant，and Counterproductive export control regime for space-related systems and technologies" 34（1）Journal of Space Law 163 （2008）。见 Center for Strategic and International Studies （CSIS），Briefing of the Working Group on the Health of the U. S. Space Industrial Base and the Impact of Export Controls （February 2008）。见 Benjamin Sutherland，"Why America Is Lost in Space" （31 January 2009）。见 Ram Jakhu and Joseph Wilson，"The New United States Export Control Regime：Its Impact on the Communications Satellite Industry" 25 Annals of Air & Space Law 157 （2000）。

⑤　见 *Defense Industrial Base Assessment：U. S. Space Industry* （U. S. National Security Space Office，31 August 2007）第 7 页。

⑥　同上一条。

⑦　同上一条。

⑧　同上一条。

⑨　见 *Commercial Space Transportation：2008 Year in Review* （Federal Aviation Administration，January 2009），可在联邦航空管理局网站上查阅。

（3）商务部，国际贸易管理局的美国航空航天工业分析报告［年度］；⑩

（4）卫星产业协会，产业状况报告［年度］（由 Futron 公司编写）。⑪

由于本专著依靠这四个数据源进行经济影响分析，因此在评估其数据和结果并得出独立结论之前，先评估这些数据源的有效性是必要的。

在对解决美国通信卫星出口管制问题的文献进行彻底核查后发现，虽然上述数据源经常被引用，但它们的有效性从未被评估。大部分文献是法律和政策领域的文献，这是一个令人惊讶的发现。更令人惊讶的是，绝大多数的研究者都得出了这样的结论：由于 STDA USML 的授权，美国的航天产业遭受了巨大的经济损失。但这些研究者从来没有检验过他们的数据源的有效性，或从未思考过 STDA 与经济表现存在因果关系的假设是否成立。

为了避免这种错误，并协助确定这些数据源的有效性，在此对数据源逐一进行评估。

5.1.2.1　NSSO－SIBA⑫

NSSO－SIBA 是由美国国家安全太空办公室（NSSO）进行的一项评估。NSSO－SIBA 的目的是：

——评估影响美国航天工业的基础、经济和金融因素。

——确定美国的出口管制是否影响到航天主承包商和第二/第三级分包商。

——针对航天产业基础得出评估结果和结论。

政府团队的项目负责人和集成商是美国空军研究实验室。这项研究的重点有三个方面，包括全球市场/竞争力、美国产业健康和出口管制影响。

研究对象： NSSO－SIBA 的调查对象是 274 家航天工业公司/企业。

研究方法： 该研究于 2007 年 1 月至 7 月分三个阶段进行。在第一阶段，研究小组制订研究计划并收集数据；在第二阶段，对数据进行分析和整合以得出结论；在第三阶段，记录结果并向 SIBC 报告。

数据来源： NSSO－SIBA 的研究借鉴了三个数据来源。

（1）调查对象的自我申报。

---

⑩　见 *Flight Plan* 2009：*Analysis of the U. S. Aerospace Industry*（International Trade Administration，March 2009），可在美国国际贸易管理局网站上查阅。

⑪　见 *State of the Industry Report*—2009（SIA & Futron，June 2009），可在美国卫星工业协会网站上查阅。

⑫　见 *Defense Industrial Base Assessment*：*U. S. Space Industry*（U. S. National Security Space Office，31 August 2007），可在美国工业和安全局网站上查阅。

（2）联邦航空管理局的财务数据，证券交易委员会（SEC）的相关表格和年度报告，以及 IBIC 的独立财务分析。

（3）用于补充调查的其他数据来源。

客观性：一个相对可信的假设是，政府机构保持了足够的客观性，以防止机构偏见，或至少防止在一定程度上可衡量的偏见。这一假设得到了国会的支持，国会确定了参与本研究的行政机构的授权范围。

优点：

——对调查数据进行核查时没有发现国家统计局有任何故意的偏见。

——联邦法律规定，提供虚假的调查答复将受到刑事处罚和民事处罚。[13] 这可能减少了自填数据偏差的倾向。

不足：

——这套数据部分是基于国家统计局对航天工业的调查。在航天产业的调查中会存在被调查对象自填数据的自利倾向和主观性。

——该报告和调查只核查了 2003—2007 年的数据。

——在某些情况下，该报告未能区分制造商和服务商的统计数据。

——对美国 Comsat 份额的分析使用了混合数据来源。例如，在某些情况下，使用了销售总额市场占比，但在其他情况下，使用的是工资负担市场占比。[14] 因此，必须指出，使用联邦航空管理局商业航天运输报告的统计数据来补充公开的市场份额数据，其结果将带来统计数据的模糊性。

——关于全球航天市场的数据，包括与商业卫星市场份额和收入有关的统计数字，都来自 SIA 的《行业状况年度报告》。正如下文所讨论的，SIA 报告的有效性是值得怀疑的。

可靠性：这份报告有很好的引证和资料来源，有效性推定的可信度高。然而，其关于全球航天市场的数据，包括与商业卫星市场份额和收入有关的统计数字，都来自 SIA 的行业状况年度报告。就本报告对 SIA 年度报告的依赖程度而言，存在着有效性和客观性的担忧。

实用性：这份报告对于研究美国商业卫星制造基础的经济特征是有用的，特别是在研发支出占销售总额的百分比方面，报告依赖于独立的研究、分析和数据收集。

---

[13] 同上一条，第 49 页。

[14] 同上一条，第 17 页。

5.1.2.2　FAA 航天运输报告[⑮]

这份报告总结了每个自然年中美国和国际的发射活动，并对过去五年的商业发射活动进行了历史回顾。FAA 自 1997 年以来一直在发布这份报告。

研究对象：国际商业发射（供应商）。

研究方法：这些数据来自获得许可的美国发射和国际注册的发射。发射数据被分为以下几类：

（1）轨道与亚轨道；

（2）国际竞争；

（3）商业有效载荷；

（4）轨道。

轨道与亚轨道区分了轨道发射和亚轨道发射。国际竞争被定义为"竞争性发射合同，其中发射机会原则上提供给任何有能力的发射服务商"。商业有效载荷被描述为具有以下一个或多个特征：（1）有效载荷由一家私营公司资助；（2）有效载荷由政府资助，但部分或全部通过私营或半私营公司提供卫星服务。轨道分为 GEO 和非地球同步轨道（简称 NGEO）。

客观性：这是一个有争议的假设，即 FAA 一直保持足够的客观性以防止机构的偏见，或至少防止在一定程度上可衡量的偏见。这一假设从参加这项研究的行政机构设立时的国会授权中获得了支持。

优点：

——数据每年都会更新。

——美国发射数据具有 100％ 的准确性，因为联邦法律要求所有的商业发射都要向 FAA 申请许可证。[⑯]

——美国和非美国发射的数据是非常可靠的，这是因为：（1）国际和国内的登记要求，[⑰]（2）发射和有效载荷可以通过公开的公司文件和公告来核实，（3）航天发射活动的公开性质。

不足：

——报告没有提供关于有效载荷和发射的合同金额数据，只提供了发射的有效载荷的数量和提供的发射服务的合同价格。在确定商业卫星销售的市场份额时，这影响了数据的可用性。

---

⑮　见 *Commercial Space Transportation*：2008 *Year in Review*（Federal Aviation Administration，January 2009）。可在联邦航空管理局网站上查阅。

⑯　见 *Commercial Space Launch Act*，49 U. S. C. § 70101 et seq.（2000 & Supp. 2004）。

⑰　见 Article Ⅷ，*Treaty on Principles Governing the Activities of States in the Exploration and Use of Outer Space*，*Including the Moon and Other Celestial Bodies*，（27 January 1967），18 U. S. T. 2410，610 U. N. T. S. 205〔Outer Space Treaty〕。

可靠性：这份报告有很好的引证和资料来源。它具有很强的推断效力。

实用性：这份报告对于核查与发射有关的统计数字是有用的。它对评估美国和欧洲商业卫星制造商的市场份额和收入具有最低限度的效用。

5.1.2.3　美国商务部国际贸易管理局对美国航空航天业的分析[18]

这份报告提供了对美国航空航天业的年度评估。商业航天只是本报告的一部分。自 2006 年以来，商务部一直在发布这份报告。

主要研究对象：美国的发射服务供应商和卫星制造商。

方法论：商业航天部分数据缺失。所有的统计数据都来自 FAA 的航天运输年度报告或未命名的公共资料。[19]

客观性：一个有争议的假设是，政府机构保持了足够的客观性，以防止机构偏见，或至少防止在一定程度上可衡量的偏见。这一假设从参加这项研究的行政机构设立时的国会授权中获得了支持。

优点：无。

不足：

——这份报告的商业航天部分完全没有价值。它充其量只是重复了 FAA 航天运输年度报告中的发射统计数据。

——它没有适当地标明数据来源。

——它未能提供任何关于美国商业卫星产业的有用数据或分析。

可靠性：报告的效度降低，因为未能适当引用，并且实用性差。

实用性：本报告（商业航天部分）没有效用。

5.1.2.4　卫星工业协会行业状况报告[20]

Futron 咨询公司每年代表 SIA 编写这份报告。其公开的目的是对卫星行业的经济表现进行分析。该报告至少是从 2000 年开始每年编写的。

研究对象：四个商业卫星产业部门，即卫星服务、卫星制造、地面设备和发射产业。该报告没有提供研究对象的数据来源。

研究方法：本报告由 Futron 咨询公司（作为 SIA 的付费顾问）编写。该报告没有具体的数据引用来源——它没有提供卫星制造数据、发射工业数据或收入的来源。该报告既没有解释其纳入或排除研究对象的方法，也没有解释数据源中包括的研究对象的数量。

---

[18]　见 *Flight Plan* 2009： *Analysis of the U. S. Aerospace Industry*（International Trade Administration，March 2009）。可在美国国际贸易管理局的网站上查阅。

[19]　同上一条，第 19 页。

[20]　见 *State of the Industry Reports* for 2004，2007，and 2009（SIA & Futron），可在网上查阅。又见 the *Defense Industrial Base Assessment*： *U. S. Space Industry*（U. S. National Security Space Office，31 August 2007）第 116 页，[之后被称为"SIA Report"]。

客观性：本报告是由 Futron 咨询公司（作为 SIA 的付费顾问）编写的。SIA 是美国商业卫星（主要是 Comsat）制造商的游说组织。自 1999 年成立以来，SIA 一直在积极游说废除 STDA 将卫星强制性纳入 USML 的条款。因此，本报告的客观性受到了怀疑。据推测，该报告将偏向于 SIA 的利益。这种偏见明确反映在应用他们的报告数据来得出结论，即 STDA 与卫星业 1999 年以后收入和市场份额的下降是有因果关系的。这种隐含在报告中的偏见被推定为是存在的。

优点：

——为跟踪卫星制造销售收入和国际市场份额提供清晰的数据。

——在几年的时间里每年提供数据，支持市场趋势的假说。

不足：

——该报告没有标明数据来源。

——除了图表之外，报告没有提供定量数据。

——该报告没有区分商业卫星、军用卫星和民用卫星，因此无法确定卫星行业不同部门的收入，因而也就很难评估哪个部门促成了市场份额收入的逐年增加或减少。

可靠性：报告中没有标明数据来源，也没有提供验证其统计数据的方法。因此，它的有效性是不确定的，如果不能从报告中去验证其准确性，就不能依赖它。

实用性：该报告本质上是一张 PowerPoint 幻灯片。它提供了非常有用的统计数据和图表，描述了目标主体近期的收入和所占的市场份额。不幸的是，这个报告的有效性和客观性削弱了其效用。

5.1.3　关于这些原始资料的有效性的结论

在核查了这些资料后，可以得到以下发现：

发现 1：SIA 报告是上述报告中引用的商业卫星市场份额和收入数据的唯一来源。

发现 2：SIA 报告的有效性值得怀疑。基于上述原因，SIA 报告属于一份自我赞助的行业文件，没有标明可以得出其结论的任何数据来源。

发现 3：美国政府和学术界已经采用 SIA 报告作为美国商业卫星收入和所占市场份额的主要经济数据的来源。

发现 4：NSSO - SIBA 对美国航天制造商进行了一次独立调查，该调查被认为是 2003—2007 年期间的有效数据来源。NSSO - SIBA 报告提供了关于货物和销售、国外采购、出口、财务和研发支出的有用的自填数据。它还提供了关于出口管制对国际竞争力的影响的自填数据。然而，NSSO - SIBA 报告使用 SIA 报告作为其关于卫星行业表现的某些经济数据的唯一来源，因此其可靠性令人生疑。

发现 5：FAA 年度发射报告提供了与有效载荷和运载火箭统计数据有关的客观数据，然而，关于制造商市场份额和收入的数据，只是作为辅助/次要数据信息来源。

除发射有效载荷外,没有直接的制造收入和市场份额数据。

根据这些发现,我们的结论是,美国四个主要数据来源文件中除了 NSSO - SIBA 调查的数据,还有来自 FAA 年度发射报告的二级运载火箭和有效载荷数据,关于商业卫星行业市场份额和收入数据的有效性基本是值得怀疑的。这是因为 SIA 报告是商业卫星市场份额和收入数据的唯一主要引用来源。为了评估 STDA 是否对美国商业卫星产业产生了负面影响以及影响的程度,需要量化数据,但仅仅依靠 SIA 报告的来源是不够的。虽然 NSSO - SIBA 调查是一个客观来源,但 NSSO - SIBA 报告也纳入了 SIA 数据。因此,为了确保分析的有效性,需要用其他数据来源来验证或质疑 SIA 所提供的数据。

5.1.4 其他来源

在公开讨论中,只有两个关于商业卫星制造商收入和市场份额的替代性独立数据来源。第一个是 Ryan J. Zelnio 写的一篇文章,发表在《航天政策杂志》(2007)上。[21] 第二个是国防分析研究所的《出口管制和美国国防工业基础》(2007)。[22] 上述主要数据来源中都没有引用这两份资料。

5.1.4.1 对 Ryan J. Zelnio 文章的评估

在他的文章中,Zelnio 先生创建了一个地球同步通信卫星合同数据库,这些数据资料可以追溯到 1961 年,其中包括客户、客户来源、制造商、卫星平台、合同授予日期以及卫星的功率和质量等信息。[23] 这个数据库包括公开的发射和有效载荷数据。他还确定了各个通信卫星的合同竞标情况和通信卫星相关技术复杂度情况。[24]

单个通信卫星的合同竞标情况是一个重要的特征,但未在 SIA 或 NSSO - SIBA 数据中被识别。在某些情况下,合同授予是非竞争性的,因为该销售是制造商和发射服务商之间的内部销售。[25] 在其他情况下,合同招标仅限于特定国籍的投标人(例如,政府国内定向采购合同规定)。[26]

---

[21] 见 Ryan Zelnio, "Whose Jurisdiction Over the U. S. Commercial Satellite Industry? Factors Affecting International Security and Competition" 23(4) Space Policy 221-233 (2007)。

[22] 见 *Export Controls and the U. S. Defense Industrial Base* (Institute for Defense Analyses, January 2007),可在美国国防技术信息中心网站上查阅。

[23] 见 Zelnio, supra 注解 283,第 223 页。

[24] 见 Zelnio, supra 注解 283,第 223 页。

[25] 见 Zelnio, supra 注解 283,第 224 页。

[26] 见 Zelnio, supra 注解 283,第 224 页。

　　技术复杂度是另一个重要的特征，因为卫星的竞争力在很大程度上取决于其技术特征。在这项研究中，Zelnio 先生考虑了不同型号卫星的质量和功能的复杂性。这一信息在与其他数据来源交叉评估以确定特定通信卫星型号的转发器容量时特别有用。[27]

　　利用公共来源的数据，该文章研究了 ITAR 对通信卫星主要制造部门的影响，发表于 2007 年。

　　研究对象：1961 年起所有公开的地球同步通信卫星合同。

　　研究方法：对通信卫星制造合同的数据库进行交叉分析，以通过定量分析确定 STDA 对 ITAR 关于通信卫星的规定是否对美国的市场份额产生了影响，以及如果有影响，它是否可量化。

　　客观性：这篇文章是由一位学者独立撰写的，并发表在一个受人尊敬的同行评议杂志上。这些都是客观性的有力标志。

　　优点：

　　——这些类型的数据对于衡量国际通信卫星市场竞争力和美国与欧盟制造商的市场份额极有参考性。

　　——数据时间段包括 STDA 发布前和 STDA 发布后。

　　——文章恰当地将主要的通信卫星制造商确定为美国和欧洲，并着重介绍了这些制造商的合同和技术特点。

　　——文章通过区分竞争性和非竞争性的投标合同来增强数据效力。

　　——在确定市场份额的下降是否与 STDA 的 USML 清单有因果关系的分析中，文章正确地确定了几个可供选择的因果关系（包括外国的可获得性、制造商和发射服务商的经济性组合，以及 20 世纪 90 年代后期通信卫星市场需求的异常）。

　　不足：

　　——没有将转发器的容量确定为一个技术特征，而是把隐含的容量作为质量和功能复杂性的函数。

　　可靠性：引用公开数据。这引起了人们对准确性的关注，因为公开数据的准确度仅次于其基本来源。这篇文章只利用了一个互联网来源的公开数据（Gunter 的空间页面[28]），没有引用任何其他来源的数据。这篇文章的方法是非常有用的，但没有引用关于通信卫星合同和技术特征的其他统计数据，这引起了人们在进行方法论分析时对数据有效性的担忧。我给作者发了电子邮件，询问他是否采取了这些额外的步骤以确保其数据来源的准确性。我在 2010 年 2 月 19 日收到了 Zelnio 先生的回复。Zelnio 先生说："我使用了 Gunter 的通信卫星合同清单，然后点击查阅每一份卫星合

　　㉗　见 *Export Controls and the U. S. Defense Industrial Base* (Institute for Defense Analyses，January 2007)，可在美国国防技术信息中心网站上查阅。

　　㉘　冈特的空间网页。

同,以获得关于它的所有可用信息。对于信息不完整的卫星,我通常会通过卫星所在公司的网页获取相关信息。"㉙Zelnio先生坦言,由于定量数据来源的限制,他面临着就STDA的影响得出结论的挑战。"最困难的事情之一是获得关于这个问题的良好定量数据。"㉚

实用性:本文的数据库、分析和结论是基于一种方法论,即研究合同授予的市场份额,而不是市场收入份额。这提供了一个不同的视角,可以对市场收入份额数据进行交叉对比。

5.1.4.2 对国防分析研究所出口管制报告的评估㉛

本报告是由国防分析研究所为国防部工业政策副部长办公室撰写的(2007年)。

研究对象:美国航天产业,地球同步通信卫星市场(1995—2006年)。

研究方法:报告中的一部分评估了商业卫星行业的经济表现和竞争力。数据是通过以下方式收集的:(1)采访工业界人士、学术界人士和政府官员;(2)政府和工业界报告;(3)各种公开出版物。该报告还汇编了一个关于1995—2006年所有卫星发射情况的数据库。这个数据库被用于分析美国卫星主承包商和分包商在一段时间内的市场地位,并显示了该地位因出口管制而发生的变化。该报告还编制了一个预发射卫星数据库,预测时间起点为2014年。此外,有一些公司提供了他们自己的卫星中标、竞标和物项清单,包括"出口管制影响"的分类。这些数据既包含个人持有信息,也包含企业自己的评价,这使得这些数据很难作为主要数据来源,但可用于核查从其他来源获得的数据是否完整。其他数据来源包括一个使用Teal Group和DA-CIS来源的卫星分包合同数据库。这个数据库被用来分析美国卫星分包商在一段时间内的市场地位,并显示了该地位因出口管制而发生的变化。SIA的"行业状况"报告数据也被纳入分析。

客观性:一个可引发争议的假设是,相关政府机构保持了足够的客观性,以防止

㉙　2010年2月15日,我向Zelnio先生发出电子邮件,问了以下问题:"我是航空和空间法研究所的一名研究员。我就您2007年发表的关于ITAR和通信卫星的文章联系您。您关于2007年空间政策的文章写得非常好,并被用作我博士论文的主要资料。然而,我确实有一个关于您用的方法的问题。关于您对通信卫星合同和技术特征的确定,您引用了Gunter's Space Page作为您的资料来源。您能解释一下您是如何使用Gunter's Space Page的吗?例如,您是否采用了Gunter's Space Page上关于单个有效载荷的信息(如名称、类型、所有者、经营者和原产国),并与通信卫星制造商关于卫星技术特征的出版物进行了交叉参考,以检验所依赖的公共数据来源的准确性?非常感谢您对数据集验证的说明。"

㉚　引自2010年2月19日Zelnio先生的电子邮件。

㉛　见Richard Van Atta., *Export Controls and the U.S. Defense Industrial Base* (Institute of Defense Analysis, January 2007)。

机构偏见,至少防止在一定程度上可衡量的偏见。这一假设从参加这项研究的行政机构设立时的国会授权中获得了支持。

优点:

——在经济表现和竞争力的数据来源方面做得很好。使用了多个数据来源,并对这些来源进行了交叉引用,以检查准确性和有效性。

——定性数据起支持作用并与量化结果进行对照。

——用竞争力和市场需求的衡量标准来评估国际市场的情况。

——核查了卫星主要制造商和第二/第三级制造商的竞争力及经济表现。

不足:

——数据截止到 2006 年。

——特定经济表现数据来源于 SIA 报告。

可靠性:报告的来源非常完备。对结果的准确性和有效性的担忧是它包含了 SIA 的数据,而报告本身注意到这是行业报告数据。此后,它利用其他数据对 GEO 市场和主要制造商进行了独立分析,指出了其调查结果与 SIA 报告之间的区别。

实用性:这份报告对于评估地球同步通信卫星市场非常有用,它提供了关于其他外国制造商的实际市场份额信息以及对美国市场份额下降原因的分析。

5.1.5　对学术文献的担忧

对学术文献的核查显示了对 SIA 报告数据的过度依赖,以及美国卫星收入的下降必然与 1999 年 STDA 有关的假设性结论。下面的例子说明了这一点:

(1) George Abby & Neal Lane,《美国政策:误入歧途的挑战与机遇》(剑桥:美国艺术与科学学院,2009 年)第 5~7 页:引用了 NSSO - SIBA 报告中关于 ITAR 合规成本的统计数据(NSSO - SIBA 的统计数据部分来源于 SIA 报告)。[32]

(2) Antonella Bini,《航天物品的出口管制:维护欧洲的优势》(《航天政策》2007 年第 23 卷第 70 页),引用 SIA 报告的数据来支持"美国在全球卫星销售中所占的份额从 1998 年 124 亿美元市场中的 64% 下降到 2002 年的 36%"[33]这一论点。

(3) CSIS 简报报告,《美国航天产业的健康》(2008 年)。这份报告引用了 SIA

---

[32]　见 George Abby and Neal Lane, *United States Policy: Challenges and Opportunities Gone Astray*, (Cambridge: American Academy of Arts and Sciences, 2009)第 5~7 页。

[33]　见 Antonella Bini, "Export control of space items: Preserving Europe's Advantage" 23 Space Policy (2007) 第 70 页。

报告的数据来支持"美国在外国航天市场的份额正在稳步下降"的结论。㉞ CSIS 简报报告也引用了 NSSO - SIBA 报告,而 NSSO - SIBA 报告部分依靠 SIA 报告的数据。

　　(4)《国防工业基础评估:美国航天工业》在对美国的市场收入份额的评估中,完全依赖于 SIA 报告。㉟

　　这种数据来源的依赖错误并不限于引用 SIA 的报告。两篇独立的学术文章引用了美国通信卫星所占市场份额自 1999 年以来从 83% 下降到 50% 的统计数据,以支持"STDA 对美国卫星制造商产生负面影响"的观点。㊱ 在这两篇文章中,这些统计数据有着同一个来源,而且只有这一个来源,即由 Ryan Zelnio 撰写的在线"文章"(没有经过编辑或同行评议)。Zelnio 的这篇在线"文章"根本没有标明任何数据来源,更不用说其统计论述:"在 1999 年出口管制改变之前,美国在商业卫星制造领域占主导地位,所占的平均市场份额为 83%。自那时起所占市场份额已下降到 50%。"㊲事实上,在这篇网络"文章""发表"一年后,在 2007 年同行评审的《航天政策》杂志中,Zelnio 先生改变了他的上述统计论述,声称"在 1999 年出口管制变化之前,美国赢得了所有竞争性'通信卫星'合同中的 80%。自 1999 年以来,美国公司所占的市场份额已经大幅下降,降到60% 左右"。㊳

　　提出这些问题是因为它显示了对 SIA 报告的过度依赖,以及有利于 SIA 解释市场历史数据的话语权方面的腐败。这绝不是对学术界任何个人的攻击(其中许多人我本人都认识)。相反,它显示了整个空间法学术界未能对一个基本定量数据来源——SIA 报告,进行科学核查。SIA 报告的结论已经被联邦报告(如 NSSO - SIBA)引用,而这些报告因为属于政府报告又被引用为可靠数据。之所以提出这些担忧,目的是警醒和启迪我的同事,以便就 STDA 对美国经济表现和竞争力的

㉞　见 *Health of the U. S. Space Industrial Base and the Impact of Export Controls*, (Center for Strategic and International Studies, Washington D. C. , February 2008)第 50 页。

㉟　见 *Defense Industrial Base Assessment:U. S. Space Industry* (U. S. National Security Space Office, 31 August 2007),可在美国工业和安全局网站上查询。

㊱　见 Mike N. Gold, "Lost in Space:A Practitioner's First-Hand Perspective on Reforming the U. S. 's Obsolete, Arrogant, and Counterproductive export control regime for space-related systems and technologies" 34(1) Journal of Space Law 163 (2008),第 167 页。见 P. J. Blount, "The ITAR Trety and Its Implications for U. S. Space Exploration Policy and the Commercial Space Industry" 73 Journal of Air Law and Commerce 705 (2008) 第 712 页。

㊲　见 Ryan Zelnio, "The Effects of Export Control on the Space Industry" (16 January 2006)。见 *The Space Review* 网站。

㊳　见 Zelnio, supra 注解 283,第 227 页。

实际影响得出更准确的结论。

5.1.6　基于这些数据来源找出实证结论

在下面的章节中将根据上述六项报告得出的定量和定性数据，评估关于美国商业卫星工业表现和竞争力的几个指标。这些指标是：(1)美国商业卫星主要制造商所占的市场份额，(2)第二和第三级制造商所占的市场份额，(3)销售损失，(4)合规成本，(5)全球业务的限制。

在上述 6 类数据来源报告中，对于确定美国商业卫星部门的经济竞争力和业绩而言，最有用和有效的是 IDA 报告。Zelnio 的文章在解决技术可比性和市场趋势方面是有用的。SIA 报告是有用的，因为它揭示了卫星行业的整体表现，但其有效性是值得怀疑的。NSSO－SIBA 报告是有用的，因为它是一个补充数据来源，提供了第一、第二、第三级制造商自填报告的定量和定性数据。

因此，这些指标的主要来源是 IDA 报告，补充来源是 SIA 报告、NSSO－SIBA 报告、Zelnio 的文章和其他二手资料。这样，报告间相互矛盾的统计数据就会显露出来。

5.1.6.1　1996—2009 年美国商业卫星主制造商所占的市场份额

在看市场份额的数字之前，了解国际市场如何运作是很有益的。

第一，通信卫星出口占据了商业卫星最主要的份额(基于销售的商业卫星数量以及产生的收入)。[39] 通信卫星收入和商业卫星收入之间的这种高度相关性，使得商业卫星主要制造商(一般)的出口数据可以被通信卫星制造(具体)数据代替。

第二，全球通信卫星市场是一个寡头市场。只有少数几家通信卫星服务公司购买和运营绝大多数的通信卫星。这些服务公司中的大公司是阿拉伯卫星通信公司(简称 Arabsat)、欧洲通信卫星公司(简称 Eutelsat)、国际通信卫星公司(简称 Intelsat)，国际海事卫星公司(简称 Inmarsat)和欧洲卫星公司(简称 SES)。这五家公司有的过去曾与某一特定制造商有长期的合作。Eutelsat 和 Arabsat 总是将合同授予欧洲制造商。[40] Inmarsat 和 SES 同时与欧洲和美国的供应商合作。[41] Intelsat 只与美国供应商合作，但最近购买了欧洲卫星。[42]

---

[39]　见 Richard Van Atta, *Export Controls and the U. S. Defense Industrial Base* (Alexandria, VA: Institute of Defense Analysis, January 2007) 第 A-34 页。

[40]　Van Atta, supra 注解 301，第 A-101 页。另见 Arabsat 网站。另见 Eutelsat 网站。

[41]　Van Atta, supra 注解 301，第 A-101 页。另见 SES 网站。另见 Inmarsat 网站。

[42]　同上一条。

第三,通信卫星的主制造商倾向于选择国内制造商。[43] 这种选择偏好意味着在许多情况下,合同招标要么是封闭的,要么在实际操作中并没有通过竞争。当采购公司由国家控制或国家作为股东时,这种采购选择的倾向性会更加明显。以俄罗斯为例,从1995年到2006年,其只购买了一颗美国的GEO通信卫星,其他都是从俄罗斯制造商那里购买的。[44] 对中国未来的通信卫星需求也可以做出类似的预测。仅就目前而言,中国正在购买欧洲的通信卫星。但是,一旦中国的技术与欧洲、美国的通信卫星具有了可比性,中国很可能会优先选择从本国制造商那里购买。

第四,没有本土通信卫星制造商的国家往往在一段时间内对一个供应商(或国别)表现出选择偏好。[45] 这可能是政治和商业双重影响的结果。从政治角度来看,一国经常利用国际合同来推进其政治目标。例如,合同的授予可能是基于与采购合同没有直接利益关系的政治博弈。从商业角度来看,一旦通信卫星制造商与运营商建立了关系,未来的合同就会变得更容易赢得,部分原因是已建立关系的特定制造商的技术更为可靠。

因此,通信卫星的实际竞争市场比整个运营商市场要小得多。根据历史数据,通信卫星的竞争市场主要是以下运营商和国家及地区:(1)Inmarsat,(2)Intelsat,(3)SES,(4)阿根廷,(5)澳大利亚,(6)巴西,(7)加拿大,(8)埃及,(9)马来西亚,(10)韩国,(11)中国台湾,(12)泰国。[46]

5.1.6.2　对经济数据的核查

衡量市场份额的主要数据来自SIA报告。SIA报告提供了全球主要卫星制造商收入和美国主要卫星制造商收入的数据。这些数据显示了全球和美国的卫星一级制造市场的趋势。请注意,这些数据主要包括军用卫星和民用卫星。还要注意的是,这些数据是基于卫星交付/发射当年记录的制造收入,而不是合同授予时的收入。

全球市场趋势:[47]

第一,从1996年到1998年,全球收入都在增加。

第二,从1999年到2005年,全球收入减少,在2005年达到最低点。

第三,从2005年到2008年,市场出现反弹,恢复到1996—1998年的水平。

---

[43] 见 *Defense Industrial Base Assessment:U.S. Space Industry*(U.S. National Security Space Office,31 August 2007)第14~15页。

[44] Van Atta, supra 注解301,第A-97页。

[45] Van Atta, supra 注解301,第A-99页。又见 *Defense Industrial Base Assessment:U.S. Space Industry*(U.S. National Security Space Office,31 August 2007)第14~15页。

[46] Van Atta, supra 注解301,第A-99页。

[47] 见 SIA 报告。

美国的收入趋势：[48]

第一，从 1996 年到 1999 年，美国的收入约占全球的 60%。

第二，从 1999 年到 2001 年，美国在全球收入中所占的份额下降到大约 40%。

第三，从 2001 年到 2007 年，美国在全球收入中所占的份额保持在大约 40%。

第四，2008 年，美国在全球收入中所占的份额下降到大约 30%。

图 5.1、5.2 和 5.3 说明了这些趋势。[49]

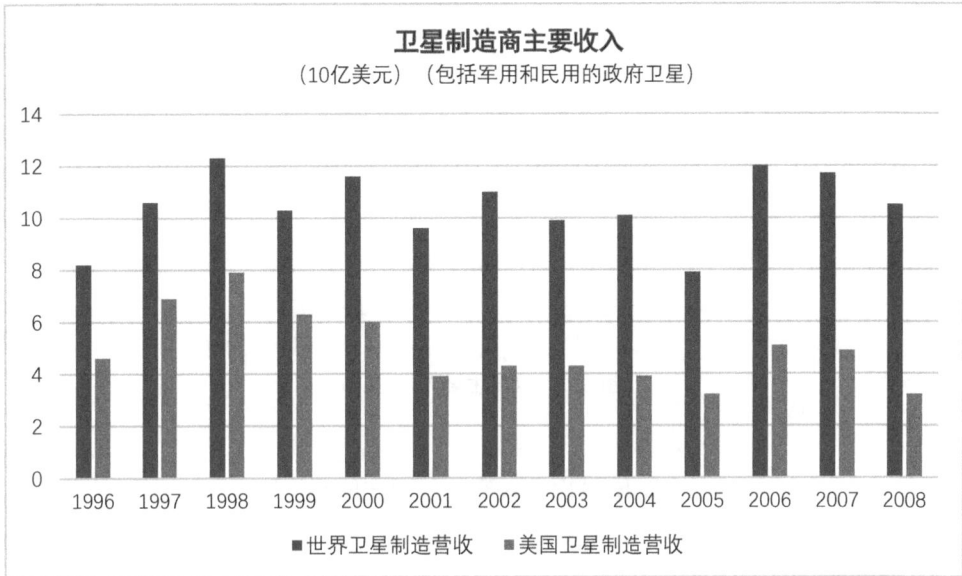

图 5.1　卫星制造商主要收入

SIA 报告中的说法是，这些数据反映了 STDA 的强制性 ITAR 许可条款对美国卫星制造商在国际上获得竞争性合同的能力产生了负面影响。[50] 但事实是这样吗？让我们仔细看一下 SIA 报告的数据。

关于全球市场趋势，卫星行业的周期性特点在 SIA 报告的数据中得到了准确的反映。首先，卫星像其他资本密集型产业一样，市场需求、服务需求经常经历周期性，因为对卫星服务的需求往往与某一地区（如美国）或部门（如移动宽带）的经济增长相

---

[48]　见 SIA 报告。

[49]　图表由 Michael C. Mineiro 于 2009 年 2 月 16 日制作。这些图表的数据来自 1996—2008 年的 SIA 报告。

[50]　见 Patricia Cooper，*Written Testimony for Patricia Cooper- SIA President—Before the House Foreign Affairs Committee（HFAC）—Subcommittee on Terrorism，Non-Proliferation，and Trade*（Hearing on Export Controls and Satellites，2 April 2009）。另见 *Hearing Before the Subcommittee Terrorism，Non-proliferation，and Trade*（Serial No. 111-14，2 April 2009）。

（10亿美元）（包括军用和民用的政府卫星）

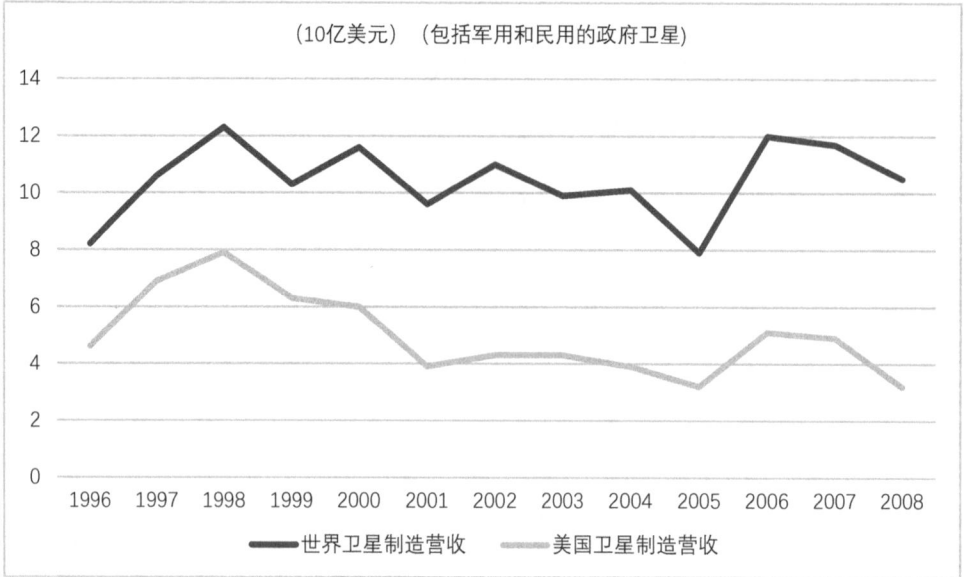

图 5.2　卫星主要制造收入

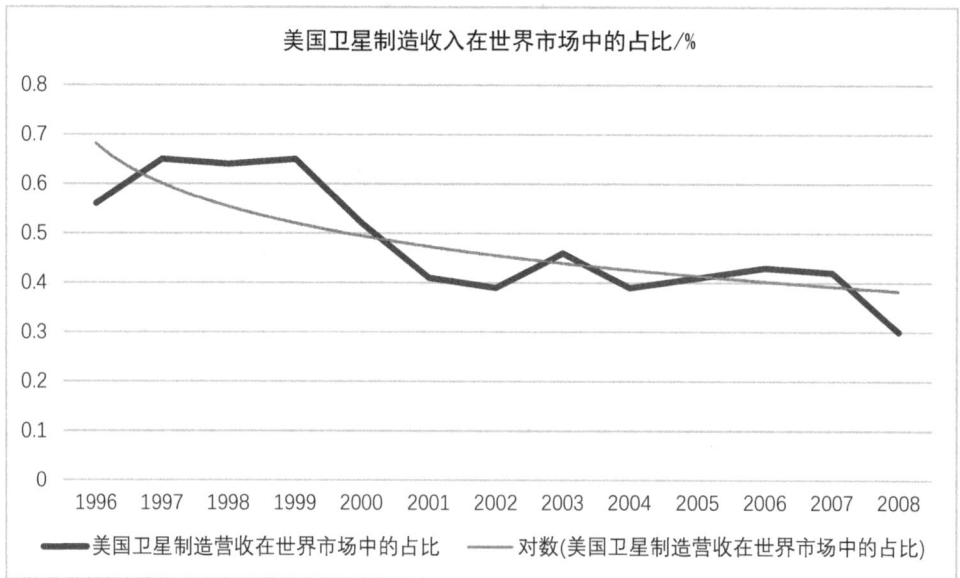

美国卫星制造收入在世界市场中的占比/%

图 5.3　美国卫星制造商收入在世界市场中的占比

关。通信卫星的制造需求与服务需求（例如，从市场上租赁的转发器的数量）有关，也与资本需求有关。考虑到通信卫星的运行寿命通常在 10～15 年，为了保持目前的服务能力，需要定期更换这些卫星，而增加市场容量也需要额外的卫星。

就美国卫星产业的收入趋势而言，仅把这些数据作为证明 STDA 负面影响的决定性证据还存在问题。除了参考这些大量的数据，也要考虑其他可能导致美国所占市场份额下降的因素。

第一，在 20 世纪 90 年代末，在为美国政府建造两颗大型民用卫星（Terra 和 Chandra X 射线观测站）过程中，美国卫星制造业收入获得了增长（估计为 28 亿美元）。[51]

第二，在 20 世纪 90 年代末，商业卫星行业经历了超常的增长，导致对卫星的需求增加。[52] 这个"通信卫星"泡沫在 21 世纪初破灭了，市场对卫星的需求也下降了。[53]

第三，SIA 的数据始于 1996 年，由于缺乏 1996 年之前的数据，使得我们无法确定 20 世纪 90 年代末的美国市场份额是单纯的反常现象还是早期趋势的延续。

第四，20 世纪 90 年代标志着卫星制造和服务供应商的市场定位重新开始。一些准公共服务商／卫星运营商（Intelsat、Eutelsat 和 Inmarsat）成为私人公司，并发生了一些合并（SES 购买了 Americom，Intelsat 购买了 PanAmSat）。[54] 结果，拥有被并购运营商的部分所有权的制造商失去了原有客户，现在不得不为获得合同公开竞争。[55] 这对美国制造商的影响更为显著。例如，洛克希德・马丁公司曾拥有 Americom 的所有权益，波音公司拥有 PanAmSat 的所有权益，这两家公司只从各自的制造商那里购买卫星。自从被出售以后，洛克希德・马丁公司和波音公司都没能完全保留他们在这些公司的市场份额。[56] 这与 Eutelsat 形成鲜明对比。Eutelsat 虽然没有义务将所有合同授予欧盟制造商，但事实上仍在继续这样做。[57]

第五，虽然欧洲从 20 世纪 80 年代起就在商业卫星市场上与美国竞争，但直到

---

[51]　见 Richard Van Atta, *Export Controls and the U. S. Defense Industrial Base*（Alexandria, VA：Institute of Defense Analysis, January 2007），第 A-93 页。

[52]　见"Satellite Executives Look Ahead to a Booming New Year" *Mobile Satellite News*（11 January 1996）1。

[53]　见 Christopher Price, "Falling Prices Hit Operators：Telecommunication Satellites" *Financial Times*（London，UK，10th December 1999）第 2 页。见"Short-Term Prospects for Financing Are Bleak" 25(35) Satellite News 1 (16 September 2002)。"卫星行业分析师和高层管理人员一致认为，全球经济整体放缓和电信泡沫破裂已经对提供通信卫星服务和产品的公司产生了深刻而巨大的影响。9 月初在这里举行的年度世界卫星融资峰会上，与会者只能从事实中得到安慰。正如一位发言者所说：'卫星在这里停留，坏日子总是要结束的。'"另见"Loral Fallout Tops 2003 Stories" 26(48) Satellite News 1 (22 December 2003)。"伊拉克战争刺激了美国军方和全球广播公司对卫星容量的使用。然而，增加的需求不足以弥补对卫星容量需求的总体低迷。"

[54]　见 Zelnio，supra 注解 283，第 228 页。

[55]　见 Zelnio，supra 注解 283，第 228 页。

[56]　见 Zelnio，supra 注解 283，第 228 页。

[57]　见 Zelnio，supra 注解 283，第 228 页。

20 世纪 90 年代末,欧洲制造商才开始提供技术上有竞争力的卫星。⑱ 自 2001 年以来,美国和欧盟的 GEO 通信卫星在卫星平均功率、平均预期寿命和平均转发器数量这三个指标上表现相似。⑲

第六,在 20 世纪 90 年代末,发射了两个主要的低/中轨道通信卫星星座,总共有 110 颗卫星。⑳这种低/中轨道通信卫星制造需求的激增,促进了同时段卫星制造商收入的增长。㉑

最重要的是,SIA 报告的数据未能区分总体收入和出口收入。相对于外国竞争者,美国的出口收入有可能保持不变、下降或提高,但 SIA 报告的数据不能明确地得出结论。虽然通信卫星和商业卫星收入之间的高度相关性使得商业卫星主要制造商(一般)的出口数据可以被视为类似于通信卫星制造(具体)的出口数据,㉒但 SIA 报告的数据不是出口数据,它只是收入数据。

是否有可能获得关于商业卫星部门的更具体的数据,以便最终确定 STDA 是否对其国际表现和竞争力产生了影响?

IDA 数据能够提供帮助,因为它比 SIA 报告提供了更多细节。根据 IDA 的数据,收入数据一般在民用、军用、GEO 商业卫星和 NGEO 商业卫星之间进行细分。㉓这对于确定 STDA 和美国通信卫星市场份额下降之间的因果关系的说法更有用。但是在看到细分数据之前,需要注意到在 SIA 报告和 IDA 报告中的收入数据估计存在着矛盾。

IDA 和 SIA 对卫星主制造商(全球和美国)营收的估计遵循类似的趋势。IDA 和 SIA 对美国市场年度营收的估计存在很强的相关性,IDA 的估计更多的是针对美国市场。1999 年,美国市场收入 20 亿美元,1998 年 10 亿美元,1997 年 10 亿美元。这些报告之间有几个重要的区别。第一,IDA 报告的估计显示,平均而言,美国制造商的总市场份额更高。第二,1998 年,SIA 报告的全球市场营收估计为 120 亿美元,

---

㉘　见 Van Atta, supra 注解 301,第 A-56、A-67 页。"自 20 世纪 90 年代中期以来,欧洲的实力已经提升。""美国和欧洲的卫星平台实力相当","美国和欧盟早在 1998 年就已经提供相似的 GEO 平台模型"。另见 Zelnio, supra 注解 283,第 230～231 页。

㉙　见 Van Atta, supra 注解 301,第 A-68 页。另见 Zelnio, supra 注解 283,第 230～231 页。

㉚　见 Globalstar 有一个 46 颗卫星的星座,其中 38 颗是在 1998—2000 年期间发射的。见 Peter B. Selding, "Globalstar 2nd-Generation System Slated to Begin Lanching This Fall" 21(5) Space News (1 February 2010)。铱星公司有一个 66 颗卫星的星座,是在 1997—2002 年期间发射的。见 *Manual for ICAO Aeronatuical Mobile Satellite Services Part-2 Iridium Draft* 4.0 (21 March 2007),第 2 页。另见 *Defense Industrial Base Assessment: U.S. Space Industry* (U.S. National Security Space Office, 31 August 2007)第 10 页。

㉛　见 *Defense Industrial Base Assessment: U.S. Space Industry* (U.S. National Security Space Office, 31 August 2007),第 10 页。

㉜　见 Van Atta, supra 注解 301,第 A-34 页。

㉝　见 Van Atta, supra 注解 301,第 A-93 页。

美国市场的收入为 80 亿美元。IDA 报告估计全球市场营收为 80 亿美元，1998 年美国市场营收为 50 亿美元。第三，在 2003 年和 2005 年的估计中，SIA 报告估计全球市场的营收比 IDA 多 20 亿美元（20%）。第四，IDA 报告的数据终止于 2006 年。在2007—2009 年，卫星行业经历了一个周期性上升，因此 SIA 报告的数据（包括2007—2009 年）显示全球市场营收的对数趋势线较高。图 5.4、5.5 和 5.6 说明了这种趋势。[64]

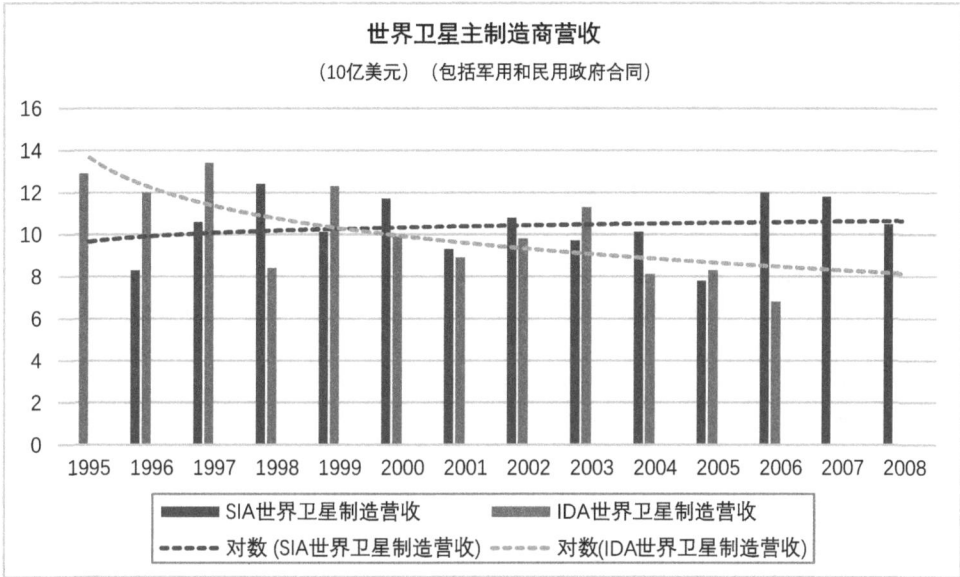

图 5.4　世界卫星主制造商营收

　　单独来看，这些偏差中的每一个都不会改变总体趋势，但从整体上看，IDA 报告的数据支持这样一种解释，即 STDA 之后营收的下降部分归因于 1997 年和 1999 年卫星制造商的收入超出了常规。将 SIA 报告和 IDA 报告中 1999 年以前的营收数据与 1999 年以后的营收数据相比较，IDA 报告的数据反映了一个相对更缓和的下降，与 SIA 报告相比，2002—2004 年的下降率较低。

　　回到对商业卫星制造数据的核查，IDA 报告的统计数字显示，只有大约 50% 的美国卫星主要制造商的营收来自 GEO 或非 GEO 商业卫星销售。[65] 这一统计数字与美国政府军用和民用资金统计结果相互印证，从而不难看出美国航天工业从中获得了大量的合同。IDA 报告的统计数据还显示，2001 年之后，非 GEO 卫星的营收几乎不存在。这一统计数字与 20 世纪 90 年代末几个主要的低轨道星座的完成有关（例

---

　　[64]　这些图表是作者 Michael C. Mineiro 于 2010 年 2 月 18 日利用 SIA 报告和 IDA 报告中的数据制作的。

　　[65]　Van Atta，supra 注解 301，第 A-93 页。

美国卫星主制造商营收
（10亿美元）（含军用和民用政府合同）

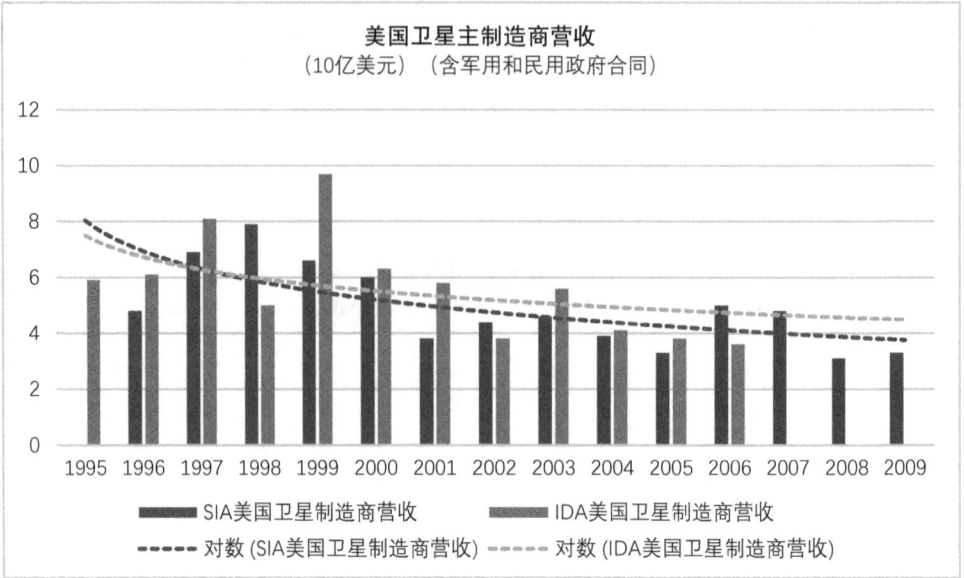

图 5.5　美国主制造商营收

卫星主制造商营收汇总
（10亿美元）（含军用和民用政府合同）

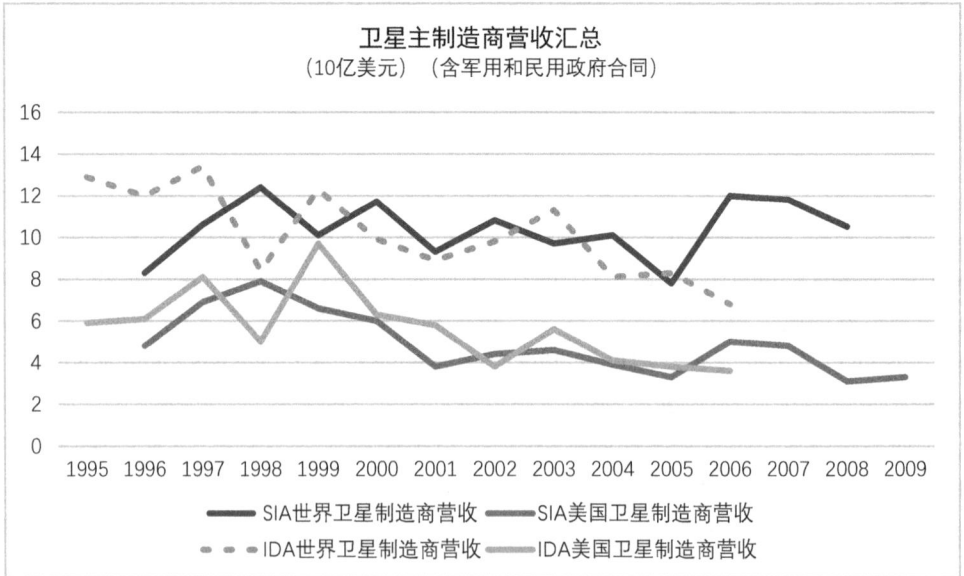

图 5.6　卫星主制造商营收汇总

如,全球星和铱星)。今天,GEO 通信卫星几乎占据了全球卫星(主要)出口市场的
100%。⑥⑥ 在未来,当低轨道星座退役或新的低轨道星座项目得到资助时,非 GEO 卫
星收入将再次成为影响因素。⑥⑦

关于出口收入,从 1996 年到 2006 年,平均而言,美国主要制造商从 GEO 通信卫
星的出口中获得了大约 50%的收入。整个市场传统上由美国主导,但欧洲在最近几
年也获得了一些市场份额。自 STDA 以来,欧洲已经将其 GEO 通信卫星的全球市
场份额从 19%提升到了 28%,而美国已经从 68%下降到 58%,影响了美国的出口市
场份额。⑥⑧ 具体数字见表 5.1 所列。⑥⑨

表 5.1　主要商业 GEO 卫星制造商在全球市场中所占的份额(1996—2006 年)

注册合作国家	制造商	在全球市场中所占的份额/%(1995—1999 年)	在全球市场中所占的份额/%(1999—2006 年)	是否参与全球出口市场
美国	Boeing	31	20	是
美国	Lockheed	22	17	是
美国	Loral	14	17	是
美国	Orbital	1	4	是
欧盟	Thales Alenia	11	16	是
欧盟	EADS	8	12	是
俄罗斯	NPO Prikladnoi Mekhaniki	5	8	否
印度	ISRO	1	1	否
中国	中国航天科技集团	—	—	—

注:中国拥有 GEO 卫星主制造商,从 2006 年开始积极参与国际市场出口,但遗憾的是,IDA 报告中没有
可信的相关数据。

地球同步通信卫星项目的 IDA 数据也许最能说明问题。根据这个数据,评估了
1990—1999 年、1999—2008 年(预定的发射日期为 2007 年和 2008 年)的所有主要
GEO 通信卫星项目(定义为订购了 4 颗或更多的卫星),以了解在 STDA 将卫星强
制纳入 USML 清单生效后,客户是否从美国主制造商那里转到了非美国制造商那
里。⑦⑩ IDA 报告中对市场数据的分析显示:

---

⑥⑥　见 Van Atta, supra 注解 301,第 A-34 页。

⑥⑦　见 Peter B. Selding, "Globalstar's 2nd-Generation System Slated to Begin Launching This
Fall" 21(5) Space News (1 February 2010)。

⑥⑧　见 Van Atta, supra 注解 301,第 A-38 页。

⑥⑨　这些图表是作者 Michael C. Mineiro 于 2010 年 2 月 18 日使用 IDA 报告中的数据制
作的。

⑦⑩　见 Van Atta, supra 注解 301,第 A-40 页。

（1）非竞争性市场。美国专属市场（Asiasat、BSAT、DirecTV、Echostar、Loral Skynet、New Skies、XM）和外国专属市场（Arabsat、Eutelsat、Express、Insat）没有发生变化。

（2）STDA 前的竞争性市场。在 STDA 之前的竞争市场中,有五个客户（Chinasat，Inmarsat，JCSat，PanAmSat，SES Americom）在 STDA 之前向美国和欧盟制造商授予合同。自 1999 年以来,Chinasat 没有授予美国任何合同（这是因为美国的出口禁运）,Inmarsat 没有授予任何合同,JCSat 只授予了美国合同,而 Panamsat 主要是授予美国合同。

（3）STDA 之后的竞争性市场。四个客户（Apstar、Intelsat、SES Astra 和 Telesat Canada）在 1999 年之前只授予了美国合同,在 1999 年之后开始授予欧盟合同。Intelsat 仍然是一家美国优先的公司,Apstar 和 SES Astra 分拆了它们的合同,Telesat 将不再授予美国合同。

这些研究结果表明,无论 STDA 的美国出口管制机制如何修改,被占领的市场往往会留在各自的制造商那里。然而,在 STDA 之后,四个以前"无竞争"的美国市场在 1999 年后向欧洲竞争者开放。虽然这并不能将 STDA 的决定与所有这四个市场的开放确定地联系起来,但它仍是强有力的证据。

加拿大是四个从非竞争性转向竞争性的市场之一。次要的定性证据显著表明,美国的 ITAR 是加拿大公司 Telesat 在 1999 年后从美国制造商转向欧洲制造商的主要原因。在 1999 年之前,Telesat 从美国供应商那里购买了 15 颗卫星,但自 1999 年以来,Telesat 只从欧洲供应商那里购买卫星。[71] 在 2003 年《航空周与航天技术》的采访中,Telesat 的首席执行官提出了 ITAR 的问题,特别是由于许可证的延迟和限制,很难获得美国卫星的信息,以解释为何从美国供应商转向欧洲供应商。[72] 由于加拿大是少数几个有竞争力的国际商业卫星市场之一,失去加拿大的业务肯定会对美国制造商产生负面影响。Telesat 是强有力的证据,美国通信卫星进入 USML（以及相关的 ITAR 机制）,使美国卫星出口商在与欧洲竞争对手竞争时处于劣势。

5.1.6.3 第二、三级企业的市场份额

没有公开的定量数据来评估美国第二和第三级 SQUIPE 制造商的国际市场份额。这种数据的缺乏很可能是由于计算市场份额的复杂性,再加上政府、企业和学术界未能优先考虑并资助一个项目以生成一个促进对第二和第三级制造商的经营行为进行分析的数据库。

---

[71] 见 Van Atta, supra 注解 301,第 A-3 页。

[72] 见 M. Taverna and D. Barrie, "Sea of Red Tape", *Aviation Week & Space Technology* (26 May 2003)第 72 页。引用 Telesat 公司首席执行官 Larry Boisvert 的话说,"ITAR 的情况因涉及的美国承包商不同而有所不同——洛克希德·马丁公司较好,波音公司较差——但总的来说,情况越来越糟","如果不能获得信息,将很难购买美国的卫星"。

然而，即使市场份额的数据存在缺陷，定性数据和 NSSO - SIBA 调查也能有力地证明这个结论：第二和第三级制造商在 ITAR 和 STDA 方面承担着巨大的经济负担。[73] 这是因为，在 STDA 之前，美国第二和第三级制造商积极参与欧洲卫星市场，为欧洲卫星项目提供零部件和次级零部件。事实上，正是这些零部件和次级零部件为美国对欧洲（和其他外国）卫星实施 ITAR 奠定了司法基础。从那时起，部分由于STDA，部分由于自身利益，欧洲一直积极寻求剥离美国的第二和第三级零部件（"无ITAR"运动）。因此，第二和第三级制造商肯定已经失去了大量的欧洲市场份额——而欧洲是美国以外的最大市场。如上所述，第一级制造商经历了国际市场份额的下降——部分归因于 STDA/ITAR，部分归因于其他因素。但第一级制造商仍拥有固定市场（包括商业的和非商业的）。这些固定市场提供了一些保护，防止完全被市场竞争所侵蚀。无论是在美国还是国外，第二和第三级制造商都缺乏这种固定市场的保护。关于美国市场，据报道，为了与欧盟的"无 ITAR"战略和与其他竞争者竞争，美国和外国公司都改变了他们的商业运作模式——在某些情况下会损害美国供应商的利益——从外国供应商那里采购，因为市场传统和/或监管环境较为宽松。[74]

5.1.6.4　损失的销售额

美国公司（所有层级）都报告说，ITAR 出口许可要求是让竞争更加困难的一个关键因素。[75] 由于 ITAR 许可程序造成的销售损失估计每年平均为 5.88 亿美元，占美国航天工业总营收的 1% 左右。[76] Comsat 服务带来了航天工业的大部分营收（占美国国内销售的 61% 和国外销售的 76%，而航天器和零部件仅占美国国内销售的21% 和国外销售的 13%）。[77] 因为 Comsat 服务一般不会触发 ITAR 限制，所以推测销售损失的比例——制造商的损失——高于其收入的 1% 是合适的。

5.1.6.5　合规成本

来自美国公司的自填报告数据显示，自 STDA 颁布以来，遵守出口管制的年度财务成本有所增加，其中工资和外部法律费用占成本的大部分。[78] 从 2003 年到2006 年，每年的成本平均为 4900 万美元（全行业），所有层级都增加了 37%。[79] 工资

---

[73]　见 *Defense Industrial Base Assessment*：*U. S. Space Industry*（U. S. National Security Space Office，31 August 2007）。

[74]　见 *Defense Industrial Base Assessment*：*U. S. Space Industry*（U. S. National Security Space Office，31 August 2007）第 37 页。

[75]　同第 74 条，第 14 页。

[76]　同第 74 条，第 34 页。

[77]　同第 74 条，第 34 页。

[78]　同第 74 条，第 36 页。

[79]　同第 74 条，第 36 页。

和法律费用的增加与航天出口公司的实际运营有关。自 STDA 颁布以来,各公司内部已经实施了出口合规计划,较大的公司雇用了全职的受薪合规官。他们还寻找更多的外部法律顾问来协助获得 ITAR 许可和合规。

有趣的是,第二和第三级公司报告的合规成本占销售总额的百分比明显较高。平均而言,第一级公司的合规财务成本为 1%,但第二级公司为 2%,第三级公司则上升到 8%。[30] 这表明较小的公司(第二和第三级)无法像第一级公司那样,从出口管制成本的规模经济中获益。同样也表明,第二和第三级公司在国际市场上竞争时会承受更大的合规负担。

5.1.6.6　对全球竞争力的影响

除了量化的经济指标,还需要考虑对美国制造商利用全球化红利能力的影响。美国航天工业充分利用全球化红利的能力虽然比上述指标更难量化,但却对 STDA 有着最重要的影响。

这是因为,全球化的业务有可能提供远超过美国的资源以及市场需求的协同效应和规模经济。这些协同效应在那些能够在全球范围内开发新技术和制造商品的公司的经营和创新活动中形成,受限于货物、人员和知识的自由流动。目前,设想和实施"限制对外国零部件、知识资本和外国劳动力的使用"的出口管制是一种贸易壁垒,在某种程度上,这将延缓公司的全球化运营。[31]

无论其在外国的可获得性或技术性能如何,将所有卫星强制纳入 ITAR 机制的决定,都意味着美国公司受到贸易壁垒的限制。与海外竞争者相比,这种贸易壁垒是歧视性的,针对性地限制了美国公司充分利用全球化红利的能力。与 EAR 和欧洲的两用管制机制不同,ITAR 没有考虑到管制的经济影响。由于没有考虑到在外国的可获得性或最小含量的限度,与潜在的购买者,甚至连与当前客户进行沟通都需要根据 ITAR 的规定获得专门许可。[32]

外国雇员是巨大的智力资源库,即使该项目在美国,外国雇员仍需要出口许可来从事 ITAR 项目。建立法律"防火墙"是为了遵守 ITAR 的规定,通常也会增加业务延迟和成本,阻碍公司员工和客户的人际沟通。在与航空航天公司的工程师和雇员的个人谈话中(由本书作者进行)了解到,不仅在公司之间,而且在特定公司内部,ITAR 问题一次又一次地成为国际合作的障碍。一位美国航空航天公司的法国雇员曾解释说,尽管他是一名工程师,还就该主题写了一篇博士论文,但他仍无法参与一个受 ITAR 管制并且获得许可也相当困难的项目。

正如上文所讨论的,美国和欧盟之间的监管分歧导致了美国企业在国际市场中

---

[30]　见 *Defense Industrial Base Assessment：U. S. Space Industry*（U. S. National Security Space Office, 31 August 2007）第 36 页。

[31]　同上一条,第 48 页。

[32]　见本专著第 4 章。

所占份额的损失,这归因于客户更倾向于不受 ITAR 限制的物项。由于商业卫星行业是在经济全球化模式下运营的,而逆全球化对该行业的影响是多方面的,因而表现方式也更为微妙。例如,一个参与全球市场的公司扩大了其可获得的市场,它有可能接触到更多的客户,产生更多的营收,很可能增加其 ROA(资产回报率)。即使用于IRDI(个人研究开发投资)的收入百分比保持不变,营收增长也会引起 IRDI 总额增加。因此,该公司能够比那些不能充分利用全球市场的竞争对手更快地开发新技术,向市场提供新产品(见表 5.2)。

表 5.2 两家公司的全球市场份额和 R&D 再投资的假设案例

	年　度	出口管制壁垒	可进入的市场/10 亿美元	市场营业收入占比/%	总营业收入/10 亿美元	R+D 营业收入占比/%	R&D 支出总额/百万美元
公司 1	2010	高	5	75	3.75	1	37.5
公司 2	2010	低	10	50	5	1	50
公司 1	2020	高	5	65	3.25	1	32.5
公司 2	2020	低	10	60	6	1	60

如表 5.2 所示,如果影响市场需求的因素是:(1)出口管制壁垒,(2)技术水平,假设在 1999 年两家公司的技术相当,并且无法调整研发支出,那么 2 号公司超越 1 号公司并占领所有竞争市场只是时间问题。随着时间的推移,监管壁垒较低的公司应该能够:(1)进入更多的市场,(2)增加总收入,(3)在研发方面超过竞争对手。

在现实中,情况要复杂得多,这种只有两个影响市场份额变量的假设过于简单化。尽管如此,研发效率仍然是一个现实的问题。美国公司将面临越来越复杂的外国技术的竞争,除非美国能够开发出能与之抗衡的本土技术。如果美国继续失去市场份额,那么要保持技术优势就需要将更大比例的总营业收入再投资到研发中,或者需要更大的 GRDI(政府研发投资,例如纳税人补贴的研发)。

出口管制除了对某国或公司参与全球化经济产生影响,还提出了集体效率的道德问题。因为必须花费额外的资源(金钱、时间、人力等)来遵守和执行管制,出口管制总是导致效率损失;管制越严格,付出的成本越高。从全社会的角度来看,这些对出口的限制形成了一种全球性的共同成本,代表了一种资源的支出,而这些资源本可以用来发展人类社会的其他方面——例如,对整个人类的负外部性。正如下文将讨论的那样,虽然实施出口管制(和其他贸易壁垒)有合理的公共政策理由,但这种负外部性影响依旧是真实存在的。

5.1.7　结　论

基于上述经济数据分析,可以得出 STDA USML 已经对美国航天工业,特别是对卫星和零部件/次级零部件制造商,产生了负面影响的结论。这一结论得到了美国主要制造商市场份额下降数据的支持。另外,定性和定量数据也表明,第二和第三级制造商因遵守 ITAR 规定而面临越来越多的直接和间接成本,因美国和欧洲出口管制法规的差异导致美国公司对 ITAR 的投诉也越来越多。

在一般的论述中,经济分析的重点是美国市场份额的下降,特别是在 STDA 颁布后(1999—2001 年)立即出现下降。论述中得出的结论是,这种下降标志着 STDA 和收入份额下降之间存在线性因果关系。然而,这种臆断是错误的,因为它没有考虑三个重要事实;这三个事实削弱了美国市场份额下降与 STDA 颁布的因果关系假设。首先,STDA 于 1999 年生效,1999—2001 年市场份额下降与 STDA 并无太大关系。而实际可能的是,1997—1999 年的收入数据对美国来说是非正常的高,1999—2001 年的下降在一定程度上是一种市场修正。其次,在 1999 年,欧洲制造商仍然非常依赖美国的第二和第三级零部件制造商,事实上,这正是美国能够对外国卫星制定 ITAR 许可要求的法理基础。因此,20 世纪 90 年代末的欧洲卫星不能完全利用"无 ITAR"的营销优势。最后,卫星从最初的合同到交付/发射需要几年时间,所以 STDA 的影响不会立即反映在年度营收数据上。

然而,虽然在 STDA 颁布后美国市场份额的下降可以归因于其他原因(见上文),但从那时起,美国相对市场份额的稳步下降(2001 年至今)不能完全归因于这些替代性解释,相反,合乎逻辑的结论是:STDA 正在产生影响,目前这种影响的确切程度尚不清楚。

关于美国的竞争力,可以肯定的是,在国际竞争市场上美国获得商业卫星合同的成功率较低,这在多大程度上可归因于 STDA 的 ITAR 限制?这很难量化。但最有可能的是,这种市场份额的下降是由于 ITAR 的限制导致了美国竞争力的削弱和欧洲制造商竞争能力的提升。

美国市场份额的持续下降也引起了人们对 STDA 次级影响的长期关注。如限制美国制造商开展全球业务的能力。据推测,这些后续影响将对美国的竞争力产生负面影响,进而对美国的国家利益构成实质性威胁。通信卫星制造是美国航天工业中的一个重要部分,是美国国家安全和经济活动的一个重要组成部分,正如本专著第 2 章所讨论的,通信卫星技术与军事、民用卫星技术密切相关,美国军事、民用部门从商业制造、相关研究与开发中受益,就像一个相互连接的网络,美国航天工业的经济成功提升了军事卫星项目和民用卫星项目的收益。美国航天工业经济竞争力的下降,导致了美国经济及其军事工业综合体实力的下降,从而损害了美国国家利益。

5.2 禁止中国发射服务的经济影响

正如本专著第 4 章所讨论的,禁用中国的火箭发射带有美国原产技术的卫星,除非总统以符合美国国家安全利益为由逐案豁免该禁令。在 20 世纪 90 年代,总统批准了一系列的豁免,但自 STDA 颁布以来,总统没有批准过任何一项豁免,事实上美国对中国的发射服务实施了禁令。

这种禁令的经济效果在论述中通常没有被研究。事实上没有任何定量或定性的研究来评估与禁止有关的经济数据。在大多数出口管制改革的讨论中，只附带性提到了禁止措施。原因是与禁止发射相比，ITAR 清单产生了更大的经济影响，正如下文将解释的那样，撤销 USML 授权比撤销发射禁令的政治风险要小。禁令的相对经济意义很快就会改变，这一预测的根据是市场竞争需求和外国对美国技术依赖的下降。

5.2.1　商业航天发射概述

运输是指将人员和货物从一个地方运送到另一个地方。[⑧] 运输方式包括运输过程中使用的车辆及相关设施。我们每天都会看到不同的运输模式。飞机在头顶飞越，卡车在公路上奔驰，集装箱船在大洋上航行，火车在城市和乡村的轨道上穿梭。但还有一种运输方式，我们在日常生活中很少看到。

航天发射是一种依靠运载火箭将货物、人员运抵外空的运输方式。航天发射的相关设施是航天发射场和测控站（TT&C）。通常被运送的货物是航天器。与其他运输方式不同的是，运载火箭很少是为了向购买者运送货物，绝大多数是将已经被购买的货物运送到可以使用它的地方（比如外空的转移轨道）。航天发射技术主要是基于一次性运载火箭（ELVs）。这些运载器是大多数人常见的"典型"垂直发射系统。然而，可重复使用（RLV）和部分可重复使用（PRLV）的运载火箭也可以提供航天发射服务。

在冷战的早期，美国和苏联追求发展本土的运载火箭和航天发射相关设施，能够将人、航天器发射到地球轨道和更远的地方，它们的发展并不是商业性的，这些政府的航天计划用于支持军事、民用和政治目的的载人和无人飞行任务。基于纳粹德国航空航天的初创技术，运载火箭在尺寸和能力上得到了迅速发展，像阿波罗这样的政府项目，在 20 世纪 60 年代末就向月球运送了宇航员。对 20 世纪 60 年代的政府项目，我们仍然记忆犹新。正是通信卫星的发展和将它们发射到轨道的需求，为商业航天发射业的发展提供了关键的催化剂。

20 世纪 60 年代中期，"晨鸟"通信卫星的发射和国际通信卫星组织的建立标志着 Comsat 行业的建立。当时，美国和苏联几乎垄断了航天器和航天发射服务。航天运输是外交政策的一个工具，运输服务是由这两个航天超级大国决定的，只有政府机构或政府承包商可以提供航天发射服务，航天器、运载火箭和相关技术也只提供给亲密盟友。

然而，这种对航天发射服务和航天器技术的垄断是短暂的，其他国家开发了本土运载火箭和航天器。随着更多天基应用和相关服务供应商的加入，对发射服务的需

---

⑧　见 *Black's Law Dictionary*（8th ed.），词条"transportation"。

求增加了。到 20 世纪 70 年代末,国际市场对航天发射服务的需求促成世界上第一家商业航天公司——阿丽亚娜航天公司的成立。㉞ 它自成立以来一直蓬勃发展,现在主要由 Comsat 发射服务的市场需求驱动。20 世纪 80 年代标志着美国从政府垄断航天发射到实施商业市场自由化政策的变化的是:1984 年,国会颁布了《商业航天发射法》,该立法为美国的商业航天发射服务建立了监管框架。㉟ 1986 年"挑战者号"航天飞机灾难之后,美国的政策开始全面调整,支持发射服务的商业化,到 1990 年,美国已经形成了一个有多个供应商的商业发射服务行业。

今天,商业航天发射是一个价值数十亿美元的国际产业。商业发射占全球发射活动的 40% 以上(例如,在 2007 年的 69 次发射中有 28 次是商业发射)。㊱ 商业航天发射为各种客户提供发射服务,包括私人企业、民间机构、政府机构、军事机构和公共研究机构。美国、欧洲、俄罗斯、中国、日本和印度都有本土的商业发射服务商,并在国际市场销售发射服务。对商业发射服务的需求绝大部分是将 Comsat 发射到GEO,但在某些情况下也发射到非 GEO。遥感、成像、气象和科学有效载荷是对Comsat 发射市场的补充,不断发展的运载火箭和航天器技术为航天发射开拓新市场提供了可能性。

5.2.2 市场运作

为了在国际商业发射市场上成功运作,发射服务商必须能够满足采购发射服务的卫星运营商的要求。不是所有的卫星在技术上都相似。它们的尺寸、重量和目的地轨道会根据特定卫星的类型和任务而改变。在选择运载火箭时,卫星运营商必须考虑到运载火箭搭载特定卫星的能力,以及其他特性,如价格、可靠性、入轨精度和可用性。㊲ 一颗运载火箭的价格将取决于相应的供应和需求,以及它的推力和轨道能力。

5.2.3 市场速览

这里列出发射市场的一个背景数据:在 2008 年进行了 28 次商业发射,总共搭载

㉞ 见 Klaus Iserland, "Ten Years of Arianespace" 6(4) Space Policy 341 (1990)。

㉟ 见 Commercial Space Launch Act of 1984 (as amended), Pub. L. No. 98-575, 49 U. S. C. § 70101 et seq. (2009)。另见 Commercial Space Transportation Regulations, 14 C. F. R. § § 401 et seq (2009)。

㊱ 见 U. S., Federal Aviation Administration, 2009 *Commercial Space Transportation Forecasts* (Washington, D. C., 2009)。

㊲ 见 Joel Greensberg, "Competiveness of Commercial Space Transportation Services" 9(3) Space Policy 220-232(1993)。

了 46 个商业有效载荷(在某些情况下,同一个火箭可发射多个航天器)。[88] 这些商业有效载荷中的大多数是 GEO 通信卫星。就收入而言,这些航天器是最重要的商业有效载荷市场。[89]

在 GEO 市场,中国、欧洲、日本、俄罗斯和美国拥有商业上可行的通信卫星发射服务能力(印度正在努力开发一款重型 GEO 火箭)。来自这些国家的运载火箭制造商和服务商(以及一些合作的国际财团/国家)在国际上争夺竞争性商业合同(例如非政府和非特定市场有效载荷),其中大部分是与通信卫星运营商合作。

从通信卫星运营商的角度来看,如果相互竞争的运载火箭的技术能力(如运载能力、入轨精度、可靠性)是相当的,那么运载火箭的选择由(1)价格和(2)时间安排决定。价格是由许多因素决定的。货币兑换、市场需求、保险费率、制造成本、监管成本,甚至政府补贴都在定价中起作用。时间安排可能受到市场需求、有效载荷的优先次序和出口管制的影响。

从历史上看,与美国、欧洲甚至俄罗斯相比,中国的发射价格一直较低。在 20 世纪 80 年代和 90 年代,中国发射服务被认为是西方和俄罗斯的一个更便宜的替代品。在此期间,中国发射服务的价格比西方竞争者的价格低 65％。[90] 为了防止中国的竞争力增强,美国签订了双边发射贸易协议,限制了中国运载火箭发射服务在国际商业市场上的数量和价格。[91] 直到 STDA 颁布前,这些协议达到了目的,美国的卫星制造商和他们的客户从中国的发射服务中受益(见表 5.3)。

表 5.3　1999 年 GTO 国际发射市场水平评估[92]

发射国家/地区	发射服务商	火箭型号	GTO 载荷重量/磅	每磅 GTO 最低成本/美元	每磅 GTO 最高成本/美元
中国	CGWC	LM – 2C	2200	9091	10714
中国	CGWC	LM – 2B	9900	5051	7071
欧盟	Arianspace	Ariane 4	10900	9174	11468

---

[88]　见 *Commercial Space Transportation*:2008 *Year in Review* (Federal Aviation Administration, January 2009),可在联邦航空管理局网站上查阅。

[89]　同上一条,第 11 页。

[90]　见 Jay Lightfoot, "Competitive Pricing for Multiple Payload Launch Services:The Road to Commercial Space" 10(2) Space Policy 121 (1994)。

[91]　见 Peter Van Fenema, *The International Trade in Launch Services* (The Netherlands:Leiden Faculty of Law, 1999) 第 183～240 页。

[92]　见 Barry D. Watts, The Military Use of Space:A Diagnostic Assessment (Center for Budgetary Assessment, Washington, D. C. , 2001)第 143 页。

发射国家/地区	发射服务商	火箭型号	GTO 载荷重量/磅	每磅 GTO 最低成本/美元	每磅 GTO 最高成本/美元
欧盟	Arianspace	Ariane 5	15000	10000	12000
俄罗斯	LLS	Proton	10150	7389	9360
美国	Boeing	Delta 2	4060	11048	13457
美国	Boeing	Delta 3	8400	8929	10714
美国	LLS	Atlas 2	8200	10976	12805
美国	Orbital	Taurus	1290	13953	15504
基于美国的国际企业集团	Sea launch	Sea launch	11050	6787	8597

今天,GEO 通信卫星发射市场由四个参与者组成:阿丽亚娜航天公司(欧洲企业集团)、海上发射公司(美国/乌克兰/瑞典多国公司)、俄罗斯发射服务供应商(由海外代理销售)和美国发射服务供应商(SpaceX，ULA)。中国未参与其中,因为 STDA 实际上对中国的发射服务实施了贸易禁运。自 1998 年以来,中国没有发射过美国卫星或使用美国技术的外国卫星,但这一禁运正面临压力。Eutelsat 计划在 2011 年从中国发射一颗 GEO 通信卫星。[53] 这次发射将标志着自 1998 年以来西方通信卫星运营商首次选择由中国进行发射。[54] Eutelsat 能够绕过禁运,因为它的通信卫星使用的是不含美国零部件的 Thales-Alenia 平台。[55]

5.2.4 关于禁止中国发射服务的经济影响的结论

Eutelsat 与中国的合作标志着新趋势的开始:非美国通信卫星运营商将优先选择更便宜和更容易安排的中国运载火箭。使用中国运载火箭发射将为 Eutelsat 节省大量成本,在典型的 1 亿美元发射成本中估计可节省 40%。[56] 选择中国发射服务的卫星运营商,由此还可以获得政治利益。

美国将无法阻止中国进入西方通信卫星发射市场,因为欧洲制造商将利用欧洲没有禁止使用中国火箭发射两用通信卫星的法规,美国和欧洲的发射服务商都会因

---

[53] 见 Stephen Clark，"Eutelsat Swaps Rockets for Satellite Launch this Summer" *SpaceflightNow. Com*（19 February 2010）。

[54] 见 Bruce Crumley，"China's Takeoff in the Space Industry" *Time*（12 March 2009）。

[55] 见 Stephen Clark，"Eutelsat Swaps Rockets for Satellite Launch This Summer"。

[56] 见 Chris Forrester，"Eutelsat Picks Chinese Launch," *Rapid TV News*（26 February 2009）。

此损失一部分市场份额。

此外，不受 ITAR 限制的卫星制造商将获得比受 ITAR 限制的制造商更多的成本竞争优势。从通信卫星运营商的角度来看，卫星的成本只是整个成本的一部分：发射成本和保险是主要成本。如果通信卫星运营商能够降低发射成本，那么不受 ITAR 约束的制造商现在的竞争优势与节省下来的成本大致相当。与西方的发射公司相比，中国的运载火箭只要具有同等或接近的可靠性和时间安排，不受 ITAR 限制的制造商将能够利用中国发射服务来压制受 ITAR 限制的制造商。

我们可以假设，欧洲和美国的发射制造商可能会游说他们各自的政治代表采取贸易保护措施，以防止中国发射服务的价格大大低于国际市场的价格。同样可以预测的是，美国制造商的国际竞争力将逐渐下降，从而给美国政府带来额外的压力，使其将通信卫星从 USML 中移除。

5.3　STDA 将通信卫星列入 USML 的战略效果

国会规定，无论技术的先进性、在外国的可获得性或任何其他考虑，所有的卫星都必须作为军品进行管制，并受 ITAR 的约束，这破坏了 STDA 的战略有效性。合理的做法是，一个战略上有效的通信卫星出口管制系统，将由法律机制来区分卫星技术的类型和水平，并考虑管制对国家经济利益的影响。

STDA 对美国制造商施加的出口管制比他们的欧洲竞争对手要严格得多。只要外国竞争者依赖美国的零部件，其通信卫星就必将受到美国的管制，这种不对称性在经济上还是可持续的。但在今天，欧洲不再依赖于美国的部件，这意味着美国制造商面临着更多的经济成本，因为在国际市场上其他地方也有类似的两用技术。换句话说就是，当外国竞争者没有面临类似的管制时，ITAR 限制对美国公司在全球市场上的运行是不利的，因为 STDA 的 USML 授权，给美国的航天产业带来了经济成本，但却没有因为国家安全利益而获得补偿。⑰

对 STDA 的研究揭示了战略管制的现实与它所声明的政策目标之间的不一致。事实上，以下政策目标说明了 STDA 的失败逻辑：根据通信卫星技术发展和贸易的现实，USML 的继续存在损害了美国的国家利益。

---

⑰　见 James A. Lewis，*Preserving America's Strength in Satellite Technology*（CSIS Satellite Commission Report，Washington D.C.，April 2002）第 27 页。

5.3.1　政策目标一

美国的商业利益决不能被置于国家安全利益之上。[98] 这一政策目标反映了这样的理由:强加给美国航天工业的出口管制成本的外部因素不如国家安全利益重要。然而,这是一个错误的选择。商业利益和国家安全利益不一定有区别。事实上,正如上文所讨论的,最广泛的国家安全概念必须包括美国军事工业综合体的力量。也正如上文所证明的,美国的航天工业正在遭受国际竞争市场份额的损失、销售的损失、合规成本的增加以及对全球业务的限制。在没有政府补贴资金的情况下,这反过来又导致美国航天工业研发支持能力的下降。由于没有正确认识到美国商业利益与国家安全利益的相关性,STDA 无意中破坏了美国国家安全。

5.3.2　政策目标二

从美国向外出口或转让先进的通信卫星和相关技术不应增加国家安全的风险。[99] 虽然这一政策目标试图区分不同级别的技术,以增加适用管制的相关性,但它没有定义技术的先进性。在 STDA 第 1513(a)条中,所有通信卫星都被列入 USML,无论其技术的"先进"程度如何。事实上,即使是最陈旧的通信卫星技术,也要受到 ITAR 的约束,这一政策目标与法律实施机制之间存在矛盾,而且没有区分可接受和不可接受的风险。只要你从事国际贸易,总存在一种风险(无论多么小),物品的出口或转让有一天可能会与美国的国家安全利益相悖。因此,在战略上有效的出口管制必须承认并区分可接受和不可接受的风险,而 STDA 没有做出这种区分。

5.3.3　政策目标三

"由于所涉技术的军事敏感性,为了美国的国家安全利益,美国的卫星和相关物项应适用于与美国法律和实践相同的军品出口管制。"[100]这一目标正确地确定了管制具有特殊军事敏感性的物项的战略重要性,但它没有提供"军事敏感性"一词的定义(或评估尺度)。第 1515(b)节规定,"军事敏感性"包括"抗阻塞能力、天线、交叉链接、基带处理、加密装置、辐射加固装置、推进系统、指向精度、抬升发动机,以及国防部长规定的其他此类特性"。但这些是卫星技术能力,而不是特定技术能力的定性区分标准。第 1515 条没有提供一个具体的定义;它是一个模糊的术语,无助于区分技术的先进性从而实现战略利益最大化以及最大限度地减少由贸易限制带来的经济成本。STDA 没有考虑一些卫星及其相关技术可能不具有军事敏感性的可能性。相

---

[98]　见 *Strom Thurmond Defense Act*, 22 U. S. C. §2778, P. L. 105-261 (1998) at §1511(1)。

[99]　同上一条,第 1511(4)条。

[100]　见 *Strom Thurmond Defense Act*, 22 U. S. C. §2778, P. L. 105-261 (1998) at §1511(5)。

反,所有的卫星都被假定为,而且确实被规定为,具有军事敏感性。美国是唯一将所有通信卫星都归类为"军事敏感"的通信卫星制造国。事实上,美国的许多通信卫星技术都可以作为两用品在公开的国际市场上供外国供应商购买。

5.4 禁止中国发射服务的战略效果

禁止中国发射服务的战略目标是多方面的,反映了从 1990 年到今天的法律和政策演变。1990 年禁止中国发射服务的最初战略理由是鉴于政治风波而对中国施加压力。[100] 但在考克斯委员会报告之后,国会加强了对中国卫星发射服务禁令豁免的要求,基本上排除了总统在个案基础上解除禁令的自由裁量权。因此,禁止中国发射服务的新战略理由被提出来了:(1)保护和加强美国的航天发射工业,[102](2)禁止出口任何会提高中国导弹或航天发射能力的导弹设备或技术。[103]

作为一项贸易保护措施,禁令措施非常有效。自 1999 年以来,中国没有商业发射过西方的 GEO 通信卫星,其商业发射仅限于为自己的国际通信卫星制造合同服务。然而,作为一种贸易保护措施,禁令的有效性受到欧洲发展不受 ITAR 限制通信卫星的威胁。正如 STDA 一样,美国对中国发射服务禁令的法律管辖权是以外国制造商在他们的通信卫星上使用包含美国原产技术的产品为前提的。欧洲开发不受 ITAR 限制的本土替代技术使欧洲制造商摆脱了禁令。Eutelsat 最近决定,通过中国发射 GEO 通信卫星,这标志着美国单边禁令的结束。考虑到使用价格相对较低的中国运载火箭进行发射的经济激励,预计 Eutelsat 将只是众多购买中国发射服务的非美国通信卫星服务商中的第一家。

中国重返国际发射市场将为美国航天发射业,至少在发射非美国原产技术卫星的国际竞争合同方面,带来额外的竞争。美国航天发射业只发射了一小部分非美国的卫星,中国作为直接竞争对手对美国的影响并不大,但对美国主要制造商带来的额外竞争压力将是一个更大的问题。正如上文所讨论的,由中国运载火箭发射的非美国通信卫星主制造商,将比美国主制造商具有竞争优势,因为中国发射服务节省的成本将成为影响通信卫星运营商最终采购决定的因素。这种竞争劣势将是世界性的,并影响到传统上已被美国"占领"的市场,因为购买外国通信卫星的美国通信卫星运

---

[100] 见 § 902(b) of the Foreign Relations Authorization Act, Fiscal Years 1990 and 1991 (P. L. 101-246; 22 U. S. C. 2151 note)。

[102] 见 *Strom Thurmond Defense Act*, 22 U. S. C. § 2778, P. L. 105-261 (1998) at § 1511(7)。

[103] 同上一条,第 1511(8)条。

营商可以利用价格相对较低的中国发射服务。⑭

作为限制导弹设备或技术出口的战略手段,禁令的有效性是值得怀疑的,限制可能帮助中国改善导弹或航天发射能力的设备或技术。这是因为发射通信卫星需要交流足够的技术数据,以便发射服务商能够正确地将通信卫星作为有效载荷集成到运载火箭上,但这并不要求交流能够改进运载火箭的技术。一个典型的出口发射许可证批准了与卫星外形、适配、功能、质量、电气、机械、动力/环境、遥测、安全、设施、发射台使用和发射参数有关的技术转让,但其他技术特征,如加密、制导和末级推进等则没有必要。⑮ 在 STDA 之前,美国许可向中国出口了 8 颗美国卫星进行发射,并辅以美中卫星技术保障协议。这 8 次发射之所以获得许可,是因为它们符合公共政策目标,即禁止向中国出口可以提高其导弹或航天发射能力的设备或技术。

考克斯委员会报告提出的关切反映在 STDA 中,即在与中国发射服务商进行事故后调查期间,美国卫星制造商未经批准转让技术数据,违反了美国出口管制条例。⑯ 未经批准的技术数据交流可能促使中国工程师更成功地解决与运载火箭故障有关的异常情况,并改进未来的运载火箭设计。这是一个合理的担忧,但还不足以支持禁止中国发射服务。只要美国制造商遵守了出口管制条例,就不会发生授权转让。可能向中国转让导弹和运载火箭技术是自我监督失败的结果,而且很可能是因为美国国民的无知,而不是因为美国卫星被出口到中国进行发射。如果技术转让的真正问题存在于坠毁后的事故调查中,那么简单地加强出口通信卫星事故和异常情况调查的规则和执行力度,而不是全面禁止所有出口发射,这样不是更有效吗?

5.5 章节摘要和结论

所有通信卫星都必须作为军品受 ITAR 管制的 STDA 规定应该被废除,并进行立法改革。正如上文评估的定量和定性数据所反映的那样,STDA 已经导致了美国航天制造业竞争力的下降,特别是第二和第三级公司。虽然与该规定相关的经济成

---

⑭　这是因为抵制只限于出口管制,并不禁止拥有非美国卫星的美国特许卫星运营商使用中国运载工具发射卫星(然而,如果发射后通信卫星的操作涉及美国来源的技术知识,则可能出现关于发射的技术信息交流的出口管制限制)。见 §902(a)(5) of the Foreign Relations Authorization Act, Fiscal Years 1990 and 1991 (P. L. 101-246; 22 U. S. C. 2151 note)。"除非总统根据本节(b)(1)或(2)款提出报告,否则应继续暂停出口任何由中华人民共和国拥有的运载火箭发射的美国产卫星。"

⑮　见 M. May Ed., *The Cox Committee Report: An Assessment* (Stanford: CISAC, 1999)第 92 页。

⑯　见 *Declassified Report of the Select Committee on U. S. National Security and Military/Commercial Concerns with the People's Republic of China* (Submitted by Rep. Cox, U. S. G. P. O, Washington, D. C.; January 3rd, 1999—declassified May 25th, 1999)。

本在实施时也许是合理的,但自那时起,欧洲和中国本土通信卫星技术的发展破坏了 STDA 的战略有效性。由于有相当的替代供应来源,继续对通信卫星实施 STDA 将导致美国的经济损失,同时也不产生战略收益。出于这个原因,STDA 应该被改革或废止。

在不久的将来,无论美国如何禁止中国发射服务,中国都将重新进入国际发射市场。他们的重新进入改变了国际发射市场,引入了一个低成本的竞争者。这种禁令的战略效果只限于禁止原产于美国的卫星的发射,结果将是全球通信卫星市场将更倾向于非美国来源的卫星,因为中国运载火箭的成本更低,供应量更大。只要美国发射服务的唯一竞争者是价格相对较高的欧洲服务供应商,这种禁令就能达到其战略目的。但随着中国重返发射服务市场,禁令的战略效力不再容易实现。鉴于此,禁止中国发射服务将对美国的卫星制造业产生负面影响,所以它应该被改革或撤销。正如将在本专著后续章节中所讨论的那样,存在一些替代措施可以在不实施禁令的情况下防止未经授权的技术转让。

第6章

改革 STDA 的努力和中国发射
服务禁令:公共选择理论分析

在前文,有证据表明 STDA 和中国发射服务禁令给美国增加了经济成本,却没有产生相应的战略利益。得出的结论是这些出口管制措施应该被改革或废除,主要是因为"在某种情况下,由于有技术水平相当的替代供应来源,它们似乎无法产生任何有益的后果。"①如果前文的证据和结论是正确的,那为什么美国没有改革或废除这些措施呢? 这是一个出口管制失败的例子吗? 在本章中,将从公共选择理论的视角来研究 STDA 改革。之所以选择公共选择理论视角,是因为公共选择理论在应用到具体案例时,对 STDA 和中国发射服务禁令的立法过程给出了符合现实的解释。同时,我们也认识到,公共选择理论有其局限性,并不是评估这些立法行为的唯一理论视角。公共选择理论的局限性包括对个体经济人的假设、信息对称性假设、理性人假设,特别是默认将效率作为评判政府行为是否适当的标准。② 但是,这些局限性并不影响通过公共选择理论来解释出口管制改革失败的原因,也不影响讨论除了前文所提到的经济和战略考量外,出口管制改革还需要考虑的其他因素。为此,本章

---

① 见 Ronald Cass and John Haring, "Domestic Regulation and International Trade:Where's the Race? —Lesson from Telecommunications and Export Controls" in Daniel Kennedy and James Southwick, Eds., *The Political Economy of International Trade Law* (Cambridge:Cambridge University Press, 2002) 第 142 页。

② 见 Vincent Ostrom and Elinor Ostrom, "Public Choice:A Different Approach to the Study of Public Administration" 31(2) Public Administration Review 203 (1971) 第 205~206 页。另见 James M. Buchanan, "Public Choice:Politics Without Romance" 19(3) Policy 13 (2003)第 16 页。另见 James M. Buchanan, "Politics Without Romance:A Sketch of Positive Public Choice Theory and Its Normative Implications" in James M. Buchanan and Robert D. Tollison, Ed., *The Theory of Public Choice*—II (Ann Arbor, MI:University of Michigan Press, 1984) 第 11~23 页。

先介绍了公共选择理论的基本概念,然后将三个特定的理论应用于通信卫星出口管制的案例研究。

6.1　公共选择理论概述

公共选择理论是政治学的一个研究领域,它将经济学的理论和方法应用于对政治行为的分析,[③]为政治领域内复杂的主体间相互作用提供了一种解释。[④] 它的学术渊源来自经济学,研究指导公共部门的资源分配机制。[⑤]

在公共选择理论和贸易政策的论述中,经济价值和政治价值之间出现了脱节。[⑥]对经济学家来说,只有当出口能够促使进口福利得到提升时,出口才是好的。但对政治家来说恰恰相反,贸易政策的基本政治原则是:进口是坏的,因为国内生产者面临更多的竞争压力;但出口是好的,国内政治家倾向于同情国内生产者。[⑦] 传统的公共选择模型认为,贸易政策偏向于出口商品的生产者,因为"公共决策自然地偏向于容易识别的、有组织的、对特定问题有重大利益的群体。"[⑧]这种偏向的产生是因为利益集团能够集中他们的政治影响力来实现有利于他们自己的政策监管。换言之,他们可以成功地游说政府。根据这一理论,使广泛的、分散的、无组织的公众受益而对少数生产者造成损失的政策监管是与自然偏向相反的。[⑨]

如果将这一公共选择理论应用于当前的美国通信卫星出口管制,结论是卫星产业应该已经成功地游说国会废除 STDA 和中国发射服务禁令。事实上,卫星产业界曾经试图废除这些管制,只是没有成功,而不是没有付出努力。卫星产业的主要协会

---

③　见 William Shughart Ⅱ , "Public Choice" in *The Concise Encyclopdia of Economics*。

④　见 Ronald N. McKean, "The UnSeen Hand in Government" 55(3) The American Economic Review 496 (1965);另见,James M. Buchanan, "Politics without Romance: A Sketch of Positive Public Choice Theory and Its Normative Implications" in James M. Buchanan and Robert D. Tollison, Ed. , *The Theory of Public Choice—Ⅱ* (Ann Arbor, MI: University of Michigan Press: 1984)第 11~23 页。

⑤　见 Ronald N. McKean, "The UnSeen Hand in Government" 55(3) The American Economic Review 496 (1965)。

⑥　见 Ronald Cass and John Haring, "Domestic Regulation and International Trade: Where's the Race? —Lesson from Telecommunications and Export Controls" in Daniel Kennedy and James Southwick Ed. , *The Political Economy of International Trade Law* (Cambridge: Cambridge University Press,2002)第 141 页。

⑦　同上一条。

⑧　同上一条,第 142 页。

⑨　同上一条,第 142 页。

［卫星产业协会（SIA）］曾在国会为废除 STDA 开展过非常积极的游说。⑩ 早在 2000 年,卫星行业就公开主张废除 STDA。⑪ 从那时起,卫星产业界通过 SIA 和其他公关努力成功地推动了公开讨论,这些讨论在很大程度上得到了支持。⑫ 但经过十年的共同努力,SIA 仍未能推动监管政策的改革。

发射服务禁令不是这样一个明显的不对称成本案例,因为禁令作为一种贸易保护主义措施,虽然给美国国内发射业带来了经济利益,但是,现在这种好处因中国重返国际发射服务市场而被削弱了。

鉴于卫星产业界的积极游说以及与欧洲的监管分歧不断加大,为什么国会未能废除或改革这些立法呢？ 是有其他因素需要考虑吗？ 鉴于出口管制的战略有效性不断下降（如本专著第 5 章所评估的）,这些问题值得探讨。

6.2　公共选择理论的应用

在下面的章节中,将应用公共选择理论中的修正成本-收益理论、非对称官员激励理论和政府失灵理论,对这个问题开展深入探讨。

6.2.1　修正成本-收益理论

根据修正成本-收益理论,"出口管制的收益和成本可能与乍看起来有所不同",⑬"Comsat 出口管制和公共选择理论之间明显错位,在重新检视后消失了。"⑭ STDA 和中国卫星发射服务禁令的案例研究显示出四个额外的价值（收益）:阻止、延迟、成本提高和风向标效应,但这些额外的价值被欧洲监管分歧和中国本土技术的发展削弱了。

---

⑩　见卫星工业协会网站。又见 SIA 在众议院外交事务委员会恐怖主义、不扩散和贸易小组委员会关于卫星技术出口管制的听证会上的证词（2009 年 4 月 2 日）。

⑪　见卫星工业协会新闻稿,"Berman 议员和 Rohrabacher 议员提出加强美国卫星工业竞争力的法案"（2001 年 5 月 4 日）。

⑫　笔者已经阅读了数百篇关于这个主题的文章,几乎都支持出口控制改革立场。有关卫星行业提出的论点示例,请参考航空工业协会 COMSAT 的论点。另请参考 Mike Gold,"Lost in Space: A practitioner's First-Hand Perspective on Reforming the U. S. 's Obsolete, Arrogant, and Counterproductive Export Control Regime for Space-Related Systems and Technologies" 34（1） Journal of Space Law（2008）第 163 页。还请参考 P. J. Blount,"The ITAR Treaty and Its Implications for U. S. Space Exploration Policy" 73 Journal of Air Law and Commerce（2008）第 705 页。

⑬　见 Ronald Cass and John Haring,"Domestic Regulation and International Trade: Where's the Race? —Lesson from Telecommunications and Export Controls",载于 Daniel Kennedy and James Southwick Eds., *The Political Economy of International Trade Law*（Cambridge: Cambridge University Press, 2002）第 143 页。

⑭　同上一条。

　　Comsat 出口管制最明显的好处是阻止向中国和其他国家出售或发射通信卫星。然而,由于美国未能实现与欧洲的监管一致,使得美国没有能力继续阻止中国和其他国家获得技术复杂程度相当的通信卫星或发射服务。[15] 正如 Cass 和 Haring 所指出的："从表面上看,这些例子似乎都是有成本、无效益的政府行为。即使是对政府持怀疑态度的人来说,这也是一个不可信的模式。"[16]

　　延迟寻求"在获得受限货物方面保持某种时间上的优势。"[17]美国对中国的管制已经实现了这一目标。从 1998 年到 2010 年,没有任何西方通信卫星使用中国火箭发射服务。[18] 而且自 1998 年以来,中国也没有购买过一颗采用美国技术的西方先进卫星。然而,这种拖延战术是不可持续的。欧洲现在正在利用中国运载火箭发射不受 ITAR 限制的通信卫星,并向中国出售不含美国技术的通信卫星。[19] 与此同时,中国本土的通信卫星技术已经有了很大的进步,中国正在国际市场上销售通信卫星。[20]

　　成本提高是另一个好处。出口管制提高了被管制对象获取商品的成本。"出口限制在某种程度上能做到部分成功,原因与贸易学家普遍赞成的多边自由化和反对互惠贸易协定相似：不受阻碍的贸易将倾向于选择对其最优的路径；对不同的贸易来源地或目的地适用不同的限制因素,哪怕它们对生产造成最小的扭曲,也会导致贸易被转移到次优路径。"[21]对于通信卫星来说,这一点是真实的,因为成本体现在许可证和监控系统本身(如时间延迟、许可证费用、再出口批准的不确定性),除与成本相关的直接因素之外(如 ITAR 物项的商业污名化),通信卫星贸易已被转移到次优渠道。

---

　　[15]　见本专著第 4 章和第 5 章。

　　[16]　见 Ronald Cass and John Haring，"Domestic Regulation and International Trade：Where's the Race？—Lesson from Telecommunications and Export Controls"，载于 Daniel Kennedy and James Southwick Eds.，*The Political Economy of International Trade Law*（Cambridge：Cambridge University Press，2002）第 143 页。

　　[17]　同上一条。

　　[18]　见 Bruce Crumley，"China's Takeoff in the Space Industry" *Time*（12 March 2009）。另见 Andy Pasztor，"China to Launch for France's Eutelsat" *Wall Street Journal Asia*（25 February 2009）。

　　[19]　见 Joan Johnson-Freese，"The Emerging China-EU Partnership：A Geo-echnological Balancer" 22（1）Space Policy 12（2006）。另见 Rohrabacher 议员的新闻稿，"Rohrabacher Condemns European Satellite Company's Use of Chinese Rockets Calls China 'Weapons of Mass Destruction Proliferator'"（Washington，D. C.：25 February 2009）。

　　[20]　见新华社，"Bolivia Set to Buy Chinese Telecom Satellites"，*China Daily*（9 September 2009）。

　　[21]　见 Ronald Cass and John Haring，"Domestic Regulation and International Trade：Where's the Race？—Lesson from Telecommunications and Export Controls"，载于 Daniel Kennedy and James Southwick Eds.，*The Political Economy of International Trade Law*（Cambridge：Cambridge University Press，2002）第 144 页。

即使管制的其他目标没有实现,出口管制也可能具有某种政治风向标效应。在这个意义上,出口管制可以发出一种政治信号,让"国内和国外的听众知道'出口国政府'在特定时期对特定国家的看法。"㉒Cass 和 Haring 的理论是:"如果风向标效应可以通过限制贸易的商品种类来度量,那么它可能特别有用。"㉓通信卫星很适合这种理论修正,因为通信卫星是一种特殊的航天高科技,对其进行出口管制,释放了不向中国和其他国家扩散弹道导弹和相关航天技术的政治信号。

6.2.2　非对称官员激励理论

第二个假设是,政府官员的自利行为并不服务于更广泛的公共利益,而是偏向于实施出口管制,即使该管制会带来真实而严重的成本耗费。㉔ 这种自利行为可以有不同的来源:政治选民、对决定是否监管的特定个人的集中伤害(如公众丑闻的风险)等。这一理论的关键特征是,公共官员不都是服务于更广泛的公共利益的。

自 1998 年颁布 STDA 以来,国会和行政部门一直由两党同时控制,但仍然没有进行改革。我们似乎可以得出这样的结论:至少在 STDA 方面,由于进行 STDA 改革的政治风险很小,与非对称官员激励理论相比,修正成本-收益理论更能描述通信卫星出口管制的现实。

6.2.3　政府失灵理论

虽然修正成本-收益理论对禁止中国发射服务和将通信卫星列入 USML 的最初决定提供了一些见解,但它未能完全解释为什么自那时以来改革没有实现。在这个意义上,从这些监管决定中获得替代价值的假设是有效的,但它没有完全指出美国正经历着监管价值的收益递减,进而应该引发适当的公共政策反应。

这种收益递减的情况之所以存在,是因为尽管美国已经从阻止、延迟、成本提高和风向标效应中实现了一些价值,但这些价值正在被现实世界的变化所削弱。正如上文所讨论的,欧洲现在已经开发了不受 ITAR 限制的通信卫星技术,直接与美国竞争并削弱了美国的通信卫星出口管制。另外,中国已经开发了本土的通信卫星技术来应对美国的禁运。因此,尽管与 ITAR 和中国禁令相关的成本仍在,从通信卫星监管决定中所能获得的利益却正日益减少。基于这个事实,修正成本-收益理论未能充分解释为什么这些监管标准的改革还没有实现。

不对称激励理论部分地解释了为什么改革尚未实现。关于废除中国发射服务禁令的问题,已经确定了几个主要的政治因素,为个别官员提供了一个反面的自利案例,但是非对称激励理论未能解释为什么将卫星强制列入 USML 的立法改革还没有

㉒　同上一条,第 144 页。

㉓　同上一条。

㉔　同上一条,第 145 页

实现。国内选民立场将决定是否将通信卫星应被列入 USML 或 CCL 的权力还给行政部门。国会议员个人面临公众丑闻的风险也非常小,因为将通信卫星从 USML 中删除的最终决定权在行政部门手中。

一个合乎逻辑的结论是,需要另一种对通信卫星出口管制改革失败的解释。笔者认为政府失灵理论是解决这一难题的适当解释。改革努力的失败,不仅因为与管制相关的隐含价值不能持续得到证明,还因为个别国会议员自利的非对称激励的持续得到证明;最合乎逻辑的解释是,改革是合理的,但由于美国立法系统运作的低效率而没有实现。确切地说,国会作为一个整体还无暇和无力进行必要的改革立法。

人们可以假想,国会在美国通信卫星出口管制方面效率低下的许多原因。首先,一个相对重要的问题——虽然美国通信卫星产业是一个数十亿美元的产业,但美国是一个数十万亿美元的经济体,通信卫星业并不那么重要。其次,其他的立法倡议理论,可能会因为上述原因而被优先考虑。例如,由于与成本-收益和非对称激励有关的原因,医疗改革和经济衰退是国会 2009—2010 年的主要立法关注点,而美国通信卫星的出口管制并不是最重要的。如果没有行政部门的一致努力,美国目前的通信卫星管制将继续下去。只有当不作为的代价大到让国会无法忽视时,国会才会进行改革。在这个意义上,人们可以推测对于较小的监管问题,国会通常只有在情况达到了一定的严重程度时,即可以证明花费的时间、精力和政治资本来解决是值得的时,才会做出反应。用一句话说,就是国会是被动的,特别是在处理比较讨厌或相对不那么重要的监管决定时,国会没有主动性。通常情况下,对出口管制法规来说,这种低效率不是问题,因为行政部门在清单项目和许可的确定上被赋予了相当多的自由裁量权。美国通信卫星出口管制的问题是,国会已经取消了行政部门的这种权力,因此,相对来说,更有效率的行政部门的决策程序是不存在的。相反,如果要将通信卫星从 USML 中删除,或者取消对中国发射服务的禁令,国会必须采取行动。

6.3　章节摘要和结论

本章显示,第 5 章的成本-收益理论和战略利益分析未能适当考虑 STDA、中国发射服务禁令政策和立法决策过程的诸多问题。迄今为止,改革努力的失败表明,除了第 5 章的经济-战略效益分析结果外,还需要考虑成本和收益的压力。另外,还有三种其他公共益处应该被考虑在内,即延迟、成本提高和风向标效应。然而,即使将这些额外的益处考虑在内,由于经济负面影响的增加,已经存在的收益恶化(如回报递减),继续进行 STDA 和中国发射服务禁令的作用是值得怀疑的。

有充分的理由可以证明,未能废除 STDA 授权是政府的失败,其根源在于非对称官员激励和政府失灵相结合。事实上,上述分析表明,在很大程度上,美国国会在立法方面的结构性低效,因行政部门被取消了出口管制监管的自由裁量权而被放大了,这是对 STDA 授权尚未被废除的最可能的解释。

在美国,由于中国作为一个航天战略竞争者的敏感性,继续禁止中国发射服务引起了一系列不同的政策关切。这种敏感性要求美国国会在修正成本-收益时谨慎行事,因为有可能出现公众丑闻,支持取消禁令的议员会被批评为"在国家安全上软弱"。在撤销发射服务禁令获得的足够政治支持显现之前,有必要对美中航天战略关系进行重新定义。

第7章

国家中心范式的"内部"法律改革:
长期战略愿景的一个空白

目前,美国改革通信卫星出口管制的努力显示出,美国国会的非对称成本和内部效率低下问题也正面临着越来越大的改革压力。改革的问题不再简单停留在话语层面,相关的立法和行政政策正在起草并付诸实施,这将改变美国通信卫星出口管制的未来。本章对待定的和最近的改革提案进行了研究,并提出具体的法律和政策改革建议。本章中,上面提到的这些改革目前都可以在航天技术出口管制的推定范式框架内运行。基于本章的目的,这一范式被认为是切实可行的。然而,在本专著第8章中,这种国家管制范式受到了挑战,并提出了另一种航天技术贸易和扩散管制的全球性方法。

本章和后续章节中所提出的一些建议超出了通信卫星管制改革的范围,因为通信卫星管制对有关主权国家和出口管制演变等更广泛的问题提出了特殊的挑战。随后的章节将延续这一趋势,最后以通信卫星为例,在宏观层面上研究国际航天技术出口管制及其与国际民用、商业和平探索和利用外空之间的关系。

此外,本章指出了美国出口管制政策中没有考虑到航天技术贸易和扩散管制与国家参与全球民用航天合作密切相关这一缺陷。这一缺陷也因美国的出口管制政策没有考虑到目前的贸易和扩散管制范式如何影响未来人类对外空的探索和利用问题而显露无遗。

7.1 国家单边出口管制:目前的航天技术贸易和扩散管制的推定范式

当前,在航天技术管制范式中的关键假设是,技术贸易和扩散管制肇始于单一国家,反映了特定国家安全关切的优先性,这是一种没有超越单一国家法律约束力的航天技术贸易和扩散管制范式。这种国家管制观念也意味着一个国家在行使贸易和扩散管制时,应最大限度地发挥其法律裁量权。这种战略观念体现在自愿的、无法律约束力的协议中,这些协议充斥于所谓的航天技术贸易和扩散管制的"国际"规则中。

目前,有三个重要的法律原则体现在美国的出口管制机制中,它们都是以一国为中心管制范式的衍生品。原则一:只要一国对这些物项或技术行使合法的管辖权,该国就可以自由管制任何物项或技术的出口。① 原则二:一国可以自由采取域外出口管制。② 原则三:当外国法律与一国出口管制法律的域外适用相冲突时,外国有权拒绝该国出口管制的域外适用。③

根据国际法,每个国家对航天技术的生产和贸易都拥有完全的自由裁量权。美国作为一个典型的航天技术领先国家,通过实施严格的出口管制来保护自身的国家利益。严格出口管制的必要性源于缺乏国际一致的技术贸易和扩散管制。在没有与进口国达成具有法律约束力的双边协议的情况下,出口国必须在出口物项离开其国家边界前,首先依靠自己的法律管辖权和权力来防止未经授权的技术转让和使用。各国制定的那些不具法律约束力的安排只是部分补救措施,最多只能提供一个透明授权的政治协议。值得注意的是,在这种国家中心范式中,缺乏一套统一的国际标准和跨国的合规、核查、执行机制。

正如本专著的第2章所讨论的那样,国家在本质上是由两个基本特征所界定的:作为"主权者"的法律权利和基于地理领土的主权权力划界。④ 国家的这两个特征与当前国家出口管制的推定模式密切相关。首先,主权国家是构成现代出口管制实施和执行结构的法律政治单元。因此,目前的观点是将国家作为法律和法规的源点。其次,以主权领土为建立、实施和执行出口管制法法律管辖权基础的国际法概念,预示着出口管制的国际概念是源于国家在划定的领土区域内行使主权权力。

目前,这种以国家为中心的贸易和扩散管制范式在功能上是完备的。在外空,各国开展各类民用、商业和军事活动,它们需要得到商业航天技术和服务的国际贸易支持。可以合理地推断,目前的贸易和技术扩散管制机制正在抑制全球民用航天合作。本专著的第8章对这一假设进行了验证,并提出有效的出口管制和有效的主权都不一定以独立国家领土边界为前提,从而提出了另一种可能的全球性航天技术贸易和扩散管制途径。

---

① 见本专著第1章。

② 见 A. L. C. De Mestral and T. Gruchalla-Wesierski, *Extraterritorial Application of Export Control Legislation: Canada and the U.S.A.* (Netherlands: Kluwer, 1990)第269页。

③ 同上一条。

④ 见本专著第2章:主权是管制的前提条件。

7.2 改革类型概述

在研究特定的改革建议及其基本原理之前，先对它们进行分类梳理是十分有益的。在本节中，根据法律授权和政策范围，对改革建议进行了分类。在通信卫星出口管制领域，改革建议可以被定义为以下三种类型中的一种：程序层面、政策层面或战略层面的改革建议。

7.2.1 程序层面的改革建议

这些改革发生在法规执行层面。更广泛的改革建议包含了从许可申请程序的具体环节到行政组织机构。在美国，这些改革要么发生在执行管理层面，要么发生在一个特定的执行机构内。改革仅限于国会在授权出口管制立法中授予行政部门的自由裁量权范围内。在特殊情况下，宪法对行政权力的授权可以被解释为允许行政部门在国会授权之外实施执行层面的改革。

7.2.2 政策层面的改革建议

这些改革建议的重点是在国会立法和国家出口管制政策制定方面。政策层面的改革建议为出口管制监管提供了法律和政策基础。政策层面的改革将引起国内出口管制系统结构性的根本改变。通常情况下，这些改革是在国会层面上进行的。在某些情况下，行政部门的政策可以补充和完善国会立法并促进政策层面的改革。

7.2.3 战略层面的改革建议

这些改革建议着眼于国际协议、安排、国际关系和美国的外交政策，作为实施广泛而长期的国际和国内出口管制改革的工具。政府高层将领导外交政策和国际关系领域战略层面的改革，其作用在国际协议和安排的谈判、缔结上得到体现。国会通过实施立法和通过参议院条约批准程序来促进战略改革。

这三类改革形成了一个层次结构（见图 7.1）。最高层次是战略层面的改革。在这一层次，法律和政策实施为美国的国内和外交政策提供了长期愿景。战略层面的法律和政策可以被认为是所有其他较低层次的国家法律和政策所要达到的目标。战略层面的法律和政策改革的历史案例包括，联合国（及其相关的国际法律框架）、北约、世贸组织的创建以及尼克松政府时期缓和与中国的关系。战略层面的法律和政策总是带着一种要推广和实现的特定世界观或未来愿景。

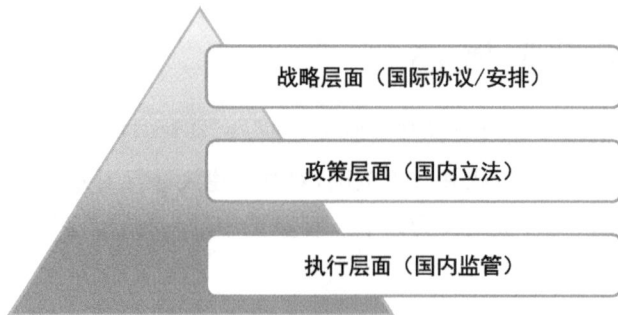

图 7.1　改革类型的层次结构

7.3　改革建议的文献回顾

本专著通过可公开获得的文献回顾,针对美国通信卫星和出口管制提出了具体的改革建议。文献回顾包括数百篇已发表的学术文章、未决立法、政府报告、智库文件、新闻稿、国会证词、非政府组织政策立场文件、报纸文章等。[⑤]

通过文献回顾发现:

(1) 自 1999 年以来,Comsat 出口管制系统以及更广泛的美国航天技术出口管制系统改革一直是讨论的重要话题。

(2) 讨论的重点是当前和短期内的程序及政策层面的改革建议。

(3) 长期建议和/或战略建议缺失预示着立法和/或执行层面的改革的迫切性,并且表明国际和外交政策改革举措未被充分考虑(见表 7.1)。

表 7.1　公开论述美国改革建议矩阵

建议的类型 和时间范围	当前	短期 (5 年或更短)	长期 (5 年或更长)
执行层面	X	X	/
政策层面	X	X	/
战略层面	/	/	O

X＝普遍存在;/ ＝ 最低限度存在;O ＝显著不存在

7.3.1　公众讨论中的 Comsat 和航天技术出口管制改革建议案例

以下是公众讨论中的改革建议案例。

---

⑤　详见本专著的"参考资料"部分。

7.3.1.1　执行层面的建议

——创建新的"航天技术管制办公室"；⑥
——压缩许可申请的处理时间；⑦
——优化许可处理程序和标准；⑧
——改进指导和许可官员的培训；⑨
——建立风险方案以监测出口许可条件；⑩
——允许申请人参与被拒绝的许可申请的复议；⑪
——建立出口管制协调中心；⑫
——改进 USML/CCL 清单的确定程序；⑬
——更新国会通知的门槛和程序。⑭

---

⑥　见 John Heinz，*U. S. Strategic Trade：An Export Control Systems for the* 1990s（Oxford：Westword Press，1991）。另见"Garn/Heinz Introduce Bill to Centralize Export Control," *Defense Daily*（October 27th，1989）。

⑦　见 Ann Calvaresi-Barr，*Export Controls：Vulnerabilities and Inefficiencies Undermine the System's Ability to Protect U. S. Interests*（U. S. GAO，GAO-07-1135-T，Washington, D. C.，July 26th，2007）

⑧　同上一条。

⑨　同上一条。

⑩　同上一条。

⑪　见 Harold Berman and John Garson，"U. S. Exports Controls—Past，Present，and Future" 67（5）Columbia Law Review 791（1967）第 882 页。

⑫　见 Patricia Wrightson et al. *Beyond "Fortress America"：National Security Controls on Science and Technology in a Globalized World*（Washington，D. C.：National Academies Press，2009）。另见 Ali Ahmadi，*U. S. Export Control Law Applicable to Commercial Telecommunication Satellite Technology Destined for China*（LL. M. Research Project，McGill University Institute of Air & Space Law，2010）。在这个建议中，所有出口商都通过 CCEC 申请许可证。CCEC 决定哪个部门对某个特定的许可证申请有管辖权。据建议，这将允许对法定标准进行更独立和一致的干预，因为商务部和国务院都无权决定管辖权。

⑬　见 Anne-Marie Mazza，et al.，*Science and Security in a Post* 9/11 *World：A Report Based on Regional Discussions Between the Science and Security Communities*（Washington，D. C.：National Academies Press，2007）。另见 Pierre Chao，*Toward a U. S. Export Control Technology Transfer System for the 21st Century*（Washington，D. C.：National Academies Press，2007）。改进建议包括对卫星技术进行更彻底的研究，以采用与军事关键性有关的特定技术标准，对清单项目进行持续审查，以及建立一个中立的评估机构，为清单技术提供技术意见。

⑭　见 Marion Blakey，Statement for the Record—Before the House Foreign Affairs Committee（HFAC）—subcommittee on Terrorism，Non-Proliferation，and Trade，（Hearing on Strategic and Economic Review of Aerospace Exports，Serial No. 111-74，9 December 2009）第 41 页。

7.3.1.2　政策层面的建议

——撤销 1990—1991 年对华制裁中确立的中国发射服务禁令;[15]

——撤销 STDA 的 USML 规定,[16]将 USML/CCL 清单的决定权交还给行政部门;

——建立新的独立的战略贸易和技术办公室(OSTT);[17]

——通过禁止提供联邦合同,来惩罚那些违反中国发射服务禁令的外国公司。[18]

7.3.1.3　战略层面的建议

——美国加大外交努力,通过建立一个高级别的倡议来加强国家和国际军品出口管制,特别是对美国关注的国家的出口,以确保这些国家和国际武器出口管制匹配并支持美国的武器出口管制。[19]

——通过签订中美双边技术保障协议,消除人们对中国发射原产美国技术期间发生未经美国授权的技术转让的担忧。[20]

7.4　遵从法与强化法

前述程序、政策和战略等三个层面的改革建议,解释了特定的法律政策改革技术,得出了在不同层次的改革中所使用的法律和政策工具的范围和类型参数。但是,仅仅确定这些参数限制了对美国正在进行的改革的理解。我们需要补充一个背景,以阐明推动具体程序、政策或战略层面改革的基本法律和政策原理。

在美国,有两种基本的法律和政策方法正在进行中:遵从法和强化法。在实证研究中发现,因为付出了大量的经济成本却没有得到相应的战略投资回报,美国目前的

---

[15]　见 Ali Ahmadi, *U. S. Export Control Law Applicable to Commercial Telecommunication Satellite Technology Destined for China* (LL. M. Research Project, McGill University Institute of Air & Space Law, 2010)第 68~70 页。

[16]　见 U. S. , Bill H. R. 2410, *Foreign Relations Authorization Act FY* 2011-2012, 111th Congress (2009), §826。

[17]　见 John Heinz, *U. S. Strategic Trade: An Export Control Systems for the* 1990s (Oxford: Westword Press, 1991)第 150 页。另见 "Garn/Heinz Introduce Bill to Centralize Export Control," *Defense Daily* (October 27th, 1989)。该办公室将在总统行政办公室内设立,作为负责技术安全问题的唯一机构。该办公室的主任将是总统在技术问题上的主要顾问,并将在内阁中任职。两用物品和军需品的日常许可、管制清单的审查以及美国出口管制系统的其他日常运作将是 OSTT 的专属职责。

[18]　见 U. S. , Bill H. R. 3840, *Strengthening America's Satellite Industry Act*, 111th Congress (2009)。

[19]　同上一条。

[20]　见 Ali Ahmadi, *U. S. Export Control Law Applicable to Commercial Telecommunication Satellite Technology Destined for China* (LL. M. Research Project, McGill University Institute of Air & Space Law, 2010),第 68~70 页。

通信卫星出口管制体系难以持续。两种方法都表明，需要更多的国际通信卫星出口管制监管的一致性。这些方法的不同之处在于，寻求实现的趋同类型以及相关的国际政治、国家利益的基本观点。

遵从法的支持者认为，应改革或撤销 STDA USML 的规定和中国发射服务禁令。遵从法认为 STDA USML 授权和中国发射服务禁令，对于实现有效的通信卫星出口管制是不必要的。因此"遵从法"寻求改革，以撤销这些法律并转向 Comsat 的两用标准、发射自由化的贸易和管制。简而言之，遵从法的支持者同意欧洲通信卫星两用管制办法的基本战略，并希望美国朝着这个方向发展。

强化法的支持者认为，STDA 的 USML 任务和中国发射服务禁令则符合美国的国家利益，美国应该利用额外的法律措施来迫使外国在监管方面与美国保持一致。将 Comsat 作为两用物项进行监管，以及将外国司法机构允许中国发射服务视为对美国的战略威胁，这些做法隐含着中国是美国的一个航天战略竞争者的世界观。

在这两种方法中，遵从法在最近获得了更多的支持。正如下文所要讨论的那样，这两种方法都得到了国际航天界战略愿景和战略航天活动的未来愿景的支持。这两种战略愿景是相互有竞争的。

7.5 悬而未决的立法和行政改革：遵从法

奥巴马总统自 2009 年 1 月上任以后，提出和实施了一些立法和行政方面的遵从法改革。

2009 年 6 月 10 日，美国众议院通过了新的立法，如果被参议院通过并颁布为法律，将对美国为出口管制目的而进行的 SQUIPE 归类产生重大影响。这项立法是 H. R. 2410，《2011—2012 财年对外关系授权法》，§826(2009)。[21] 该项立法把哪些类型的 SQUIPE(包括通信卫星)应归为军品或两用物项并加以管制的自由裁量权还给了总统。[22] 此做法实际上促成了 STDA USML 通信卫星法规的废除，唯一例外是关于中国的。[23] 1990—1991 年对华制裁中首次确立的"中国发射服务禁令"仍然是法律，但行政部门的豁免标准有所提高，只有在符合"国家安全利益"的情况下才会被批准。[24]

㉑　见 U. S. ，Bill H. R. 2410，*Foreign Relations Authorization Act FY* 2011-2012，111th Congress (2009)，at §826。

㉒　见 U. S. ，Bill H. R. 2410，*Foreign Relations Authorization Act FY* 2011-2012，111th Congress (2009) at §826。§826(a)条规定"授权——除(b)款规定和(d)款规定外，总统有权根据 AECA [22 U. S. C. 2778(f)]第 38(f)款的程序，将卫星和相关部件从 USML 上删除。"

㉓　见 U. S. ，Bill H. R. 2410，*Foreign Relations Authorization Act FY* 2011-2012，111th Congress (2009)，at §826。§826(b)条针对中国规定了以下例外："(a)款的授权不得对可能直接或间接转让给中华人民共和国或由其发射到外层空间的任何卫星或相关部件行使。"

㉔　见 §902 of the Foreign Relations Authorization Act, Fiscal Years 1990 and 1991 (P. L. 101- 246；22 U. S. C. 2151 note)，§1511-1516。

H. R. 2410 并不是国会唯一的未决立法提案,还有 2009 年 10 月 15 日关于加强美国卫星工业法的 H. R. 3840,该法案由众议院提出,并提交给外交事务委员会。㉕ H. R. 3840 是一个与 H. R. 2410 §826 相似的法案,因为它提供了一个法律机制来推翻 1999 年 STDA 的第 1512 条(该法取消了总统决定哪些卫星项目和技术受 DOS/ITAR 或 DOC/EAC 管制的权力)。㉖ 它还取消了《反倾销法》规定的出口商财务负担,并规定 DDTC 可以自筹资金。如 H. R. 2410 一样,H. R. 3840 排除了其对总统在美国原产的 SQUIPE 在中国发射的授权。㉗

行政部门也在为改革努力做出贡献。2009 年 9 月 29 日,奥巴马总统向商务部长授权,要求其按照 1999 年 STDA 第 1512 条的规定向国会报告。㉘ 虽然这一总统授权得到了外界的关注,但它并没有实际影响到美国目前的 SQUIPE 出口管制机制。管理 SQUIPE 的立法和实施条例保持不变,所改变的只是立法强制总统授权报告执行情况。尽管如此,奥巴马政府仍发出了改革出口管制优先事项的重要政治信号。

美国总统奥巴马还下令对非机密军用和两用技术,包括 Comsat 出口规则,进行"全面的政府机构间审查"。㉙ 这项审核是美国国家经济战略的一部分,㉚其结果将用于为建立新的出口管制系统准备一套实施所需的法规和监管步骤的全面建议。㉛

㉕ 见 U. S. , Bill H. R. 3840, *Strengthening America's Satellite Industry Act*, 111th Congress (2009)。

㉖ 见 U. S. , Bill H. R. 3840, *Strengthening America's Satellite Industry Act*, 111th Congress (2009)。"授权——除(b)款规定和(d)款规定外,总统有权根据 AECA 第 38(f)款的程序(22 U. S. C. 2778(f)),将卫星和相关部件从 USML 上删除。"

㉗ 见 U. S. , Bill H. R. 3840, *Strengthening America's Satellite Industry Act*, 111th Congress (2009)。第 5(b)节规定:"例外——对于可能直接或间接转让给中华人民共和国或由其发射到外层空间的任何卫星或相关部件,不得行使(a)款的权力。"

㉘ 2009 年 9 月 29 日,奥巴马总统发布第 2009‐31 号总统决定:"关于根据《公法 105-261》第 1512 条授权认证的总统决定。根据《宪法》和美利坚合众国的法律,包括《美国法典》第 3 章第 301 节赋予我作为总统的权力,我特此将《1999 财政年度国防授权法》第 1512 节规定的总统职能委托给你。"

㉙ 见 Amy Klamper, "Obama Memo Puts Export Reform on Front Burner", *Space News Online* (January 15 2010)。

㉚ 见 White House National Economic Strategy 2009 第 15 页:"总统已经指示国家经济委员会和国家安全委员会审查美国的整体出口管制系统,责成他们考虑进行改革,以加强美国的国家安全、外交政策和经济安全利益。虽然美国拥有世界上最强大的出口管制系统之一,但它仍然根植于 50 多年前的冷战时代。它必须被更新,以应对我们今天面临的威胁和不断变化的经济和技术环境。"

㉛ 见 Amy Klamper, "Obama Memo Puts Export Reform on Front Burner", *Space News Online* (January 15 2010)。

2010 年 4 月,国防部长罗伯特·盖茨讨论了政府机构间审查结果。[32] 基于这一审查,政府确定需要在四个领域对美国的出口管制进行根本性改革,并对其进行改造:

——统一管制清单;

——统一主要执法协调机构;

——统一信息技术(IT)系统;

——统一许可机构。[33]

政府计划分三个阶段实施这些改革。第一阶段和第二阶段将在国会立法授予的现有行政授权范围内进行,前两个阶段将通过行政法规和行政命令改进管制清单、许可、执法和信息技术,将依据新的管制清单标准筛选管制物项,许可发放将通过政策和程序的标准化得以"简化",执法工作将通过一个"综合执法中心"得到加强,信息技术将过渡到一个统一的电子许可系统。这些阶段都不会直接影响通信卫星或其相关管制。

第三阶段有必要通过国会立法来实现四个拟议组成部分的转变。在这一阶段,国会将颁布立法,有效地用一个单层的 AECA/EAA 出口管制系统取代历史上的两层系统。虽然盖茨部长在工作简报中没有明确提及通信卫星,但隐含的是第三阶段改革所需的立法限制将包括废除 STDA 规定和恢复行政部门对管制清单的自由裁量权。

对这些悬而未决的立法和行政改革提案的分析表明,它们都属于程序或政策层面的改革,并且都采用了遵从法。两项立法法案都是政策层面的短期立法改革,旨在通过重组自由裁量权来修改当前的通信卫星出口管制系统。行政部门提出的将权力移交给商务部的建议是一项程序层面的改革。奥巴马总统的机构间审查的范围仅限于"法规和监管步骤",例如,程序和政策层面的改革建议。所有这三种方法都试图通过国内改革,实现国际出口管制监管的趋同,从而将通信卫星归类为两用物品并采用相对宽松的方法来监管商业用途的航天物品。

这些改革努力是否会成功还不得而知。但是这些努力所释放出的信号要比它们即将取得的成功更重要。这个信号表明与 STDA USML 规定相关的成本非常巨大,以至于超过了本专著第 6 章中指出的对国会行动的低效率的容忍界限。它还表明,与强制法相比,遵从法正在获得政治支持。

政府内部对通信卫星的具体出口管制改革建议,目前仅限于解决 STDA 的 USML 规定。这主要是因为中国仍然被认为是美国航天技术方面的战略军事威胁,

---

[32]　新闻稿:"Fact Sheet on the President's Export Control Reform Initiative"(White House: Office of the Press Secretary, 20 April 2010)。

[33]　同上一条。

而解除中国发射服务禁令有政治风险。㉞

7.6 《邓肯·亨特修正案》:强化法

在 2008 年总统大选之前,有一种预测:一旦具有相当技术水平的不受 ITAR 限制的通信卫星在公开市场上出现,欧洲制造商和服务商将利用中国的发射服务,这一预测得到了国会成员的赞同。正如本专著所证明的那样,对外国本土不受 ITAR 限制的技术的投资将很快使主要通信卫星制造商摆脱 ITAR 的出口管制。作为回应,以邓肯·亨特议员(R. CA)为首的一群国会议员成功通过了一项措施,采用强化法作为向外国公司施压的手段,使其遵守中国发射服务禁令的规定。2008 年 5 月 22日,乔治·W. 布什总统签署了《2009 年邓肯·亨特国防授权法案》,使之成为法律。㉟在这项综合法案中,暗含着一项对通信卫星出口管制特别重要的修正案。这项修正案被编入第 1233 条,即审查国防承包商参与中国某些航天活动的安全风险。㊱

第 1233 条规定:"国防部长须进行审查,以确定所涵盖的公司参与中国的某些航天活动是否存在任何安全风险。"从字面上看,第 1233 条并没有显示出针对外国制造商的强制性法律机制,但仔细阅读就会发现,第 1233 条可以被用来建立未来的强制政策,以对付不受美国出口管制法约束的欧洲制造商。

第 1233 条具体针对的"某些航天活动"是"开发或制造从中国发射的卫星"和"从中国发射的卫星"。"涵盖的承包商"是指"国防部的任何承包商和承包商的任何子承包商(任何级别),如果他们能够接触到受保护的信息并参与,或者是参与的合资企业的港口,或者其母公司、姊妹公司、子公司或附属公司参与中国的某些航天活动"。"受保护的信息"是指"根据国防部的合同(或此类合同的分包合同)获得的机密信息和敏感的受控非机密信息"。如果将这一法律语言分解开来,那么它在实践中的含义就是,任何外国卫星制造商或服务商,如果是国防部的承包商或分包商并以任何方式与中国的卫星开发、制造或发射有关,则国防部会在提交给国会的报告中予以确认。这项法律专门针对规避美国禁运的欧洲公司,首先将其确定为有安全风险,然后在未来的某个时间点,限制其获得国防部的合同/分包合同的投标能力。从理论上讲,这

㉞ 见本专著第 6 章。另见 Ronald Cass and John Haring,"Domestic Regulation and International Trade:Where's the Race? —Lesson from Telecommunications and Export Controls",载于 Daniel Kennedy and James Southwick Eds. , *The Political Economy of International Trade Law* (Cambridge:Cambridge University Press,2002),第 145 页。

㉟ 见 *The American Presidency Project of the University of California at Santa Barbara*。见 *Duncan Hunter National Defense Authorization Act of 2009*,Pub. L. No. 110-417,§ 1233,122 Stat. 4639 (14 October 2008)。

㊱ 见 *Duncan Hunter National Defense Authorization Act of 2009*,Pub. L. No. 110-417,§ 1233,122 Stat. 4639 (14 October 2008)。

项禁令可以扩展到任何与国防部和美国政府有关的合同。

虽然很难预测国会未来的行动，但可以推断随着第 1233 条的实施，未来可能会颁布新的立法来补充和加强其规定。在不久的将来，随着欧洲开始向中国出售以及通过中国发射主要卫星，监管分歧将产生更多的政治头条。在这一点上，如果国会采取强制性的政策反应，额外的立法将需要被提出，以惩罚（最有可能的是排除）任何接受美国联邦资金、由国防部在第 1233 条类型的审查中确定的承包商。这种惩罚性措施的实施不一定会成功。外国供应商有拒绝参与美国国防部合同的自由，如果外国供应商对这种做法没有反应，国会此后可能会试图提出更具强制性的立法，也许类似于 1996 年的《赫尔姆斯·伯顿法》《古巴自由和民主团结法》。㊲

第 1233 条具体针对的"某些航天活动"是"开发或制造从中国发射的卫星"和"从中国发射卫星"。㊳ "涵盖的承包商"是指"国防部的任何承包商和承包商的任何子承包商（任何级别），如果他们能接触到受保护的信息并参与，或者是参与的合资企业的港口，或者其母公司、姊妹公司、子公司或附属公司参与中国的某些航天活动。"㊴ "受保护的信息"是指"根据国防部的合同（或此类合同的分包合同）获得的机密信息和敏感的受控非机密信息。"㊵ 如果将这一法律语言分解开来，那么它实际上意味着任何外国卫星制造商或服务商，只要以任何方式与中国的卫星开发、制造或发射有关，就会被国防部识别。

一旦确定，国防部长必须审查承包商参与和中国有关的合作是否存在着安全风险。审查中包括的事项由国防部长决定，但审查必须至少涉及以下内容：

（1）在截至本法颁布之日的五年期间，涉及的承包商是否有任何事件被认定是对受保护的信息的不正当披露。

（2）在本法颁布之日开始的五年期间，涉及的承包商数量预计会增加。

（3）国防部的政策和程序在多大程度上足以保护涉及的承包商在本法颁布之日起的五年期间不对所涉及的信息进行不当披露。

（4）国防部长关于国防部在本法颁布之日后向所辖承包商授予合同的结论。㊶

最后一个问题才是关键，即部长关于国防部向相关承包商授予合同的结论。基本上，国会会要求国防部识别和调查在中国发射卫星的外国公司，对其进行安全评估，并将评估结果作为继续或未来授予国防部合同的条件。虽然这项法律并不禁止

㊲　见 *Helms-Burton Act*，Pub. L. 104-114，110 Stat. 785，22 U. S. C. § 6021-6091 (1996)。该法案确立了对古巴政府的经济禁运。该法案的条款明确地适用于美国国家、永久居民和美国政府。此外，该法案规定了对违反禁运条款的外国公民的惩罚措施。从理论上讲，国会可以通过一项法律对中国实施"卫星发射禁运"，寻求对违反法律的外国公民采取惩罚措施。

㊳　同上一条，第 1233(e)第（1）条。

㊴　同上一条，第 1233(e)第（2）条。

㊵　同上一条，第 1233(e) 第（3）条。

㊶　同上一条，第 1233(b)条。

"涉及的承包商"继续为国防部服务,但它意味着,如果发现安全风险,"受保护的承包商"将被终止合同,并被排除在未来的合同之外。

这项法律是专门针对 Eutelsat 和 Thales Alenia 这类公司制定的。Thales Alenia 正在制造一颗通信卫星,该卫星将出售给 Eutelsat,并计划于 2011 或 2012 年通过中国运载火箭发射。㊷ 国会对这些欧洲公司规避美国的禁令感到沮丧并试图惩罚它们。首先,将它们确定为安全风险;然后,在未来的某个时候,限制它们在国防部的相关航天招标中(合同/分包合同)的投标资质。

7.7　内部改革建议

在这一节中,提出了在当前通信卫星出口管制模式下进行的特别改革。这些建议综合了程序、政策和战略层面的改革,整合了符合性和升级性方法。遵从法是正确的,即一个更加宽松的通信卫星出口管制机制将给美国带来经济利益,但不会减损美国的国家安全利益。而强化法也是正确的,即简单地符合外国管辖区的出口管制标准意味着对美国特权的放弃。在某些情况下(将在下文中讨论),强化法是合适的。

应该指出的是,这些改革的局限性表现在如下两个方面。第一,这些改革未能改变与自证正当的安全困境相关的出口管制国家中心主义模式。这个问题将在本专著的第 8 章中进行研究。第二,在目前的讨论中,关于宏观层面的"长期战略愿景"存在一个缺陷。这一缺陷将在下文第 7.8 节和后续章节中讨论。

虽然局限性不容忽视,但这些改革建议的效用不会因此受到影响。国会构思改革时须涵盖当前范式且能保持一脉相承。本节中的建议是务实的,即使有政治挑战也仍可实施,条件是将政治挑战放在更宏观的层面来解读;同时,这些建议也有利于解决上文提到的通信卫星出口管制问题。

7.7.1　建议一

撤销 STDA 的 USML 通信卫星管制,并将 SQUIPE 的 USML/CCL 清单决定权交还给行政部门。H. R. 2410 和 H. R. 3840 都是实现这一改革的有吸引力的立法选择。自由裁量权是首选方案,因为简单地将所有物项归类为军品,无论其实际技术特征如何,都会导致非战略物品在 ITAR 许可机制下失败。这反过来又阻碍了美国在国际通信卫星市场上的竞争力。㊸

一旦自由裁量权回归行政部门,就应进行程序层面的改革,以建立一个反应更灵

㊷　见 Stephen Clark, "Eutelsat Swaps Rockets for Satellite Launch This Summer"。见 Bruce Crumley, "China's Takeoff in the Space Industry" *Time*（12 March 2009）。

㊸　见本专著第 5 章。

敏、时效性更高的清单确定程序。应持续审查物项，以确定其在军事战略上的重要性，在清单确定过程中应聘请客观的技术专家。⑭

7.7.2 建议二

撤销对华制裁中关于中国的发射禁令，如果有适当的双边技术保障措施，可以允许用中国运载火箭来发射通信卫星。⑮

根据技术保障协议（简称 TSA）与中国接触并非没有先例。在 20 世纪 80 年代和 90 年代，美国根据与中国签订的双边航天器 TSA 出售并发射了通信卫星。⑯ 中国从来没有被指控违反 TSA。事实上，考克斯委员会报告只指出美国在中国发射故障调查过程中违反了 ITAR，即违反了出口管制——没有得出违反中美通信卫星 TSA 的结论。⑰

解除禁令将为美国带来战略收益，因为它将使美国卫星制造商和服务商获得额外的发射能力，提高美国制造商和服务商在国际发射市场上的竞争力，理论上降低发射服务的价格，并为美国的卫星和零部件制造商开拓更多的市场。这也将标志着美国在航天领域正朝着与中国接触的政策方向发展。从长远来看，与中国的和平接触比对抗和敌对升级更可取。（在本专著的第 8 章中将更详细地讨论国际航天界与战略航天活动的未来之间的竞争性战略愿景。）

7.7.3 建议三

除中国外，只要有适当的双边技术保障措施，美国的通信卫星应被允许出口在印度发射。预计印度将在不久的将来进入国际商业发射市场，印度的 GSLV Mark 3

---

⑭ 见 Patricia Wrightson, et al., *Beyond "Fortress America"*: *National Security Controls on Science and Technology in a Globalized World*（Washington, D. C.：National Academies Press，2009）。另见 Ali Ahmadi, *U. S. Export Control Law Applicable to Commercial Telecommunication Satellite Technology Destined for China*（LL. M. Research Project，McGill University Institute of Air & Space Law，2010）。

⑮ 见 Ali Ahmadi, *U. S. Export Control Law Applicable to Commercial Telecommunication Satellite Technology Destined for China*（LL. M. Research Project，McGill University Institute of Air & Space Law，2010）第 68～70 页。

⑯ 见 Peter Van Fenema, *The International Trade in Launch Services*（The Netherlands：Leiden Faculty of Law，1999）第 183～240 页。

⑰ 见 *Declassified Report of the Select Committee on U. S. National Security and Military/Commercial Concerns with the People's Republic of China*（Submitted by Rep. Cox, U. S. G. P. O, Washington D. C.；January 3rd, 1999—declassified May 25th,1999）。另见 M. May Ed.，*The Cox Committee Report*：*An Assessment*（Stanford, CA：CISAC，1999）第 9 页。

火箭有望挑战中国作为低成本供应商的地位。⑱ 由于印度是一个正在崛起的航天大国,让印度参与航天活动,包括商业发射服务,符合美国的利益。在未来,印度可能在陆地和航天事务中平衡中国的地缘影响,而这种平衡将符合美国的利益。作为与美国具有类似政治理念的民主国家,印度加入卫星发射服务市场,也符合美国更广泛的外交政策目标。

美国已经开始与印度的航天发射部门建立密切的关系。2009 年,美国和印度签署了一项民用航天器技术保障协议,促进了美国航天器零部件和受保护技术在印度运载火箭上的发射。⑲ 民用技术保障协议的成功可以被用到商业航天器技术保障协议中。

7.7.4　建议四

解除对中国的发射禁令以及随着印度进入国际发射市场,将给美国国内发射业带来额外的价格竞争压力。应该颁布支持美国航天发射业的立法,而不是依靠贸易禁令。原因是:一个在国际市场上具有竞争力、可自我维持的美国航天发射业才有利于美国。

支持美国航天发射业发展的措施可包括:

——贷款:联邦政府可以建立一个由联邦支持的贷款和保险计划,提供给商业发射服务商的贷款可以由联邦政府提供保险。⑳

——保险:如果责任保险市场不能以经济上可行的费率(由国会定义)提供保险,可以按照联邦补贴的费率向运载火箭服务商提供责任保险。㉑

——政府航天发射的私营化:最近奥巴马政府启动了 NASA 航天发射的私营化。政府已经取消了"星座"计划,转而向美国商业发射服务商购买发射服务,包括将人类运送到外空。这种私营化的转变得到了联邦政府研究和开发资金的进一步支持,这些资金用于私营商业航天发射公司的"乘员概念、技术示范和对人类未来航天飞行的商业支持的调查"。㉒ 持续支持 NASA 航天飞行的私营化,将为美国国内发射服务供应商开发新技术和在市场上竞争带来经济刺激。

---

⑱　见 World Space Risk Forum, "Lower-Cost Options Enter Launch Market" 21(10) Space News (8 March 2010) 第 15 页。

⑲　见 *U. S. -India Joint Statement on Concluding a Civil Spacecraft Technology Safeguard Agreement* (Bureau of Public Affairs, Office of Spokesman, July 20th, 2009)。

⑳　见 Michael Mineiro, "Law and Regulation Governing U. S. Commercial Spaceports: Licensing, Liability, and Legal Challenges" 73(4) Journal of Air Law & Commerce 758 (2009)第 804 页。

㉑　同上一条。

㉒　Frank Morring Jr. , "NASA Stimulates Commercial Space," *Aviation Week* (1st February 2010。

——税收激励措施：联邦政府可以为商业航天发射技术的研发提供税收优惠。加拿大的 SR&ED(科学研究和实验发展)税收优惠提供了一个很好的模式。[53]

——国家安全应急发射储备：联邦政府应在必要的范围内保持国内发射服务能力，以确保美国在紧急情况下能进入外空。这种储备可以军用、民用或私营企业等不同的方式建立，在任何情况下，其结果都应该确保美国在紧急情况下进入太空的能力。

7.7.5　建议五

升级版瓦森纳安排。这是与强化法相一致的一项建议。目前的瓦森纳安排未能在成员国之间提供足够的动力以实现监管趋同。瓦森纳安排管制清单上的出口许可决定不需要得到其他成员国的同意，也没有提供任何用来防止管制清单被削弱的其他机制。[54] 因此，转让或拒绝转让任何物项的决定是每个成员国的唯一责任。[55] 如果瓦森纳安排的成员国在清单分歧方面受到更严格的标准约束，对美国来说会更为有利。美国参与 COCOM 和瓦森纳安排的历史表明，在清单确定和出口批准的争端中，美国历来支持更严格的管制——表明美国更不愿意出口属于模糊的两用和战略/军事背景的物项。[56]

瓦森纳安排的改革需要成员国之间进行重新谈判，以明确更严格的清单和分歧标准。在瓦森纳安排的前身 COCOM 中，关于清单物项的许可决定需要得到成员国的同意。例如，成员国对许可决定有否决权，这种做法没有被纳入瓦森纳安排机制，因为这被认为是不可取的，重新引入这种做法的建议不会成功。但是，在不回归到 COCOM 共识标准的情况下，还是有其他方法来加强瓦森纳安排的。

一种方法是保留每个成员国对许可决定的自由裁量权，但要启用一个事先的争端解决机制作为补充。这种争端解决机制将允许其他成员国就一项拟议的出口是否违反出口标准，向一个由防扩散技术专家组成的机构提出上诉，由该机构做出裁决。(我们可以假定，这个出口标准与成员国的集体和平与安全有关，必须在各国之间进行谈判。)根据争端解决机构的法律权威，关于某项出口违反了出口标准的裁决，可能

---

[53]　见加拿大税务局网站："Scientific Research and Experimental Development (SR & D) Tax Incentive Program"。

[54]　见 Richard Cupitt and Suzette Grillot，"COCOM is Dead, Long Live COCOM：Persistence and Change in Multilateral Security Institutions" 27 British Journal of Political Science 361 (1997) 第 364 页。见 Yoko Yashura，"The Myth of Free Trade：The Origins of COCOM 1945—1950" 4 The Japanese Journal of American Studies (1991)。

[55]　见《瓦森纳协定》第 3 段。

[56]　见 Richard Cupitt and Suzette Grillot，"COCOM Is Dead, Long Live COCOM：Persistence and Change in Multilateral Security Institutions" 27 British Journal of Political Science 361 (1997)第 387 页。

从不具法律约束力的裁决转变为具有法律约束力的许可拒绝,从而产生不同的效果。

另一种方法是实施事先的"拒绝协商"机制,类似于欧盟运作的出口管理模式。㊼欧洲《武器出口行为准则》中包含了一个带有不公开运作的交流和磋商拒绝信息规则的程序。㊽ 任何成员国在发放被另一个(或多个)成员国拒绝的许可证之前,都必须与发出拒绝的国家进行协商。㊾ 如果这些国家不能达成协议,则出口国必须详细说明许可的理由。㊿

结合上述升级版瓦森纳安排的建议,应扩容包括发展中的航天国家在内的国家作为成员国。目前,瓦森纳安排的成员国不包括巴西、中国和印度,尽管这些国家都有积极的航天计划。接纳上述国家的理由是多方面的:第一,积极开展航天活动的国家加入将更好地促进监管趋同的目标。第二,加入瓦森纳安排会在辅助性的民用航天活动中产生协同效益。在该安排内的国家之间能够加强人员交流和组织交流,支持开展其他与航天有关的活动(如民用航天联合任务)。第三,如果将参与瓦森纳安排与其他贸易和技术保障协定相联系,商业航天企业可能因纳入崛起的航天大国而受益。

7.7.6 建议六

关键国家协议。㉑ 除了升级版瓦森纳安排,美国还可以与那些在通信卫星和SQUIPE出口管制方面享有共同利益的国家签订双边协定。㉒ 这种方法是合理的,因为只有少数国家制造高科技的SQUIPE,而且参与有选择的双边谈判比多边协议谈判的难度要小。然而,重要的是,在航天技术全球安全环境的背景下,美国仔细审视谁与它有共同点非常重要。㉓

㊼ 见 Jamil Jaffer, "Strengthening the Wassenaar Export Control Regime" 3 Chicago Journal of International Law 519 (2002)第 523 页。

㊽ 见 Yann Aubin and Arnaud Idiart, *Export Control Law and Regulation Handbook* (Kluwer Law International, 2007)第 112 页。

㊾ 见 Yann Aubin and Arnaud Idiart, *Export Control Law and Regulation Handbook* (Kluwer Law International, 2007)第 112 页。见 Code of Conduct for Arms Exports, (8 June 1998) [2003 OJ C 320/01]。

㊿ 同上一条。

㉑ 见 Jamil Jaffer, "Strengthening the Wassenaar Export Control Regime" 3 Chicago Journal of International Law 519 (2002)第 524 页。

㉒ 见 Bruce Vaughn, *CRS Report for Congress: U. S.-Australia Treaty on Defense Trade Cooperation* (Congressional Research Service, Washington, D. C., 12 December 2007)。美国与澳大利亚和英国签署了国防贸易合作条约,这些条约的目的是促进国防贸易和合作。

㉓ 见 Jamil Jaffer, "Strengthening the Wassenaar Export Control Regime" 3 Chicago Journal of International Law 519 (2002)第 525 页。

最近的一个重要国家协议案例是《美英国防贸易合作条约》。^㉔ 该条约的目的是为 USML 中所列物项的出口和转让提供一个全面的无须许可的授权框架或其他书面授权的框架。^㉕ 该条约规定的出口和转让只允许用于支持特定活动。这些特定活动是"联合军事或反恐行动"、"安全合作与国防研究、开发、生产和支持计划"、"共同商定的特定安全和国防项目"以及"美国政府的最终使用"。^㉖ 作为未来 SQUIPE 贸易协定的范式，《美英国防贸易合作条约》可以随时修订以支持"联合航天行动"、"合作开展航天器与 SQUIPE 研究、开发和生产"以及其他航天相关活动。

7.7.7 建议七

从长远来看，在技术全球化过程中，美国必须支持完善和发展出口管制措施。^㉗ 这些改革应该能够实现出口管制，能够意识到技术及相应技术知识的扩散与全球化信息网络和技术创新交流发展的直接联系，进而支持全球通信卫星市场的发展。^㉘

美国目前的出口管制机制采用了一种基于防止交易的方法，在美国公司、国民和永久居民周围建立法律屏障（类似"防火墙"），以防止借知识交流的名义与外国进行技术交易。但这种交易方式与全球化通信卫星市场的性质相冲突。这是一个由非物理交流、非物理交易、跨国制造、购买和销售活动组成的市场，这是一个要求监管透明和高效的市场。

替代交易方法的一个例子是"基于账户"的方法。^㉙ 基于账户的方法为许多出口活动提供了明确的出口授权，不需要识别或审查独立的出口活动，也不需要在普通的企业记录之外保留出口记录。^㉚ 对于大多数商业出口，特别是对相关实体的出口，对

㉔　见 *Treaty Between the Government of the United States of America and the Government of the United Kingdom of Great Britain and Northern Ireland Concerning Defense Trade Cooperation*（signed on 21 June 2007）。

㉕　见 Article 2，*Treaty Between the Government of the United States of America and the Government of the United Kingdom of Great Britain and Northern Ireland Concerning Defense Trade Cooperation*（signed on 21 June 2007）。

㉖　同上一条，第 3(1) 条。

㉗　如本专著第 3 章所述，技术全球化是"技术和相关技术知识的加速扩散，超出了传统上与特定国家或民族身份相关的人类技术创新网络。这种扩散的基础是日益一体化的人类通信网络，它促进了新形式的人类创新系统"。

㉘　非物质出口被认为是与技术全球化的新人类综合通信网络相关的一个挑战。见 Gregory Bowman，"Email，Servers and Software：U. S. Export Controls for the Modern Era" 35（2）Georgetown Journal of International Law 319（2004）。

㉙　见 Gregory Bowman，"Email，Servers and Software：U. S. Export Controls for the Modern Era" 35（2）Georgetown Journal of International Law 319（2004）。

㉚　同上一条，第 368 页。

既定客户的出口或其他类型的认定出口,基于账户的方法将是有效的。[71] 这种改革对通信卫星是否也有效,将取决于通信卫星出口所处的技术和政治环境。随着 Comsat 的继续扩散,预计它们将越来越被认为是无害的,足以纳于基于账户的方法体系。

基于账户的方法的优点是,它将"减少许多企业目前面临的出口合规困难,出口商——特别是那些从事非实物交易的出口商——因为它将不再强调识别和审查每项具体出口,而是将更多的注意力放在识别和解决最终用途及最终用户的问题上"。[72] 此外,基于账户的方法并没有削弱外交政策和国家安全管制基础,国家特定的贸易限制仍然适用。

7.8 美国政策的偏离,长期战略愿景的缺陷

目前,出口管制改革建议主要涉及程序和政策层面的行动,虽然这类建议可能具有一定的价值,但它们仍然具有一定的局限性。在讨论中没有直接解决的问题是美国在主权国家世界中的基本战略愿景,特别是对通信卫星和 SQUIPE 出口管制活动和外交政策的地缘政治愿景。

正如该术语所表明的,"长期战略愿景"有三个要素。第一个是时间性的:"长期"。美国需要把目光投向未来,制定政策时应该超越眼前的政治关切,考虑美国和国际社会在时间上的演变。同时,应该认识到全球社会的相互联系正在加速政策对人类行为和环境的影响的时间维度。[73] "战略"一词包含了美国政策的多层面协同。通信卫星出口管制只是美国法律和政策整体中的一小部分,但这一小部分与大的整体相关联。通信卫星出口管制改革应该被放到更高的层面,关注宏观层面的影响。"战略"也提出了确立一个目标的必要性。仅仅为了制定而制定的法律和政策是没有用的,它不是战略。

我们引向第三个术语"愿景"。愿景是三个要素中的人类因素。它是对尚不存在的目标进行概念化的能力,并为该目标而努力。在本案例研究的背景下,需要解决的是国际社会的概念化和我们人类在外空的集体事业(利用外空的技术)。

美国未能明确阐述长期愿景,导致了政策的偏离。这种偏离受制于各种压力(如投入),影响了美国出口管制政策的演变。美国政府是被动的,在对外部因素做出反应时,从来没有正确地抓住及聚焦美国和世界各国的潜在资源以推进人类在外空的利益。

---

⑦ 同上一条,第 368 页。

⑦ 同上一条,第 368 页。

⑦ 见 C. F. Ray Kurzweil, "The Law of Accelerating Returns"。库兹韦尔先生的理论是,技术变化是指数级的,因而将发生更快更深刻的生物和社会变化。

美国的政策偏离可以分为两种:(1)在当前出口管制范式内运作的政策内部摇摆中发生的偏离;(2)由于美国未能主动引导与主权国家范式相关的出口管制政策演变而导致的政策偏离。正如下文和本专著第 8 章所述,在目前的出口管制范式下,政策的摇摆导致国际贸易和扩散管制的整体演变相对较慢。但是,美国未能积极主动地推进长期目标下的贸易和扩散管制,特别是国际空间法的原则,扩散管制导致国际法和国际合作的演变受制于国际体系的固有特性,而不是受制于《外层空间条约》(OST,简称《外空条约》)中阐明的法律原则。

7.8.1 在政策内部摇摆中发生的偏离

自 1935 年《中立法》颁布以来,美国的出口管制政策一直在主权地缘中心的范式中摇摆不定。这种摇摆导致在平衡"国家安全利益"与"经济利益"问题上形成了周期性的政策讨论。这种讨论(如上所述)维持了一种"我们与他们"的思维模式:将国家安全和经济活动与其他国家的指标相对比。这种循环推理依赖于对当前主权国家的出口管制和相关的军品生产范式的虚假信任,从而自证正当。[74]

在这种循环讨论中,美国政策的变化受到一系列因素的影响,包括眼前的国内经济和政治问题、美国的对外关系和其他国家的活动。这种摇摆的例子包括 20 世纪 60 年代末和 70 年代美国与东欧国家(60 年代)及中国(70 年代末)关系缓和时对美国出口管制法的修正,以及 1999 年 STDA。[75]

这些摇摆造成了与美国国内法律的演变有关的政策偏离,但它们对国家间关系和主权管制权宏观层面的问题的影响微乎其微。这是因为,政策偏离是在地缘主义的主权国家范式内运作的,通常不会挑战其结构。

这个一般规则的唯一例外是关于美国出口管制的域外适用。在 20 世纪 80 年代,美国制定了一系列的域外管制措施,开始挑战早期关于出口的主权国家管辖权的假设。[76] 当时,受影响的国家迅速做出了回应,通过实践(例如进行国内立法和表明政治立场)确立了反对美国出口管制法域外适用的先例,并支持保留传统的主权国家

---

[74] 见本专著第 8 章。

[75] 见本专著第 4 章。

[76] 见 Selma Lussenburg, "The Collision of Canadian and U. S. Sovereignty in the Area of Export Controls" 20 Canada-United States Law Journal 145 (1994)。另见 John Ellicott, "Competitive Impacts of U. S. Export Control Regulations" 14 Canada-United States Law Journal 63 (1988)。

管辖权概念。⑦ 今天,美国继续实施"域外"出口管制,但在政治上这个问题已经出现了和解,没有出现重大变化。

7.8.2　美国未能推动主权国家出口管制的发展而导致的偏离

因为不作为,美国的出口管制政策正在影响人类探索和利用外空——特别是国际民用航天方面的合作。国家关系的未来和管理国家的法律依赖于美国的自我反思,美国未能评估当前主权国家的范式,以及在外空的国家关系的未来,目前仍延续原有的国际规则结构。该国际规则结构将持续影响一个国家的出口管制政策。虽然当前的范式会逐渐演变,但如果不采取行动超越这一范式,国家就会成为被动的因素,使历史得以延续。这样的历史导致了目前的规则结构,将人类未来在外空的活动束缚在上一代的思维中。

7.9　国家间关系是一个考虑因素

与长期战略眼光的缺失相关的是,国家间的协调对于美国的出口管制在国际和国内层面的有效改革是必要的,协调的核心是主权国家拥有自主推行出口管制政策的法律权利,这些政策可能威胁到美国的安全,或者被美国认为是安全威胁。各国的独立性导致了未来出口管制政策的不确定性。因此,本章中提到的某一特定方法或建议是否被美国采纳,以及如何实施,部分取决于其他国家的行动选择。

通信卫星的问题在这方面极为特殊,特别是对中国而言。正如本专著第 2 章所讨论的,航天技术本质上是两用的,最重要的出口管制特征不是航天物项本身所固有的,而是因为航天应用能够为军事和情报行动提供的战略优势。美国通信卫星(以及更广泛的航天技术)出口管制的未来与其他国家的外空军事战略态势及活动直接相关。

未来的任何改革,无论是在程序、政策还是战略层面,都需要考虑到其他国家行动的不确定性,以及必要的对国内改革形成补充的国际积极外交。通过外交手段,美国可以设法使外国的出口管制政策与美国的政策更加趋同。

---

⑦　见例子,Selma Lussenburg, "The Collision of Canadian and U. S. Sovereignty in the Area of Export Controls" 20 Canada-United States Law Journal 145 (1994)。1990 年,加拿大颁布了《外国治外法权措施法》(FEMA),以应对美国的治外法权出口管制。FEMA 规定加拿大政府有权阻止外国反垄断法的域外适用,并有权阻止对加拿大利益有不利影响的外国贸易指令和命令。另见如 John Ellicott, "Competitive Impacts of U. S. Export Control Regulations" 14 Canada-United States Law Journal 63 (1988) 第 69 页。1982 年,美国试图通过实施出口贸易管制来阻止从苏联到西欧的天然气管道(西西伯利亚管道)的建设。西欧国家做出了强烈的反应,英国、法国和荷兰援引国内立法作为回应,导致美国和进口国之间的法律冲突无法解决。6 个月后,美国取消了这些管制措施的实施,以阻止天然气管道项目。该管道于 1984 年完工。

7.10 章节摘要和结论

通过对美国通信卫星管制机制案例的研究，得出的结论是，美国的通信卫星出口管制未来面临着一个门槛。

在美国的法律和政策决策结构中，存在着相互冲突的改革方法。本章指出的两种方法是遵从法和强化法。在当前通信卫星出口管制的范式下，我们建议美国采取程序、政策和战略层面的混合式改革，整合遵从法和强化法，两种方法都不排斥。国会可以有选择地对特定的目的地和最终用户（如中国）采用强化法，但同时通过向欧洲监管标准靠拢来放宽通信卫星的出口管制。

本章最重要的发现，也是本案例研究中最重要的发现，就是美国国内专业人士在论述中未能指出或挑战以国家为中心的当前出口管制范式假设。这种缺失导致了政策的偏离，使美国和世界各国受制于国际法和国际关系的演变，这种演变并非来自美国对未来长期战略的愿景，而是来自国际体系表现出来的特征。正如本专著第 8 章将讨论的那样，这种政策偏离未能把国际空间法的法律原则，特别是人类合作和为人类谋福利原则作为目标，并依此目标制定长期战略愿景。

7.11 美国 Comsat 出口管制案例研究的主要结论

（1）美国 Comsat 出口管制是以国家为中心，且主要是在单边范式下运作的。在这种范式下，各国在航天技术贸易和扩散管制方面寻求最大的法律自由裁量权。这种以国家为中心的范式反映出，世界范围内缺乏一套具有法律约束力的、超越单一国家的航天技术贸易和扩散管制机制。[78]

（2）航天技术贸易和扩散管制的国际体系被描述为主要是一个无约束力安排的自愿体系。除了与他们最信任的战略盟友，各国很少签订具有法律约束力的航天技术管制协议。[79] 在欧盟区域一体化的特殊情况下，两用物项在监管协调方面受到信任，但那些被认为具有军事战略意义的物项仍由出口国的法律裁量权决定。[80]

（3）支离破碎的航天技术贸易和扩散管制范式，给出口国带来了经济上的两难。鉴于监管方面的分歧，出口国面临的选择是，要么改革其出口管制机制，以符合其出

---

⑦⑧ 见本专著第 2 章。一个国家管制航天器和运载火箭技术出口的国际法律义务。

⑦⑨ 见本专著第 2 章。出口管制和主权管辖，美国和加拿大协调出口管制的例子。另见美国与其最亲密的盟友英国之间的国防贸易合作协议。大不列颠及北爱尔兰联合王国政府与美利坚合众国政府之间关于国防贸易合作的条约。

⑧⑩ 见本专著第 4 章：欧洲通信卫星出口管制。对于理事会条例（EC）第 428/2009 号中没有列出的项目，其最终决定权在欧盟成员国手中。欧盟成员国保留对被指定为军事技术和设备的项目的出口授权的权力。

口竞争者较为宽松的标准,要么承受与更严格的贸易管制有关的经济成本(即商业出口的损失)。这一困境因经济全球化现象加剧,经济全球化增加了国际竞争,并加速了市场对贸易管制限制成本变化的反应速度。[31]

(4)对航天技术贸易和扩散采取单边管制办法的可持续性是值得怀疑的。拥有技术优势的国家可以暂时实施单方面的出口限制,而不会给其国民经济带来附加成本。但单边管制会刺激外国开发本土替代技术。[32] 从理论上讲,技术全球化现象为出口国提供了进入超出本国领土范围的人类创新活动的机会,从而促进了本土替代技术的发展。此外,由于国际网络通信技术的进步,从人类创新活动中获益的相关成本应变得更低。[33]

(5)贸易的经济利益与贸易管制方面的国家分歧相结合,导致国际体系支离破碎,供应国可能会卷入直接冲突。这种国际协调的缺乏使得一个国家可能单方面自行决定技术扩散。

(6)当前对美国出口管制系统改革的思考,反映了一种以国家为中心的方法。值得注意的是,在讨论中没有对航天技术贸易和扩散的国际体系进行重构以建立全球化的新范式。

---

[31] 见本专著第 3 章:经济全球化。

[32] 见本专著第 4 章:比较分析和章节总结。另见本专著第 5 章的一般结论。

[33] 见本专著第 3 章:技术全球化。

第三部分
超越案例研究
——国际空间法律与政策

在前面的案例研究中,已经确定美国对 Comsat 贸易和出口的管制主要是单边的,美国模式是更广泛的航天技术管制国际体系的缩影。各国有很大的自由裁量权来决定将开发和交易什么航天技术。虽然在一定程度上存在国家间的贸易和管制协调,但是没有超国家的国际机构来协调、监管或强制执行。

在第三部分,前述案例的研究结果被用来解决更广泛的国际空间法律与政策问题。特别值得一提的是,第三部分探讨了目前的国际管制体系如何影响民用航天国际合作及民用航天国际合作在国际法框架下的含义。

第 8 章

安全和全球民用航天合作:航天技术贸易和扩散管制是更大难题中的一部分

航天技术贸易和扩散管制构成国际法、国际关系和人类在外空中的集体未来更大难题的一部分。

本章研究当前以单一国家为中心的航天技术贸易和扩散管制范式如何影响民用航天全球合作。

本章首先评估了当前国际航天技术贸易和扩散管制机制如何影响各国在民用航天方面的国际合作能力,然后讨论了外空军备控制、裁军和扩散及其与国际合作、航天技术贸易和扩散管制的联系。

随后,本章重点讨论了国际法。在全球航天合作的主题下分析了三种不同的国际法律义务:

➢ 维护世界和平与安全的义务;

➢ 促进合作和相互理解的义务;

➢ 为所有国家的福祉与利益探索和利用外空的义务。

最后,本章过渡到更广泛的国际法、国际关系和哲学问题,提出了建立一个世界航天组织以及一种航天贸易和技术管制的补充性全球范式,识别了一种使单边航天活动继续正当化的自证正当的安全困境,预测了在现有航天技术贸易和管制国际框架持续的情况下国际关系的未来,并将国际关系和外空的历史演变、法律演变、政治演变与伊曼努尔·康德的世界性条件进行了比较。

8.1 当前国际航天技术贸易和扩散管制机制对国际民用航天合作的影响

8.1.1 《外空条约》

《外空条约》①是一项国际协议,它确立了各国及其实体开展空间活动的基本原则。虽然它本身不是一个航天技术和扩散管制法律协议,但因为其法律权利和义务普遍地与空间活动有关,因此其原则为本讨论提供了一个重要的基础。

《外空条约》可以被看作为实现两大主要目标而制定的文书。第一个目标是作为一项军备控制和裁军协议。在起草《外空条约》时,主要航天国家(如美国和苏联)严重关切冷战时期的核和常规军备竞赛将扩展到外空。为了防止这种军备竞赛扩展到外空,当时的航天国家都同意纳入第四条。《外空条约》第四条禁止在外空部署核武器或大规模毁灭性武器,并规定月球和其他天体为非军事区,禁止在其上建立军事基地、设施和工事,禁止试验任何类型的武器和进行军事演习。② 结合 1959 年《南极条约》和 1963 年《禁止核试验条约》,《外空条约》被认为是一个具有里程碑意义的军备控制、裁军和不扩散协议。③

《外空条约》的第二个目标是阐明和平探索与利用外空国家活动的基本指导原则。这些原则涉及多种问题,力图涵盖空间探索和利用的最重要方面。就本章的分析目的而言,《外空条约》的两个具体条款最为相关:第一条和第二条。

第一条:

探测及使用外空,包括月球与其他天体在内,应本着为所有国家谋福利与利益的精神,不论其经济或科学发展的程度如何,这种探测及使用应是全人类的事情。

外空,包括月球和其他天体在内,应由各国在平等基础上并按国际法自由探测及使用,不得有任何歧视,天体的所有地区均可自由进入。

对外空,包括月球和其他天体在内,应有科学调查的自由,各国应在这类调查方面提供便利并鼓励国际合作。

---

① 见 *Treaty on Principles Governing the Activities of States in the Exploration and Use of Outer Space, Including the Moon and Other Celestial Bodies* [*Outer Space Treaty*], signed on 27th January 1967, 18 UST 2410; TIAS 6347; 610 UNTS 205。所有航天国家,包括美国,都是该公约的缔约国。

② 见 Article Ⅳ of the *Outer Space Treaty*。

③ 见 Presidential Lyndon Johnson Signing Statement to the *Outer Space Treaty* (27 January, 1967)。

《外空条约》第一条有四个行动性条款：**福利和利益条款、人类开发范围领域条款、不歧视条款和国际合作条款**。为了讨论《外空条约》中与航天管制有关的文书，本节将仅分析**不歧视条款**。但是，请记住，《外空条约》作为阐明国际合作和维护世界和平与安全的原则性义务的法律文书，其**福利和利益条款、人类开发范围领域条款和国际合作条款**是密切相关的。本章将在此提示下对这些条款进行评述。

虽然**不歧视条款**禁止各国在探索和利用外空方面的法律歧视，并保证进入外空和其他天体的自由，但在实践中，各国却未能对政治、经济或战略歧视（特别是在实用的进入外空和民用航天技术方面）做出实质性的禁止。

实际上，只有航天大国才拥有实际进入外空的技术能力，但普遍的法律确信是，航天大国没有义务向其他国家提供发射服务。国际社会也没有建立一个在不歧视的基础上向所有国家提供航天发射服务的国际组织。事实上，缺乏一个国际发射服务组织是各国未能就空间探索和利用进行国际合作和协调的一种表现。因此，虽然在法律原则上外空是所有国家都可以自由探索和利用的，但在实践中拥有发射能力的国家可以选择是否提供发射服务，这事实上禁止了其他国家进入外空。在这个意义上，不歧视条款更像是一种不受干扰地利用和探索外空的自由，而不是保证进入外空的自由。

不歧视条款的局限性也延伸到了民用航天技术和航天器贸易方面。国家实践证实，在民用航天技术和航天器的销售、购买、交流和贸易方面的完全歧视是合法的。各国在航天技术贸易和管制方面行使了完全的法律裁量权。

第二条：

外层空间，包括月球和其他天体在内，不得由国家通过提出主权主张，通过使用或占领，或以任何其他方法，据为己有。

《外空条约》第二条禁止国家对外空或其他天体的占有。[④] 在探索、利用和开发外空和其他天体的国际民用和商业合作的背景下，这项禁止与航天技术出口和贸易管制有关。它提出了有趣的问题，即利用或开发外空和天体会必然需要包括技术开发、交换和转让在内的国际合作。在实践中，该项禁止将外空确立为全球公域，在这个领域的利用和探索要遵守《外空条约》中列举的国际合作与和平利用原则。但是在外空的开发方面，这一原则还没有得到重大的检验。外空没有发生过重大的原位空间资源开采，人类也没有在月球或其他天体上建立过任何大型建筑物。随着人类将其空间活动范围扩大到开发和空间原位利用，这一原则将如何演变仍有待观察。迄今为止，这一原则还没有受到单方面探索、利用或开发的挑战。评论人士提出，未来的民用航天任务，例如载人火星任务或月球资源开发，将需要在政治和法律实践中完善这一原则，这可能使得在目前国际航天合作中还没有见到的技术开发、交换和/或

---

④　见 Article Ⅲ of the *Outer Space Treaty*。

转让层次的国际合作成为必需。⑤

总之,《外空条约》为各个国家提供了进入和探索外空的基本自由,外空是免于干扰或不得由国家主张占有的。《外空条约》还规定各国有义务为维护世界和平与安全、促进国际合作和理解而探索和利用外空。⑥ 然而,各国并没有出售、分享、转让或交换航天服务、物项的义务,也没有对航天货物、服务和技术进行监管的国际义务。

8.1.2 当前国际航天技术贸易和扩散管制机制对国际民用航天合作的一般影响

目前,管理国际航天技术贸易和扩散的国际机制是最少的。正如本专著第 2 章所讨论的,国际层面的航天具体监管和管制仅限于与弹道导弹和核或大规模毁灭性武器投送系统有关的技术。与弹道导弹没有直接关系的航天技术管制,是通过不具约束力的国际安排(如瓦森纳安排)来协调的。

这种国际管制的缺乏,使得每个国家都必须负担民用和商业航天物项与技术贸易监管的单边责任。使得问题更复杂化的是,航天技术的两用特性给各国带来了额外的技术扩散和相关安全关切。⑦ 这种两用特性包括航天运载火箭和弹道导弹之间的关系,以及大量的军事航天应用和其他源于空间探索、利用和技术的军事相关益处。其结果是形成一个非协调的、支离破碎的贸易和扩散管制体系,在其中各个国家实施自己的监管标准,对出口、贸易和交流做出单边决定。

这种国际协调的管制和扩散机制的缺乏,也造成了一种不信任的政治气氛。没有国际协调,各国有理由对未经授权的技术转让以及其他国家利用航天技术来改进弹道导弹和其他航天应用产生担忧。国际监管、合规、核查和执行机制的缺乏,迫使各国限制国际民用和商业航天活动,以达到可以真正保护国家安全利益的程度。

8.1.2.1 国际民用航天合作

如今,没有一个世界性的航天组织来指导人类和平探索或利用外空。相反,外空由一系列国际条约⑧管理,这些条约代表了人类探索和利用外空的分散管理路径。

---

⑤ 见 Ernst Fasan, "Human Settlements on Planets: New Stations or New Nations" 22 Journal of Space Law 47 (1997).

⑥ Article Ⅲ of the *Outer Space Treaty*。

⑦ 见本专著的第 2 章。

⑧ *Treaty on Principles Governing the Activities of States in the Exploration and Use of Outer Space* 是管理外层空间活动的主要国际文书。它有四个后续条约作为补充:*Rescue and Return Agreement*, *Registration Convention*, *Liability Convention*,以及 *Moon Agreement*。除 *Moon Agreement* 外,管理外层空间的条约制度已得到广泛的国际支持。

这种路径阐明航天国家之间的基本原则（如交通规则），但并不强制要求合作或协调，除非在特殊情况下（如宇航员的援救和送回）。⑨ 各国的确在临时、双边或多边基础上进行了民用航天活动方面的合作，但缺乏国际统一或相互依存的规划、开发或运作。目前的国际合作方式反映了整个国际空间的安全环境。

虽然没有世界航天组织，但却有多个国际组织的授权范围覆盖了特定的航天活动领域。⑩ 通常，这些国际组织处理因其对某项地面事务的历史特权而衍生出的具体航天事务，这一历史特权恰好包含了某项空间应用。⑪ 例如，国际电信联盟（简称 ITU）是一个国际组织，负责协调国际无线电频率的分配，包括卫星通信频率的分配。ITU 最早可以追溯到 1865 年，最初并没有将卫星通信纳入其职权范围，但是在 1959 年和 1963 年，当需求出现时，ITU 制定了有关程序并进行了天基系统频率分配。从那时起，ITU 已经发展出一个复杂的组织架构，来处理航天器无线电频率协调问题。像其他涉及航天活动的国际组织一样，虽然 ITU 是一个解决航天器无线电频率协调问题的令人满意的组织，但它却不能促进这一特定主题领域以外的国际民用航天合作。特别重要的是，正如下文将更详细地讨论的那样，目前的国际组织不能或者说也没有促进国际民用航天任务协调或运行。

作为国际航天组织的替代，各个国家航天局之间达成机构间安排，以促进国际民用航天合作。⑫ 这样的特别安排有许多。⑬《在发生自然或技术灾害时协调使用空间设施的合作宪章》是国际安排的一个成功范例。⑭ 该宪章的目的是为受自然或人

⑨ 见 *Agreement on the Rescue of Astronauts*, *the Return of Astronauts and the Return of Objects Launched into Outer Space* (22 April 1968), 19 U. S. T. 7570, 672 U. N. T. S. 119 [hereinafter Rescue Agreement]。

⑩ 这些组织包括国际电信联盟（ITU）、国际海事组织（IMO）和世界气象组织（WMO）。关于影响空间活动的国际、区域和国家组织的出色回顾，见 Stephen Doyle, "International Space Plans and Policies: Future Roles of International Organizations" 18 Journal of Space Law 123 (1990)。

⑪ 见 Ram S. Jakhu, J. L. Magdelénat, and H. Rousselle, "The ITU Regulatory Framework for Satellite Communications: An Analysis of Space WARC 1985" 42(2) International Journal, The Politics of International Telecommunications (Spring, 1987), 第 276～288 页。

⑫ 据推测，国家对机构间安排的更大依赖，部分反映了联合国和平利用外层空间委员会（UNCOPUOS）作为促进合作的有效机构的衰退。见 Ram Jakhu, "The Effect of Globalization on Space Law"，载于 Stephen Hobe, Ed., *Globalisation——The State and International Law* (Franz Steiner Verlag, 2009) 第 75～77 页。

⑬ 这些机构包括机构间空间碎片协调委员会（IADC）、地球观测卫星委员会（CEOS）和全球导航卫星系统国际委员会（ICG）。

⑭ 见 *Charter on Cooperation to Achieve the Coordinated Use of Space Facilities in the Event of Natural or Technological Disasters*。

为灾害影响的人提供一个统一的空间数据获取和交付系统。[15] 自生效施行以来,该宪章已被激活数百次,并在许多方面成为各国在当前国际范式下达到国际合作目标的范例。[16] 它已经"为全世界受灾害影响的国家打开了获得关键空间资源的大门",并"将不同的机构汇聚在一起,从而形成更强大的灾害救援网络"。[17] 但其成功的本质在于,该安排符合当前国际法律和政治性国家安全环境的现实。第一,由于交换的性质(即所交换的是遭受自然灾害的特定地理区域的光学和遥感数据/信息,而不是航天器或信号/数据处理技术),所以对未授权的技术转让或潜在军事应用转让的担忧得到了缓解。第二,共享数据被用于对付数据/信息提供者的军事用途的风险是最小的(即数据/信息的性质和分析的地点极不可能被外国对手用于军事用途)。第三,这种安排是完全自愿的,每个航天机构都会根据其国家利益决定参与的内容和方式。最重要的是,没有技术被共享,也没有国际运作的航天器或信息中心。涉及这一安排的一切都仍然在各个国家的完全管辖和控制之下,只有数据/信息被交换。

航天机构之间的合作也发生在民用航天任务的开发和运营领域。这种合作包括多种任务类型,从小规模的微小卫星发射协议,到科学航天器开发和运行合作,甚至是复杂多机构的载人运营。民用航天任务的国际合作,给合作参与的国家带来了独特的政治和安全风险。政治风险的产生,是因为合作关系是极其公开的,可以被政治家利用来推动国际和国内议程。安全风险的出现,是因为任务协调几乎不可避免地涉及某种程度的未授权技术转让风险。机构之间伙伴关系的性质,要求参与共同任务开发和/或运营的各方必须至少交换信息、知识和/或技术货物,以确保各自的设备和人员的适当融合与运行。

有史以来最大的民用航天机构间合作项目是国际空间站(简称 ISS)。虽然这个项目的规模不能代表绝大多数的机构间合作项目,但它确实可以提供有关各国如何在没有一个集中的国际航天组织的情况下,构建涉及复杂航天技术的复杂国际民用航天项目的有用启示。

国际空间站是在 20 世纪 90 年代从一个名为自由/阿尔法空间站的美国单边计划中产生的。在冷战结束后,由于无法维持国会的资金支持并考虑到纳入国际伙伴后的政治、财政和安全收益,老布什和克林顿政府与欧洲、日本、加拿大和俄罗斯就一

---

[15] 见 J. Bessis, J. Bequignon, and A. Mahood, "The International Charter 'Space and Major Disasters' Initiative" 54(3) Acta Astronautica 183 (2004)。

[16] 见 Atsuyo Ito, "Issues in the Implementation of the International Charter of Space and Major Disasters" 21(2) Space Policy 141 (2005)。

[17] 见 Atsuyo Ito, "Issues in the Implementation of the International Charter of Space and Major Disasters" 21(2) Space Policy 141 (2005)第 148 页。

个合作式的国际空间站进行了谈判。⑱ 最终，这些国家同意加入一个国际协作的民用空间站。管理这项事业的是一项国际多边条约，即国际空间站政府间协定（ISS Intergovernmental Agreement，ISS 政府间协定），⑲以及 NASA 和每个相关的航天局之间的附属双边谅解备忘录（MOU）。

ISS 政府间协定反映了各国在维持对其各自贡献的单边控制方面的特权。所有伙伴保留对其各自空间站组成部分和人员的管辖和控制，⑳设备和组成部分的所有权，㉑以及对其自身项目的管理（受 NASA 的整体项目管理和协调的约束）。㉒ 在技术方面，伙伴设计和开发他们自己的组成部分和设备，并对其运行负责。㉓ 在实践中，伙伴仅有义务分享必要的技术信息，以确保各自舱段的适当集成和运行，而没有联合开发、分享、转让或交换技术的强制性义务。

从包容性的角度来说，国际空间站的参与并不具有国际性。如果将"国际"定义为涉及整个国际社会（即"全球"），那么对国际空间站更准确的描述应该是建立在八家参与的航天机构之间的一个多国项目。中国和印度这两个主要航天国家不是该项目的参与方，也没有不是该项目航天机构伙伴的国家参与。这意味着近 180 个国家既没有参与，也没有在 ISS 项目中被代表。如果 ISS 是未来"国际"航天任务的典范，那么，这对整个国际社会意味着什么呢？

以 ISS 政府间协定为代表的机构间任务合作的排他性显示，在没有一个集中的国际组织的情况下开展的民用航天活动，尤其会受到国内政治考量的影响。航天机构间任务合作的成功，也许是以创建真正的全球性国际任务为代价的。机构间任务面临的风险是，资金、任务规划、任务开发、任务运行和伙伴关系的选择受制于伙伴国家的国内关切。这提高了机构间任务为伙伴利益服务的可能性，但是并不必然反映整个国际社会的利益。由于一个国家航天机构必须对其所在国的政府负责，因此整个航天机构会设计其任务以适应国家的国内政治需要。作为一个全球化社会，这就是我们希望在未来探索和利用外空时采用的模式吗？ 这样的模式是不是没能充分利

---

⑱　原本美国要建立一个名为自由的空间站。这个项目在 1993 年被国际空间站取代。后来，俄罗斯被添加为国际空间站的合作伙伴。

⑲　见 *Agreement Among the Government of Canada*，*Governments of Member States of the European Space Agency*，*The Government of Japan*，*The Government of the Russian Federation*，*and the Government of the United States of America Concerning Cooperation on the Civil International Space Station* [*ISS Agreement*]，(29 January 1998)。

⑳　见 Article 5 of the *ISS Agreement*。

㉑　见 Article 6 of the *ISS Agreement*。

㉒　见 Article 7 of the *ISS Agreement*。

㉓　见 Article 8 and Article 10 of the *ISS Agreement*。

用国际上的智力和科技资源？而且这样的模式是否仅会激励特定的成员，而不是整个国际社会，相信和平探索与利用外空并为之做出贡献？

8.1.2.2 国际商业发射服务

国际商业发射服务是由发射服务商根据具体情况提供的。还没有公共国际联盟向国际社会提供发射服务，而是发射公司作为私人或政府拥有的业务，在国际市场上出售其发射服务。每个发射服务公司都有一个或多个专有的运载火箭，可以提供不同的有效载荷和轨道投送能力。

根据《外空条约》第六条，每个商业发射服务商都需要得到该企业运营和发射所在国的授权和持续监督。在实践中，发射公司运营所在国家对运载火箭和有效载荷进行监管审批和监督，并就航天器无线电频率和登记与ITU和联合国秘书处进行协调。

技术贸易和扩散管制在国际商业发射产业中发挥着重要作用。正如本专著前几章所讨论的，运载火箭和有效载荷将受到国家出口和贸易管制的限制。由于运载火箭弹道技术的敏感性，运载火箭本身一般不在国际市场上进行交易，而只销售发射特定有效载荷的服务。少数国家提供商业发射服务，这些国家都开发了本土弹道导弹技术。[24] 本土弹道导弹技术已被"改进"或已"进化"，以适应商业发射的需求，并根据需要补充了专门与航天器发射和投送相关的原创技术。

在运载火箭技术的国际商业贸易和合作式企业中，唯一的例外是海上发射公司（SeaLaunch）。[25] 海上发射公司包括四个国际合作伙伴：波音公司（美国）、K. B. Yuzhnoye（乌克兰）、RSC Energia（俄罗斯）和 Kvaerner Maritime（挪威）。[26] 这四家公司在波音公司的领导下一起工作，各自提供独特的技术，以完成复杂的海上商业发射服务。该公司的运营需要遵守大量的出口管制和技术转让规定，特别是要遵守美国对波音公司的监管规定。

与航天技术贸易和扩散有关的一个突出问题是批准用外国运载火箭发射航天器。并非所有国家都允许让国际商业发射服务商发射其航天器。由于缺乏国际公共发射服务提供商，所以当外国发射服务商发射一个国家的航天器时，就会引起关于未授权的技术转让的担忧。传统上，这一安全关切是在航天器出口国和发射服务提供国之间的临时、双边协定基础上得到补救的。然而，正如目前美国对中国商业发射服

㉔ 那些拥有经证实的空间发射能力的国家是美国、俄罗斯、法国、中国、印度和日本。

㉕ 虽然有许多公司代表发射服务提供商销售特定的发射服务，但这些类型的公司基本上是代理人，并没有贡献于或参与运载火箭技术和服务的实际贸易或运营。

㉖ 见 Joosung Lee, "Legal Analysis of SeaLaunch License: National Security and Environmental Concerns" 24(2) Space Policy 104 (2008) 第 105 页。

务的抵制所证明的那样，国际市场仍然是割裂的。并非所有航天器制造国和发射服务商都达成了协议。各国无法单方面确保提供充分保护以防止未授权转让，并且没有一个国际航天技术贸易和扩散监管、合规、核查和执行机制可依赖，所以各国维持单边贸易限制仍是合理的。

有趣的是，这种对发射服务的歧视性待遇并没有违反世界贸易组织（简称WTO）的规定。虽然《服务贸易总协定》（简称 GATS）覆盖了包括商业航天发射服务在内的运输服务，但对最惠国待遇（简称 MFN）的适用有两个例外。首先，WTO 支持第二条关于航天运输服务的例外规定。例如，美国目前豁免航天运输服务的条件是，该例外对"防止扰乱国际航天发射市场竞争"是必要的。[27] 与 GATS MFN 不一致的条款是，在国际商业航天发射市场，发射卫星的某些双边协议中对所有项目都存在"价格量化限制"。[28] 第二条的例外适用于发射服务商的实际定价和贸易。其次，GATS 的安全例外也适用于发射服务商在航天器出口审批方面的歧视。第 14（b）条提供了一个总括性条款："GATS 协定中的任何内容都不得解释为阻止任何成员采取其认为可防护其基本安全利益所需之行动。"[29]鉴于航天技术的国家安全敏感性，各国都有一个非常有力的论据支持行使第 14（b）条的规定。

8.2　外空军备控制、裁军和防扩散：与国际合作和航天技术贸易与扩散管制的联系

民用航天活动中的国际合作与外空军备控制、裁军和防扩散问题直接相关，军备控制、裁军和防扩散是国际航天安全环境的关键指标。这种联系的存在，是因为复杂的、高水平的国际合作要求，各国有机会获得、发展、分享和/或交换航天物项。国际航天安全环境对于各国评估这类合作是否符合其国家利益尤为重要。如果没有国际军备控制、裁军和扩散管制，国际航天安全环境更有可能给寻求参与国际合作的国家带来两难处境。例如，缺乏航天军备控制和核查措施增加了其他航天国家被视为战略军事竞争对手的可能性。各国并不倾向于与战略军事竞争对手合作。此外，将航天技术和知识不先进的国家纳入进来，也会引起领先的国家及其伙伴对可能的技术扩散和未授权再转让的担忧。如果没有一个全面的国际航天技术管制机制，共同开

---

　　[27]　见 Article II of *WTO General Agreement on Trade in Services* (GATS) Most Favored Nation (MFN) Exemption List for the United States of America (August 2010)．"运输服务，空间运输"。

　　[28]　同上一条。

　　[29]　见 Article IV (b) (2) of *WTO General Agreement on Trade in Services* (GATS)．

发、分享和转让航天技术知识和货物就具有较大的安全风险。

现代外空军备控制、裁军和防扩散工作的四个主要焦点是反卫星武器（ASATs），天基弹道导弹防御系统（SBBMD），弹道导弹/运载火箭的扩散（如大规模毁灭性武器的弹道投送系统），以及未授权技术转让和利用航天技术开发弹道导弹、太空武器或其他天基军事应用。这四个问题共同定义了现代法律-政治国际航天安全环境。

8.2.1　与外空有关的军备控制、裁军、防扩散协定/安排

目前,有五个生效的关键军备控制、裁军和防扩散协定/安排:(1)《外空条约》,(2)《部分禁止核试验条约》(LTBT),(3)《禁用改变环境技术公约》,(4)MTCR,(5)瓦森纳安排。此外,日本倡导的《四方安全对话》,《反导条约》(ABM)虽然不再有效,但也是一个重要的历史性范例。

8.2.1.1　《外空条约》

如上所述,《外空条约》的一个目标是军控裁军。《外空条约》第四条禁止在外空部署核武器或大规模毁灭性武器(WMD),将月球和其他天体确立为非军事区,禁止在其上建立军事基地、设施和工事,禁止试验任何类型的武器和进行军事演习。[30]

为了实施这些措施,《外空条约》包含了一些透明度和信任建立机制。第一,各国同意以最大的可能和实际程度,向联合国秘书长报告航天活动的性质、方法、地点和结果。结合《登记公约》,各国同意提供关于发射的空间物体的基本信息,包括一般功能、轨道参数、发射地域以及发射日期和时间。[31] 第二,月球或其他天体上的所有驻地、设施、装备和航天器都应在对等的基础上对其他缔约国的代表开放。[32] 第三,各国应在平等的基础上考虑任何观测已发射航天器飞行的请求。[33]

除了这些透明度和信任建立措施外,《外空条约》没有提及其他相关内容。由于没有提供任何核查机制,所以暗示《外空条约》的核查将通过国家核查手段完成。除了第三条所列举的国际法的一般规定外,《外空条约》没有为各国提供关于寻求对涉嫌违规行为的救济、争端解决或强制执行的规定。[34]

---

[30] 见 Article Ⅳ, *Outer Space Treaty*。

[31] 见 Article Ⅳ, *Registration Convention*。

[32] 见 Article Ⅻ, *Outer Space Treaty*。

[33] 见 Article Ⅹ, *Outer Space Treaty*。

[34] 见 Michael Mineiro, "The United States and the Legality of Outer Space Weaponization" XXXⅢ Annals of Air & Space Law 441 (2008) 第 464 页。

8.2.1.2　1963 年《部分禁止核试验条约》

《部分禁止核试验条约》(又称《禁止在大气层、外空和水下进行核武器试验的条约》)保证在下述地方禁止、防止且不进行任何核武器试验爆炸或任何其他核爆炸：在大气层；在大气层范围以外，包括外空；在水下，包括领海或公海。[35] 该协议的主要目的是"尽可能快地达成一项全面彻底的裁军协议"，并"结束放射性物质对人类环境的污染"。[36] 在禁止在外空进行核装置试验或任何核爆炸（包括用于和平目的的爆炸）的范围内，该条约可视为一项外空军备控制协议。

8.2.1.3　《禁用为军事或任何其他敌对目的使用改变环境的技术公约》

《禁用为军事或任何其他敌对目的使用改变环境的技术公约》禁止任何缔约国在军事上或任何其他敌对行动中，将具有广泛、长期、严重后果的环境致变技术，作为破坏、危害或损害任何其他缔约国利益的手段。[37] 在本公约中，"环境致变技术"是指"任何蓄意操纵自然过程改变地球（包括其生物群、岩石圈、水层、大气层）或外空的动态、组成或结构的技术"。禁止使用具有广泛、长期、严重后果环境致变技术的空间武器。部署具备这种致变环境能力的空间武器，可被视为违反"条约必须遵守"的原则，是破坏条约宗旨和目标的恶意行为。

8.2.1.4　MTCR 和 HCOC

MTCR 是一项不具约束力的政治安排，它协调"关键供应商"之间对物项的管制，以防止可能有助于除有人驾驶航空器以外的大规模毁灭性武器投送系统的转让。这包括火箭系统，火箭系统又包括运载火箭和探空火箭。MTCR 的基础是成员国遵守共同的出口政策指南（MTCR 指南），这些指南又适用于管制物项的一体化共同清单（MTCR 的设备、软件和技术附件）。[38] MTCR 的所有决定都是以协商一致的方式做出的，MTCR 伙伴定期交换关于国家出口许可事务的信息。[39]

---

[35]　见 *Treaty Banning Nuclear Weapon Tests in the Atmosphere*, *in Outer Space and Under Water* [Limited Test Ban Treaty], signed at Moscow August 5, 1963, 480 UNTS 43 [Limited Test Ban Treaty]. Ratification advised by U. S. Senate September 24, 1963; Ratified by U. S. President October 7, 1963; U. S. ratification deposited at Washington, London, and Moscow October 10, 1963; Proclaimed by U. S. President October 10, 1963。

[36]　见 Preamble, *Limited Test Ban Treaty*。

[37]　见 *Convention on the Prohibition of Military or Any Other Hostile Use of Environmental Modification Techniques* [Environmental Convention], signed in Geneva May 18, 1977 1108 U. N. T. S. 151. Entered into force October 5, 1978; Ratification by U. S. President December 13, 1979; U. S. ratification deposited at New York January 17, 1980。

[38]　见 MTCR 网站。

[39]　同上一条。

在实践中,MTCR 除了阐明对可能有助于大规模毁灭性武器投送系统(有人驾驶航空器除外)的物项和技术知识出口许可进行审查的基本方法和标准外,几乎没有任何作用。⑩ 出口管制的监管和实施以及"转让的决定",仍然是各国政府"唯一的和主权的判断"。⑪ 除了"与其他适用 MTCR 指南的政府'在必要和适当时'交换相关信息"的一般义务外,MTCR 没有提供透明度、核查或执行机制。MTCR 指南具体指出,该制度"并不是设计用来阻碍国家航天计划或此类计划的国际合作的——只要此类计划不会有助于大规模毁灭性武器投送系统"。⑫

HCOC 旨在加强遏制弹道导弹在世界范围内扩散的努力,并进一步使这种扩散失去合法性。⑬ HCOC 由一般原则、适度承诺和有限的建立信任措施组成。⑭ 它旨在补充而不是取代 MTCR,并由所有签署国集体管理。⑮ 由于该准则与运载火箭技术出口管制相关,签署国必须"在向任何其他国家的空间运载火箭计划提供援助时保持必要的警惕",并推动具有投送大规模毁灭性武器能力的弹道导弹的"不扩散"。⑯

8.2.1.5　瓦森纳安排

瓦森纳安排适用于《两用物品技术清单》和《军品清单》中所列的常规武器和两用技术。参与国必须报告所列物项的转让和拒绝转让。《两用物项清单》有两个附件类别:敏感物项和非常敏感物项。某些航天技术,包括卫星技术,被列为两用货物和技术,敏感和非常敏感。针对该安排采取的所有措施都依据国家立法和政策,并在国家自由裁量权的基础上实施。⑰ 因此,瓦森纳安排的主要作用是作为一个出口管制透明安排。

8.2.1.6　反弹道导弹条约⑱

反弹道导弹条约是俄罗斯和美国之间的双边军备控制协议,现已失效。在外空方面,反弹道导弹条约禁止开发、测试或部署天基反弹道导弹系统和组件。为了保障或遵守该条约,缔约国依靠国家技术手段进行核查。

---

⑩　同上一条。

⑪　见 MTCR 网站。

⑫　见 MTCR 指南。

⑬　见 *The Hague Code of Conduct Against Ballistic Missile Proliferation*(HCOC)美国国务院情况说明书。

⑭　见 *The Hague Code of Conduct Against Ballistic Missile Proliferation* HCOC 美国国务院概况介绍。

⑮　同上一条。

⑯　见 *The Hague Code of Conduct Against Ballistic Missile Proliferation*(HCOC)(2002 年11 月 25 日正式生效)。

⑰　见《瓦森纳协定》第 3 段。

⑱　见 *Treaty Between the United States of America and the Union of Socialist Republics on the Limitation of Anti-Ballistic Missile Systems*［AMB Treaty］(Entered into Force on 3 October 1972；Terminated by unilateral withdrawal by the United States on 13 June 2002)。

8.2.2 当前军备控制、裁军和防扩散协定(安排)框架中的缺漏

目前的国际框架存在缺漏,导致国际航天安全环境不利于国际民用航天合作。为了对民用、商业航天物项实施一个更全面的国际管制系统,需要解决与外空军备控制、裁军和扩散有关的缺漏,因为支持外空军事应用的基本技术与民用和商业应用密切相关。各国不愿意参与会使它们面临未授权技术转让和/或使用风险的国际民用航天合作项目。解决军备控制、裁军和防扩散缺漏将有助于强化国际民用航天合作发生的法律-政治环境,缓解各国对未授权转让和/或使用的担忧。

下述缺漏展示了目前阻碍国际民用航天合作的尚未解决的问题。

8.2.2.1 反卫星武器(ASAT)

没有国际协议或安排禁止或管制反卫星武器的开发、部署或使用。如 2007 年某试验被认为是技术扩散,美国认为是对国际航天环境的一个威胁。[49] 美国目前的政策是不让中国参与国际民用航天合作。[50]

8.2.2.2 天基武器

除了大规模毁灭性武器之外,没有国际安排或协议禁止或管制天基武器的开发、部署或使用。[51] 只要不是大规模毁灭性武器,各国可自由部署天基武器。[52]

8.2.2.3 技术扩散管制

在航天器技术扩散方面,没有国际管制体系(只有大规模毁灭性武器——例如导弹——投送系统的管制)。没有国际体系来监管民用和商业航天技术的应用,以防止其被用于军事生产或其他军事用途。

8.2.2.4 民用和商业运载火箭计划

没有核查民用和商业运载火箭计划未被用来补充或辅助军事弹道导弹计划的国际体系。同样,也没有一个积极的国际计划来支持各国在参与民用和商业运载火箭计划的同时,管制这些技术不用于军事计划。本土航天发射计划透明度的缺乏,导致了在国际社会成员之间的不信任和不确定性,抑制了他们参与航天合作的意愿。[53]

---

[49] 见 Michael Mineiro, "FY-1C and USA-193 ASAT Intercepts:An Assessment of Legal Obligations Under Article 9 of the Outer Space Treaty" 34(2) Journal of Space Law 321 (2008)。

[50] 见 Theresa Hutchins and David Chen, "Forging a Sino-US Grand Bargain in Space" 24(3) Space Policy 128 (2008)。

[51] 见 Michael Mineiro, "The United States and the Legality of Outer Space Weaponization" 33 Annals of Air & Space Law 441 (2008) 第 452~463 页。

[52] 同上一条。

[53] 在 20 世纪 90 年代印度开发空间运载火箭期间,美国抵制了民用航天合作。最近,伊朗开发的空间运载火箭引起了国际社会中某些从事空间活动成员的关注。

8.2.2.5 国际监管机构

没有促进航天技术和平利用并抑制其用于军事目的的国际机构。虽然存在管制核和化学技术使用的国际组织,但航天技术方面却没有类似的组织。[54] 同样,也没有具有独立核查机制的、给予保障的国际机制,以确保航天器、运载火箭及其他航天物项的使用方式不会促进任何军事目的的实现。[55]

8.2.2.6 外空军事化

对外空的军事"利用"有很少的国际法律限制。[56] 只要对外空的军事利用是非侵略性的,不违反《外空条约》关于禁止对天体进行军事利用的规定,[57]各国就可以自由地出于军事目的利用外空。"对'外空军事化'的担忧是由于越来越多的军事空间航天系统被用来支持地面作战行动,以及现代武器系统在这种能力方面的巨大差异。军事卫星与现代战场的关系越来越密切。"[58]

8.2.2.7 缺乏意图澄清和争端解决机制

根据现行国际法,各国可以在外空部署武器。虽然对可能部署的武器类型和部署范围存在法律限制,但在某些情况下,这些限制的程度并不明确。这种不明确可能引发威胁到国际社会和平与安全的争端。如果外空武器化活动是在现行国际空间法机制的缺漏范围内进行的,那么就可能发生这种争端。

目前的法律制度即使是要求透明度,要求也是很低的,也没有提供解决争端的特别机制。《登记公约》所确立的报告要求,提供了非常低的透明度,使各国能够有效地

---

[54] 国际原子能机构(IAEA)和禁止化学武器组织(OPCW)。

[55] 见 *International Atomic Energy Agency Statute*, Article 3(5)。"原子能机构有权建立和管理保障措施,以确保由原子能机构或应其要求或在其监督或管制下提供的特殊用途和其他材料、服务、设备、设施和信息不被用于达成任何军事目的;并应缔约方的要求,对任何双边或多边安排,或应一国的要求,对该国在原子能领域的任何活动实施保障措施。"

[56] 见 Michael Mineiro, "The United States and the Legality of Outer Space Weaponization" 33 Annals of Air & Space Law 441 (2008)。

[57] 见 Article Ⅲ, *Outer Space Treaty*。"本条约缔约国承诺不在环绕地球的轨道上放置任何携带核武器或任何其他种类大规模毁灭性武器的物体,不在天体上安装这种武器,也不以任何其他方式在外层空间放置这种武器。本条约所有缔约国应将月球和其他天体完全用于和平目的。应禁止在天体上建立军事基地、装置和设施,试验任何类型的武器和进行军事演习。不应禁止为科学研究或任何其他和平目的而使用军事人员,也不应禁止使用和平探索月球和其他天体所需的任何设备或设施。"

[58] 见 U. N. Centre for Disarmament Affairs, *Study on the Application of Confidence Building Measures in Outer Space*, A/48/305 (1994)第 50 页。

隐瞒登记物体是否是空间武器。⑤《外空条约》确实规定了国际法和《联合国宪章》的适用。因此，如果发生与外空武器化有关的争端，根据《联合国宪章》第 2(3) 条，各国有义务根据《联合国宪章》第 33 条善意地进行谈判。⑥ 然而，在谈判失败的情况下，几乎没有其他解决争端的方法可用。虽然《外空条约》第 9 条要求进行国际磋商，但不清楚仅部署太空武器本身是否会触发这一义务；即使触发，此种磋商要进行到何种程度也不明确。⑥

8.3　维护世界和平与安全

　　本章到此，我们已经研究了当前航天技术贸易和扩散管制国际机制如何影响各国在民用航天方面的国际合作能力，以及军备控制、裁军、防扩散和国际合作之间的关系。这项研究明确指出，当前的国际框架抑制了国际民用航天合作。为了支持这一论点，给出了当前国际合作活动的具体例子，这些活动的局限性，以及本应有助于促进各国运作的国际航天安全环境的国际法的缺陷的描述。很明显，还缺乏对于国际社会是否需要更多的外空合作这一中心问题的论述。虽然已经暗示有必要加强合作，但是还没有阐释原因。

　　确定航天必要性的核心挑战是，建立一个国际社会认可的世界和平的"客观"的衡量标准。本节中提出，评估国际航天合作必要性的一个恰当衡量标准是"世界和平与安全"原则。在此基础上，有人认为，为促进实行维护国际和平与安全所必需的集体措施，各国均应承担国际民用航天合作的世界义务。

8.3.1　维护世界和平与安全的一般义务

　　维护世界和平与安全是一个没有地理空间界线的问题，这一原则在地球和外空都一样适用。国际空间法的一个基本法律原则是，各国在外空开展活动必须为"维护世界和平与安全"利益服务。⑥ 这个原则的背后是一个深植于人类的理念，那就是维护国际和平与安全是我们全人类集体利益的一个先验知识。

---

⑤　见 I. A. Vlasic, "Space Law and the Military Applications of Space Technology"，载于 N. Jasentuliyana Ed., *Perspectives on International Law* (Boston: Kluwer Law International, 1995) 第 489 页；"根据关键的第 4 条，他们所要做的就是'在可行的情况下尽快'提交报告，其中包含旨在不暴露任务真实性质的信息。"

⑥　见 Nandasiri Jasentuliyana, *International Space Law and the United Nations* (Hague: Kluwer Law International, 1999) 第 218 页。

⑥　见 Michael Mineiro, "FY-1C and USA-197 ASAT Intercepts: An Assessment of Legal Obligations Under Article 9 of the Outer Space Treaty" 34(2) Journal of Space Law 321 (2008)。

⑥　见 Article Ⅲ, *Outer Space Treaty*。

　　对世界和平与安全的一般理解,来自第二次世界大战和《联合国宪章》。联合国成立于第二次世界大战的动荡年代,其主要使命是"维护世界和平与安全"。⑥³ 为此,联合国及其成员国采取联合行动,"以防止和消除对和平的威胁,制止侵略行为或其他对和平的破坏行为";并以和平方法和依正义及国际法之原则,调整或解决足以破坏和平之国际争端或情势。⑥⁴

　　第一次世界大战和第二次世界大战的惨痛教训,历史上使用武装冲突解决争端的负面影响,以及《白里安-凯洛格公约》的失败,都推动了对世界和平与安全的普遍理解。但在联合国成立后的65年里,世界和平与安全的理念以及国际社会对和平与安全的维护,已经演变至远远超出了解决国家间冲突的范围。在维护世界和平与安全的名义下,联合国及其成员国参与了多种行动,如国内人道主义干预、⑥⁵环境保护,⑥⁶以及国际刑事法庭。⑥⁷ 通过这些行动,国际社会认识到,维护国际和平与安全是一个应该随着时间推移而演变的概念,以满足当代的挑战;对世界和平与安全的破坏和威胁不一定必然是国家间的武装冲突。⑥⁸ 构成对和平与安全的破坏和/或威胁的决定因素,已经转为对讨论的问题事项和/或事件的潜在影响和/或效果的评估。国家实践表明,只要能确定某个事件威胁到国际和平与安全的普遍目标,国际社会就可能采取联合措施。⑥⁹ 即使该问题和/或事件只是在局部或区域层面上动摇了和平

---

　　⑥³　见 Article 1(1), *U. N. Charter*。

　　⑥⁴　同上一条。

　　⑥⁵　见 Peter Jakobsen, "National Interest, Humanitarianism or CNN: What Triggers UN Peace Enforcement After the Cold War?" 33(2) Journal of Peace Research 202 (1996)。另见 Adam Roberts, "Humanitarian War: Military Intervention and Human Rights" 69(3) International Affairs 429 (1993)。

　　⑥⁶　见 Ole Weaver, "Peace and Security: Two Evolving Concepts and Their Changing Relationships",载于 Hans Brauch, Ed. , *Hexagon Series on Human and Environmental Security and Peace Vol. 3: Globalization and Environmental Challenges* (New York: Springer,2008)第 99～112 页。

　　⑥⁷　见 Immi Tallgren, "The Sensibility and Sense of International Criminal Law" 13(3) European Journal of International Law 561 (2002)第 567 页。另见 U. N. Security Council Resolutions S/Res/808 (1993) and S/Res/827 (1993) on the establishment of an International Criminal Tribunal for the Former Yugoslavia。

　　⑥⁸　见 Paul Taylor, "The United Nations in the 1990s: Proactive Cosmopolitanism and the Issue of Sovereignty" 47(3) Political Studies 538 (1999)。

　　⑥⁹　例如,联合国安全理事会已经通过了一些支持这一主张的决议。见 *UN Security Council Resolution* S/RES/1267 (1999) (建立"制裁基地组织和塔利班委员会")。另见 *UN Security Council Resolution* S/RES/1769 (2007) ("授权在达尔富尔设立维持和平特派团")。另见 *UN Security Council Resolutions* S/RES/808 (1993) and S/RES/827 (1993) ("建立南斯拉夫境内违反国际人道主义法行为的国际刑事法庭")。

与安全,这一评估也是正确的。⑩

8.3.2 外空和世界和平与安全

在什么构成对世界和平与安全的破坏或威胁,以及国际社会应如何应对方面,外空也在经历概念上的演变。传统上,外空问题、威胁世界和平与安全的问题多发生在航天国家之间,特别是在与领土划界、主张占有"外空"和使用武力有关的问题方面。⑪ 今天,新问题不断涌现,推动将和平与安全的概念扩大到传统的国家间冲突模式之外。这些新问题包括任何超越特定国家的环境、安全和经济利益的问题,这些问题需要有效的国际联合措施来预防、控制和消除。

8.3.3 世界和平与安全的新兴天基威胁实例

8.3.3.1 外空军备竞赛

联合国大会已宣布,外空军备竞赛的可能性是对世界和平与安全的严重威胁。⑫外空军备竞赛是对世界和平与安全的一种新兴威胁。由于目前适用于外空的国际法律机制没有解决天基和/或地基武器(这些武器的目标位于外空)的开发或部署问题,

---

⑩ 另见 *UN Security Council Resolution* S/RES/1769 (2007)("授权在达尔富尔设立维持和平特派团"),该维持和平特派团主要涉及国家间事务,仅对邻国产生直接区域影响。另见 *UN Security Council Resolutions* S/RES/808 (1993) and S/RES/827 (1993)("建立南斯拉夫境内违反国际人道主义法行为的国际刑事法庭"),该法庭是针对国家/区域内的冲突的。

⑪ 见 Ian Brownlie, "The Maintenance of Peace in Outer Space" 40 British Year Book of International Law 1 (1964)。在这篇说明性文章中,Ian Brownlie 先生研究了他认为国际社会在维护外层空间的国际和平与安全方面所面临的主要挑战。根据他那个时代的概念和关切,Brownlie 写道,"(空气空间和外层空间的)边界问题"、"侵入"、"武装冲突法"、"侵略"、"非军事化"、"军事用途"和"武器试验"。值得注意的是,Brownlie 先生还很有远见地谈到了与其他智能体关系的可能性,以及当前极其重要的空间资产、武装冲突法和中立性问题。另见 Robert Jarman, *The Law of Neutrality in Outer Space* [Unpublished LLM Thesis, McGill University Faculty of Law, 2008]。Robert Jarman 少校的论文是一个例子,说明传统的国家间冲突问题演变为当代的空间资产及其在武装冲突和中立法下的法律地位问题。另见 Michel Bourbonnière, "National Security Law in Outer Space:The Interface of Exploration and Security" 70 Journal of Air Law and Commerce 3 (2005) 第 55 页,其中讨论了防止外层空间的军备竞赛——自 20 世纪 50 年代以来的国际和平与安全问题。

⑫ 见 G. A. Resolution 64/28 *Prevention of an Arms Race in Outer Space* (2 December 2009)的序言。

因此,这种威胁愈加严重。⑦

8.3.3.2 空间碎片(空间环境退化)

空间碎片对地球特定轨道内的外空的可持续利用构成了威胁。对未来外空碎片的预测,包括可能出现层叠的碎片场,以及特别重要的轨道(如高度拥挤的地球同步轨道和中地球轨道)被完全毁掉(如航天器无法在轨道内运行或无法穿行该轨道)。⑦ 鉴于我们对天基应用(如 GPS、遥感、通信、核核查保障)的高度依赖——因为它有可能限制我们未来利用外空的能力,空间碎片是对世界和平与安全的一个新威胁。

8.3.3.3 近地天体(NEO)

近地天体已被确认为人类健康、福祉和生存的威胁。⑦ 国际社会正在为应对近地天体撞击威胁不断努力。⑦ 随着国际社会对近地天体撞击地球威胁的评估更加准确,对抗近地天体可能成为维护世界和平与安全所必需的行动。

8.3.4 加强全球安全

全球安全是新出现的与维护国际安全相关的概念,该概念认同全球社会日益紧密的联系和各国应对跨国安全威胁的必要性。大家对全球安全承诺的性质和范围持有不同观点。一些人主张,全球安全概念包括人类尺度,通常称为"人类安全",它由七个部分组成:食品安全、环境安全、经济安全、健康安全、个人安全、社区安全和政治安全。⑦ 还有人呼吁,全球安全应采取冷战后的"合作"安全途径,包括对大规模杀伤性

---

⑦ 见 G. A. Resolution 64/28 *Prevention of an Arms Race in Outer Space* (2 December 2009),第 2 段。另见 Michael Mineiro, "The United States and Legality of Outer Space Weaponization: A Proposal for Greater Transparency and Effective Dispute Resolution Mechanisms" XXXⅢ Annals of Air and Space Law 441 (2008)。另见 Jinyuan Su, "Towards an Effective and Adequately Verifiable PPWT" 26(3) Space Policy 152 (2010)。

⑦ 见 *Report of the* 2009-2010 *Montreal-Cologne International Interdisciplinary Congress on Space Debris* [Unpublished but currently being edited by McGill University Institute of Air & Space Law for publication in 2011]。

⑦ 见 V. Garshnek, et al., "The Mitigation, Management, and Survivability of Asteroid/ Comet Impact with Earth" 16 Space Policy 213 (2000)。又见 Jessica Tok, Ed., *Asteroid Threats: A Call for Global Response* (ASE Report:2008)。

⑦ 见 John Remo, "Policy Perspectives from the UN International Conference on Near-Earth Objects" 12(1) Space Policy 13 (1996)。又见 K. Sweet, "Planetary Preservation: The Need for Legal Provision" 15 Space Policy 223 (1999)。

⑦ 见 United Nations Development Program (UNDP), *Human Development Report* 1994 (New York: Oxford University Press,1994), Chapter 2 of the report "New dimensions of human security" 22-47。又见 Kanti Bajpai, "Human Security: Concept and Management" (Kroc Institute Occasional Paper ♯19, 2000)。

武器(WMD)的管制、扩散管制、管制透明度、监督以及获得国际支持的有效合法干预。[78] 无论采取何种立场，可以肯定的是，国际社会已经开始认识到传统的单边国家安全概念在现代全球化社会中无法有效发挥作用。

通过使用天基应用来提升人类利益和打击跨国安全威胁，促进国际民用航天合作和航天技术的集体利用，可以加强全球安全。这是维护国际安全议题之下的另一个重要方面。[79] 应用航天技术增强全球安全的案例包括：自然资源管理和环境监测，[80]信息和通信应用，[81]气象学，[82]风险减轻和灾害管理。[83]

8.3.5　航天技术和世界和平与安全

有效对抗上述新兴威胁以及加强全球安全的需求，要求国际社会参与集体行动，在某些时候这些集体将包括国际技术共享、交流、共同开发、转让和运营。对于应该

---

[78]　见 Janne Nolan，Ed.，*Global Engagement：Cooperation and Security in the 21st Century* (Washington，D. C.：The Brookings Institution，1994) 第 10 页。

[79]　见 George Brown，"International Cooperation in Outer Space：Enhancing the World's Common Security" 3(3) Space Policy 166 (1987)。虽然这是一篇较早的文章，但布朗先生远远领先于他的时代，他呼吁国际空间合作，以推进全球安全。

[80]　这些文章只说明了在自然资源管理和环境监测等领域的许多实际天基应用中的几个。见 W. Balogh，L. Canturk，S. Chernikov，T. Doi，S. Gadimova，H. Haubold，and V. Kotelnikov，"The United Nations Programme on Space Applications：Status and Direction for 2010" 26(3) Space Policy 185 (2010)。另见 M. K. V. Sivakumar and Donald Hinsmen，"Satellite Remote Sensing and GIS Applications in Agricultural Meterology and WHO Satelltite Activities" in *Proceedings of a WMO Training Workshop Held July 7-11th in Dehru Dun，India*（AGM-8，WMO/TD-No. 1182）(Geneva：WMO，2004)。另见 K. D. McMullan，M. Martin-Neira，A. Hahne，and A. Borges，"SMOS- Earth's Water Monitoring Mission" Philip Olla Ed.，*Space Technologies for the Benefit of Human Society and Earth*（Springer，2009）。

[81]　通信是人类的基本需求。天基通信和信息技术为人类社会提供了各种用途，有利于全球安全。见 Phillip Olla，"The Diffusion of Information Communication and Space Technology Applications into Society"，Phillip Olla Ed.，*Space Technologies for the Benefit of Human Society*（Springer，2009）。又见 Joseph Pelton，"The Economic and Social Benefits of Space Communication：A Global Overview—Past，Present，Future" 6(4) Space Policy 311 (1990)。

[82]　第一颗气象卫星是在 1960 年 4 月 1 日发射的。从那时起，基于空间的气象应用已经大大改善了人类的安全和状况。今天，气象应用正与其他应用协同，为人类带来更多好处。见 Avery Sen，"The Benefits of Remote Sensing for Energy Policy" 20(1) Space Policy 17 (2004)。这篇文章研究了使用气象和遥感卫星来改善能源政策以促进公共福利。

[83]　见 Jesus Gonzalo，Gonzalo Martin-de-Mercado，and Fernando Valcarce，"Space Technology Disaster Monitoring，Mitigation and Disaster Management"，Philip Olla Ed.，*Space Technologies for the Benefit of Human Society and Earth*（Springer，2009）。又见 UNOOSA *Space Technology & Disaster Management*。

采取的技术促进方法、类型和程度,每种情况都有不同的要求。

8.3.5.1 统一的技术标准

某些问题将要求所有航天器和人员拥有统一的技术。实施技术标准化将包括某种程度的技术共享、转让、共同开发、交流、许可和/或销售。对统一技术标准的需求,最初很可能是为了对抗空间碎片[84]和支持国际载人航天任务。[85]

8.3.5.2 核查和合规监测

外空的物理环境和航天器的技术考虑很可能需要这样的军备控制、裁军核查和合规监测方法:要么直接在航天器上采用特定技术,要么需要共享的核查和保障技术。由于技术障碍和/或相关监测技术的垄断,仅仅依靠独立的"国家手段"进行核查和合规监测可能是不够的。[86]

8.3.5.3 全球科技发展

某些外空活动将需要超出任何单一国家的技术专长和工业能力水平。[87] 在这种情况下,全球的整体科技资源潜力将需要被挖掘。从促进全球安全应用,到应对天基国际安全威胁,都存在对全球科技发展的需求。

8.3.6 当前国际技术贸易和管制框架的局限性

如上所述,当前航天技术贸易和管制的国际框架根植于国家管制机制,其目的首先是保护个别国家的国家安全利益。全球技术共享、交流、共同开发、转让和运营的需要并没有被明确地纳入国际框架。很明显,缺乏一个国际组织来促进外空的集体

---

[84] 例如,不具约束力的 Inter-Agency Space Debris Coordination Committee (IADC)《减缓准则》描述了已经确定和评估的现有做法,以限制环境中空间碎片的产生。这些准则的制定是因为国际航界正认识到,空间碎片对继续和平利用外层空间构成的严重威胁。这些准则是政治性的,不是法律性的,因此不具有国际法的约束力。见 *IADC Space Debris Mitigation Guidelines* (IADC-02-01,Revision 1,September 2007),可在 IADC 网站上在线查阅。

[85] 考虑到国际空间安全促进协会(IAASS)(一个非营利组织,"致力于促进空间安全系统领域的国际合作和科学进步")的工作。见 IAASS 网站。IAASS 赞成从事人类空间探索的航天国家之间技术标准的一致性和协调性,以支持基本的宇航员系统,如生命支持、应急系统和避免碰撞。见 Gary Musgrave,Axel Larson,and Tommaso Sgobba,*Safety Design for Space Systems* (Oxford:Elsevier,2009)。

[86] 见 Paula A. DeSutter (U. S. Assistant Secretary for Verification,Compliance,and Implimentation),*Is an Outer Space Treaty Verifiable*? (Remarks to the George C. Marshall Institute Roundtable at the National Press Club,Washington,D. C.,4 March 2008)。见 A. Lukaszczyk,Laurance Nardon,and Ray Williams,*Towards Greater Security in Outer Space*:*Some Recommendations* (Secure World Foundation/Note de I'lfiri:November 2009) 第 23 页。

[87] 例如,识别、跟踪和补救近地天体碰撞威胁需要全球合作。见 Jessica Tok Ed.,*Asteroid Threats*:*A Callfor Global Response* (ASE Report,2008)。

行动，以维护世界和平与安全，或者更广泛地说，促进全人类和平开发和利用外空。航天技术仍然属于国家政治和法律体系的范畴。简而言之，目前的国际框架不是设计用来便利全球航天行动的，也不是为了促进技术的全球开发和使用。它仍是一个基于传统模式的框架，这个模式将航天活动视作国家活动。

就目前而言，这意味着国际联合行动对技术的促进，以对抗新出现的对世界和平与安全的外空威胁并加强全球安全，将需要专门的、逐案的政治和临时法律安排。各国将在其认为必要时签订双边和多边协议和/或安排，但这种方法存在几个问题：

> 临时的威胁评估可能会导致响应延迟（这种延迟可能会使威胁大大增加）。

> 国际社会成员可以在没有政治和/或法律后果的情况下选择加入或退出临时协议和/或安排，这带来了特别的集体行动问题。[88] 由于对抗世界和平与安全的天基威胁及加强全球安全，是一种重大的公共事务，有能力做出贡献的国家有动力"搭便车"或推迟参与。

> 临时性的协议和/或安排将把全球社会的参与排除在外，这可能会导致一些负面后果和影响，包括：

(1) 非参与国的政治反弹；[89]

(2) 经济成本不会在全球范围内分配，只由那些采取行动的国家来负担；

(3) 不会在全球范围内汇聚技术，可能会导致不必要的重复，或削弱技术的发展；

(4) 全球社会的缺席参与，可能会阻碍天基运行所需地面要素的运用（如 TT&C）；

(5) 非参与国可能无法获得必要的技术。

国家航天机构必须首先让其国内政治选民满意。如果没有一个国际组织来协调集体行动，全球的利益很可能会劣后于参与国自身的国家利益。

8.4　合作与相互理解

除了维护世界和平与安全之外，改革当前的国际框架以促进国际合作和相互理解是有法律依据的。在国际法中，有一项促进合作和相互理解的一般义务。正如《关于国家间友好关系与合作的国际法原则宣言》所主张的："各国有义务在国际关系的多领域相互合作，而不论其政治、经济和社会制度的差异，以维护国际和平与安全，促进国际经济稳定和进步，促进各国的普遍福利和国际合作，不因这种差异而有所歧

---

[88]　见 Mancur Olson，*The Logic of Collective Action*（Harvard：Harvard University Press，1971）。

[89]　对于达到全球关注程度的突发威胁，以联合国政府为代表的国际社会很有可能通过一项决议，呼吁各国以全球协作的方式开展集体工作，从而取代临时性的协议/安排。

视。"⑨《外空条约》第 3 条重申了这一义务,规定各国有义务为促进国际合作和相互理解而开展探索和利用外空的活动。⑨ "国际合作"一词也见于《外空条约》第 1 条第(3)款、⑫第 10 条⑬和第 11 条。⑭

这项一般义务范围广泛,主要作为指导国家行动的原则。⑮ 与维护世界和平与安全的义务不同,促进国际合作和相互理解并没有附加在可执行规范上,如《联合国宪章》第 2 条、第 24 条和第 25 条。因此,这项一般性义务被批评为仅仅反映了国家的良好意愿,但并没有使它们坚定地承诺采取具体行动。⑯ 然而,在这一促进国际合作和相互理解的一般义务的名义下,各国参与更多的外空国际合作活动得到了支持。

8.5　为了所有国家的福祉和利益——因此也是为了人类的福祉和利益

在前面的章节中,支持全球合作的论点是以实际需要和法律义务为基础的。全球合作最有力的法律论据依赖于既定的维护世界和平与安全的国际法原则。第二个论点是促进合作和理解的一般原则支持更多的民用航天合作。

在本节中,出现了一个更新颖的法律论点。首先,有人提出各国为"所有国家的福祉和利益"履行探索和利用外空的法律义务,带有为人类福祉和利益行事的责任。其次,有人提出,在某些情况下,国家为"所有国家的利益"探索和利用外空的一般义务被提升为全球参与民用航天活动的具体义务。

---

⑨　G. A. Res 2625（ⅩⅩⅤ）, *Declaration on Principles of International Law Concerning Friendly Relations and Co-operation Among States in Accordance with the Charter of the United Nations*（24 October 1970）。

⑨　见 Article Ⅲ, *Outer Space Treaty*。

⑫　见 Article Ⅰ, *Outer Space Treaty* 第 3 段:"在外层空间,包括月球和其他天体,应有科学调查的自由,各国应促进和鼓励这种调查的国际合作。"

⑬　见 Article Ⅹ, *Outer Space Treaty*:"为了按照本条约的宗旨,促进在探索和利用外层空间,包括月球和其他天体方面的国际合作,本条约缔约国应在平等的基础上考虑本条约其他缔约国的任何请求,以便有机会观察这些国家发射的空间物体的飞行情况。"

⑭　见 Article Ⅺ, *Outer Space Treaty*:"为了促进和平探索和利用外层空间的国际合作,在外层空间,包括月球和其他天体进行活动的本条约缔约国,同意在可行和实际的范围内,将这些活动的性质、进行、地点和结果,通知给联合国秘书长以及公众和国际科学界。"

⑮　见 Aldo Cocca, "The Advances in International Law Through the Law of Outer Space" 9 Space Law 13（1981）第 18 页:"国际合作是《外空条约》规定的一项法律义务,是一项制约空间活动合法性的义务。"

⑯　见 Henri A. Wassenbergh, "The International Regulation of an Equitable Utilization of Natural Outer Space Resources",载于 *Proceedings of the Thirty-Ninth Colloquium on the Law of Outer Space at 138*（New York:AIAA, 1996）。["（管理全球公域）的原则是基于以下方面制定的,它们仍然是完全非承诺性的、无限制的,只是反映了各国的良善。"]

8.5.1　外空作为人类的共同利益

早在 1956 年，外空作为人类的开发范围概念就已经进入法律学术讨论中。[97] 1958 年，联合国大会承认"人类在外空的共同利益"，[98] 并在一年后扩大了这一理念，承认"人类作为一个整体在和平利用外空方面的共同利益"，表示相信"外空的探索和利用只应该用于改善人类福祉。"[99] 1961 年，联合国大会在第 1721 号决议中阐述了两项后来被纳入《外空条约》的原则："国际法，包括《联合国宪章》，适用于外空和天体"以及"所有国家可根据国际法自由探索和利用外空和天体，外空和天体不得由国家占有。"[100] 该决议还承认人类在和平利用外空方面的共同利益，并表示相信空间探索只应用于改善人类福祉。

《外空条约》规定：

(1) "为和平目的促进探索和利用外空的发展，是全人类的共同利益"（序言）；

(2) "探索和利用外空应为了所有民族谋福利"（序言）；

(3) 外空，包括月球和其他天体，"应为全人类的开发范围"（第一条）；

(4) 宇航员应被视为"人类的使节"（第五条）。[101]

关于针对《外空条约》的绝大多数评论，在评估人类概念时，都侧重于相关条约条款的执行特性，因为这些条款涉及国家和国家之间——忽略了人类是国际法律权利的独特持有人的可能性。关于《外空条约》和相关大会决议以"国家为中心"的观点不是没有好处的，因为《外空条约》是对条约缔约国具有约束力的国际法文书。[102]

---

[97]　见 Andrew Haley，"Basic Concepts of Space Law" 26 Jet Propulsion 951 (1956)。

[98]　见 GA Res 1348（XⅢ），*Question of the Peaceful use of Outer Space*（13 December 1958）。

[99]　见 GA Res 1472（XⅣ），*International Cooperation in Outer Space*（12 December 1959）。

[100]　见 GA Res 1721（XⅥ），*International Cooperation in the Peaceful Uses of Outer Space*（20 December 1961）。

[101]　见 *Outer Space Treaty*。

[102]　在这种以国家为中心的背景下，人类的规定受制于几种不同的相互解释。见 G. Robinson and H. White Jr.，*Envoys of Mankind—A Declaration of First Principles for the Governance of Space Societies*（Washington，D. C.：Smithsonian Institute，1986）；见 R. Dekanozov，"Judicial Nature of Outer Space，Including the Moon and Other Celestial Bodies" in *Proceedings of the 17th IISL Colloquium on the Law of Outer Space*（New York：AIAA，1974）；见 A. Bueckling，"The Strategy of Semantics and the Mankind Provisions of the Space Treaty" 7 Journal of Space Law 15 (1979)；见 J. Gabrynowicz，"The Province and Heritage of Mankind Reconsidered：A New Beginning" NASA Johnson Space Center，*The Second Conference on Lunar Bases and Space Activities of the 21st Century*，Volume 2 (1992) 第 691～695 页。

8.5.2　人类是空间法下的国际法发展的一部分

然而,还有可能采取另一种方法来支持国家有法律义务为人类的利益而参与国际民用航天合作的主张。这种替代方法将人类设想为国际法的一种新发展,人类应是国际空间法所赋予权利的法律受益者。这一观点的三个最著名支持者是知名的空间法学者 Aldo Cocca 博士、Stephen Gorove 博士和 Ernst Fasan 博士。

Cocca 博士设想了一个人类法(de lege lata jus humanitais),一种属于人类和为人类服务的法律。在这个法律中,管理国际关系的不是国际法,也不是国际社会,而是整个人类。[103] Cocca 博士认为法律存在于法律主体的连续循环体中。他将这些主体之间的关系表述为图 8.1 所示的状态:

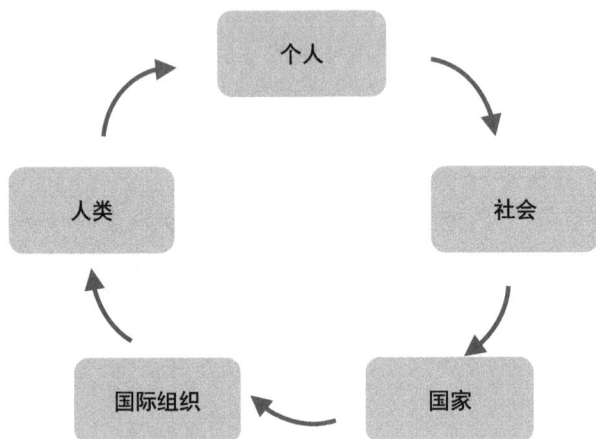

图 8.1

Cocca 博士认为空间法从根本上说是一个人文命题,其中人类的福祉是所有人类活动的起点和终点。[104] 这一主张将人类作为国际空间法的存在理由和首要受益者。根据这一推论,Cocca 博士得出结论:"从现在起,国际社会承认了一个新的国际法主体的存在,即人类本身,并建立了一个人类共同体法。"[105]

Gorove 博士同意 Cocca 博士的推论,支持人类作为一个新的国际法律主体的观点。Gorove 博士提出:

---

⑩　见 Aldo Cocca,"The Advances of International Law Through the Law of Outer Space" 9 Journal of Space Law 13 (1981)。

⑩　见 Aldo Cocca,"The Advances of International Law Through the Law of Outer Space" 9 Journal of Space Law 13 (1981)。

⑩　见 Aldo Cocca,"The Common Heritage of Mankind Doctrine and Principle of Space Law" in *Proceedings of the 29th IISL Colloquium on the Law of Outer Space* (New York:AIAA,1986)。

人类作为一个概念，应与一般的人区别开来。前者指的是人的集体，而后者则是指组成该集体的个人。因此，应将人类的权利与所谓的人权区分开来。人权是个人因属于人类而享有的权利，而人类的权利与集体实体有关，不会与构成集体实体的个人的权利相类似……事实上，也许法律现在是时候应该朝着承认人类的利益、权利和义务的方向发展，以区别于民族国家，并规定一个具有适当国际权威的充分代表机构来代表人类行事。[106]

然而，Gorove 博士警告说，人类作为一个国际法人格，仍然是拟议法。他对人类在国际论坛上被"代表"的能力提出了特别关注。Gorove 博士推测，一旦一个代表人类的具有合法性和权威性的国际组织建立并行其事，人类作为一个国际法人格将会实现。但他也承认："无论这样的解决方案在逻辑上听起来多么有吸引力，但在目前的世界条件下（1972 年冷战），极不可能建立一个这样的权威机构。"[107]

Fasan 博士也提出，人类在国际法下具有特殊的法律地位，人类已经从国际空间法中获得了权利。[108] Fasan 博士推理，这些权利是授予作为"空间探索和利用的受益者"的人类的。[109] 关于 Gorove 博士表达的保留意见，Fasan 博士认为，国际法的主体不一定是国家，而可能只是本身获得国际法权利和/或义务的人（法人或自然人）。[110]

这一推论的基础是对具有法律代表能力的国际法主体和没有法律代表能力的国际法主体的区分。法桑博士的立场是，国际法主体可以包括那些被国际法赋予实质性权利和/或义务的法人或自然人，即使它们不一定有法律人格能力在国际上代表自己。

Fasan 博士推断，由于"人类"是国际空间法确定的权利的法律受益者，"人类"的法律概念必须具有特殊的国际法意义。他的结论是，人类正在经历"成为一个新的国际法法律主体的过程"。[111] 然而，因为在国际上，人类尚未获得以规范程序代表自己的法律权利，Fasan 博士并没有最终得出结论说人类已经明确地被确立为一个独立

---

[106]　见 Stephen Gorove, "The Concept of 'Common Heritage of Mankind'：A Political, Moral, or Legal Innovation?" 9 San Diego Law Review 389（1972）第 393、402 页。

[107]　见 Stephen Gorove, "The Concept of 'Common Heritage of Mankind'：A Political, Moral, or Legal Innovation?" 9 San Diego Law Review 389（1972）第 394 页。

[108]　见 Ernst Fasan, "The Meaning of the Term 'Mankind' in Space Legal Language" 2 Journal of Space Law 125（1974）。

[109]　同上一条，第 131 页。

[110]　同上一条，第 131 页。另见 *Reparation for Injuries Suffered in the Service of the United Nations*（International Court of Justice, *Advisory Opinion*, 14 April 1949）第 8 页。法院指出："任何法律制度中的法律主体，在性质或权利范围方面不一定相同，其性质取决于社会的需要。在整个历史上，国际法的发展一直受到社会需要的影响，而国家集体活动的逐步增加已经引起了某些非国家实体在国际上采取行动的情况。"

[111]　见 Ernst Fasan, "The Meaning of the Term 'Mankind' in Space Legal Language" 2 Journal of Space Law 125（1974）第 131 页。

的国际法人格。

8.5.3 人类的实质性法律权利

让我们暂时搁置人类的国际法律代表权问题,回到这样的问题:在不考虑人类不能够在国际上行使这种法律权利的情况下,国家是否对作为国际空间法主体的人类负有积极的法律义务?

人们首先必须确定他们是否接受"人类"作为国际空间法下法律权利的独特接受主体。如果人们拒绝将人类作为一个接受主体,那么人类就不拥有任何权利。因此,国际空间法的任何其他主体(包括国家)都不会对人类负有法律义务。

关于这一观点有两个主要流派。

第一派反对人类是国际空间法下法律权利的独特接受主体这一前提,拒绝人类作为国际法的被动主体的主张。[12] 对他们来说,人类仍然是一个哲学概念,而不是一个法律概念。[13]

第二派接受人类是国际空间法的接受主体,但不接受人类作为国际法律人格而拥有代表权。他们的立场的根本是:"空间法将人类作为一个整体来提及,赋予其某些权利,并要求各国对其采取特殊的行为。"[14]在这方面,国际法院法官 A. A. Concado Trindade 写道:

已经形成了这样一种认识:科学技术的进步必然会造福于整个人类。在这一理念下,空间探索的福祉拓展到了全人类,这一成果如今是不可否认的……[15]

但这一法律立场立即引发了以下问题:(1)《外空条约》赋予了人类哪些特定的权利?(2)如果人类不具备代表能力,那么将如何行使这些权利?

8.5.4 为了所有国家及人类的福祉和利益

解决这一难题的一个办法是对《外空条约》第 1 条进行解释,即各国探索和利用外空"应为所有国家谋福祉和利益"的义务,包括了人类的国际法律主体。在对第 1 条的这种解读中,国家作为国际法律人格的中心地位得以保持,这使得国家既是

----

[12] 见 R. V. Dekanozov, "The CHM in the 1979 Agreement Governing the Activities of the States on the Moon and Other Celestial Bodies" in *Proceedings of the 24th IISL Colloquium on the Law of Outer Space* (New York: AIAA, 1981)。

[13] 见 K. Tatsuzawa, "Political and Legal Meaning of the CHM" in *Proceedings of the 29th IISL Colloquium on the Law of Outer Space* (New York: AIAA, 1986)。

[14] 见 Gyula Gal, "Some Remarks to General Clauses of Treaty Space Law" 1(1) Miskolc Journal of International Law 1 (2004)。

[15] 见 A. A. Cancado Trindade, *International Law for Humankind: Towards a New Jus Gentium* —Hague Academy of International Law General Course on Public International Law (Leiden: Martinus Nijhoff, 2006) 第 368 页。

国际法律权利的享有者，又是权利的义务人。但是这种权利的普遍性，即它对"所有国家"（甚至是那些不是协议缔约国的国家）的适用，以及这种权利的集体性质，即为作为一个群体的所有国家而不是单个国家谋福祉和利益的义务，意味着一种针对"人类无法被代表"这一问题的解决方案。这个解决方案将人类归入"所有国家"这一法律概念。因此，"所有国家"的集体利益成为全人类的代表。人类的法律利益——特别是其在为所有人福祉而探索和利用外空方面的利益——因此得以维持。

人们承认，对第 1 条的这种解读可以提出重要的批评意见。这是一个新的观点，笔者没有读过任何提出这种法律解决方案的学术著作。然而，提出这一观点是为了探索法律理论，并为学术界提供一种新的方法，来认识人类是国际空间法的法律利益受益者。未来，这种针对第 1 条的法律路径可能被证明是富有成效的。

8.5.5　当前民用航天活动中需要全球合作的问题

无论人们是否接受《外空条约》第 1 条第（1）款所阐述的"人类"在"所有国家"的全球集体下被授予代表权的主张，各国仍有义务根据第 1 条的规定，为所有国家的福祉探索和利用外空。

有人提出在某些情况下（见下文），各国为"所有国家的福祉"探索和利用外空的一般义务，已经被提升为让全球参与民用航天活动的具体义务。这是因为，在这些特殊情况下，缺乏全球参与会从根本上威胁到第 1 条第（1）款的一般法律原则，以至于使该条款失去效力。这些情况的共同点是，如果没有全球参与，就相当于建立了一个先例——空间活动的福祉仅由参与的国家单方面进行分配，而没有考虑所有国家或人类的利益。

请考虑以下情况：

8.5.5.1　天体资源的开发

主要航天国家现在正计划返回月球，探索小行星和其他天体，并最终在火星上建立一个有人的基地。这些计划的明确目标之一，是确定这些天体的自然资源可以被开发到什么程度。探索和开发自然环境是人类存在的一个天然前提，外空也不会例外。

天体资源开发的合法性以及这种开发是否必须实质性地认可和履行为人类谋福利的义务，是国际空间法体系中尚未解决的问题。《月球协定》是国际社会建立法律协议的一次尝试，它对月球和其他天体上自然资源的开发进行了规定，同时也考虑到了外空是"人类的共同遗产"。[16] 它旨在建立一种国际机制，一旦"开发即将变得可行"[17]，这项机制就将对开发进行管理。此项机制的主要目的是：

---

[16]　见 Article 11(1), *Agreement Governing the Activities of States on the Moon and Other Celestial Bodies* ("Moon Treaty"), signed 18 December, 1979, entered into force 11 July 1984, 1363 UNTS 3.

[17]　见 Article 11(5), *Moon Treaty*。

① 有序和安全地开发月球的自然资源。

② 对这些资源进行合理的管理。

③ 扩大使用这些资源的机会。

④ 让所有缔约国公平分享这些资源所带来的惠益,而且应对发展中国家的利益和需要以及那些做出贡献的国家所作的努力,给予特别的照顾。⑱

国际社会并没有都接受《月球协定》。只有13个国家正式批准了该协定,其中没有一个是主要航天强国。⑲ 这种缺乏国际社会批准的情形意味着,国际空间法中存在一个缺陷。如果不加以解决,国家实践将决定天体资源开发合法性的演变。这样的演变将有可能以某种方式赋予个别国家优先或排他性获取天体资源并进而获益的权利。在这种情况下,天体将不再是为"所有国家"谋福祉,而是只为那些拥有从事资源开发的技术,或具有与此类国家合作政治智慧的特定国家谋福祉。

8.5.5.2 月球、火星的载人探索与栖息

在法律原则中,宇航员——那些在地球之外冒险的人类——被视为人类的使者。⑳ 有这种地位的一个原因是,在着陆地球后,宇航员将得到独特的保护。但第二个考虑是,在探索和栖息外空的过程中,因为没有任何国家要求主权或占有,所以探索和栖息于外空是符合人类利益的。由于拥有人类使者的地位,宇航员应被视为是不能代表行使领土主权要求的,因为他们作为个人,最优先和更高的地位是作为人类的代表。想想看,当尼尔·阿姆斯特朗在月球上迈出第一步时,那是"个人的一小步,人类的一大步"。

然而,一旦各国在月球、火星或其他天体上开展长期栖息活动,特别是如果各国继续单方面载人探索天体的历史实践的话,宇航员作为人类使节的地位将有可能被侵蚀。如果在火星上生活的是中国或美国的宇航员,而不是联合国或某个全球航天组织的宇航员,未来会是什么样子?这可能看起来微不足道,但航天器上携带的旗帜和宇航员手臂上的国旗具有极其重要的象征意义。如果人们把未来看成是一系列线性事件,每个事件都会影响接下来的事件,那么以个别国家的名义在天体上建立有人驻留基地,就会创造一个潜在的破坏性先例,削弱外空作为全人类的开发范围的法律地位。

---

⑱　见 Article 11(7), *Moon Treaty*。

⑲　见联合国外层空间事务办公室网站信息。一些国家是签署国,但没有批准该条约。另见 U. N. Document ST/SPACE/11/Rev. 2/Add. 3 *Status of International Agreements Relating to Activities in Outer Space as of 1 January 2010*。

⑳　见 Article V, *Outer Space Treaty*。另见 *Agreement on the Rescue of Astronauts, the Return of Astronauts, and the Return of Outer Space Objects Launched into Space*, entered into force 3 December 1968, 672 UNTS 119。

8.5.5.3　天基太阳能

随着人类的能源需求给我们不可再生的自然资源带来更大的压力,太阳能正被视为一种 24 小时的可再生资源。[120] 如果人们接受这样的观点,即人类作为一个消耗能源的实体倾向于寻求更多的能源资源,那么人类去外空寻找能源将会顺理成章。放置在享有 24 小时阳光的轨道上,天基太阳能有潜力成为一种主要的能源来源。

我不会猜测人类何时会走到这一步,但我提出这个问题是因为天基太阳能项目,如果不是为了所有国家的福祉而进行,就可能会成为地球政治——特别是关乎和平与安全——的一个争论点。如果历史是一位老师,那么人们只需要反思一下为获得能源而发动的那么多战争。如果天基太阳能不仅仅是为了少数享有特权的国家,而是为了所有国家谋福祉,那么国际社会就有可能会防止这种冲突。

8.5.6　国际法之下人类利益的平行发展

值得注意的是,人类利益在国际法中的发展并不局限于空间法的范畴。[122] 在当代国际法中,人类的利益正在国际人道主义法、国际人权法[123]和国际环境法等领域涌现。[124]

---

[120]　见 Molly Macauley and J. Shih,"Satellite Solar Power:Renewed Interests in the Era of Climate Change?" 23(2) Space Policy 108(2007)。另见 R. Bryan,J. Grey, and N. Kaya,"International Coordination of Space Solar Power Related Activities" 16(2) Space Policy 123(2005)。

[122]　见 A. A. Cancado Trindade,*International Law for Humankind:Towards a New Jus Gentium*(Leiden:Martinus Nijhoff, 2010)第 275 页。"这里并不是说,在国际法发展的现阶段,人类正在取代国家成为国际法的主体。这里所断言的是,国家不再是国际法的唯一主体,国际组织、个人和个人群体都是国际法的主体;此外,人类本身也已成为国际法的主体。"

[123]　与所有人相关的普遍法律权利的出现,与整个人类的某些权利的更广泛的概念有很大关系。见 *Universal Declaration of Human Rights*,A/Res/3/217(10 December 1948)。另见,A. A. Cancado Trindade,*International Law for Humankind:Towards a New Jus* Gentium(Leiden:Martinus Nijhoff, 2010)第 286 页,"诉诸人类作为国际法主体的概念本身,迅速将整个讨论置于人权框架之内……"。

[124]　国际环境法中的代际正义和共同遗产的概念,对人类,包括人类的后代作为国际法律权利的独特享有人有相当大的认可度。见 *Intergenerational Justice:Rights and Responsibilities in an International Global Polity*(New York:Routledge, 2009)。另见 E. Brown Weiss,*In Fairness to Future Generations:International Law,Common Patrimony and Intergenerational Equity*(Dobbs Ferry, NY:Transnational Publishers,1989)。另见,D. Clayton Hubin,"Justice and Future Generations" 6(1) Philosophy and Public Affairs 70(1976)。

在确立高于国家利益的强制法和普遍义务时,人类的优先利益也开始得到承认。⑱ 这些平行发展是否代表着一个更宽泛的演进:国际公法朝着承认人类是一个独特的国际法律人格的方向发展？——这是本专著最后提出的一个问题,以供后续研究(见《后记:未来的研究领域》)。

8.6 一个世界航天组织

解决上述国际法缺陷的一个办法是,国际社会建立一个服务外空的全球性组织,以促进国际空间法、有关空间政策的法律和政治的发展。

笔者承认,应该指出的是,国际组织是解决国际困境的一种传统积极的法律路径,但在现代国际法中,存在新颖的全球治理替代机制。然而,由于空间探索和利用的国家中心性质,以及航天技术贸易和扩散管制的国家中心范式,我们认为,国家参与的传统国际组织模式,对于外空所覆盖的引起全球关切的多种多样的领域来说,仍是最有效的。⑲

本节中对世界航天组织(简称 WSO)作为国际法律-政治机制的想法做了研究,这一机制将促进更多的外空合作。第一步,对 WSO 的国际政治支持进行了评估。第二步,审视了 WSO 独特的集中化和独立化组织属性。第三步,讨论了对 WSO 提供服务的实际需求。然后,提出了 WSO 的基本条件。最后,提出了一个以 WSO 为补充的全球航天技术管制倡议,将其作为第 7 章中讨论的当前范式的替代方案。

8.6.1 对 WSO 的政治支持

早在 20 世纪 50 年代就有了针对人类外空活动采取更全面的国际路径的

---

⑱ 见 *Barcelona Traction*, *Light and Power Co. Ltd.* (Belg. v. Spain), 1970 I. C. J. 3, 32 (Feb. 5)。"例如,在当代国际法中,这种义务来自宣布侵略行为和种族灭绝为非法的规定,也来自有关人的基本权利的原则和规定,包括免受奴役和种族歧视。一些相应的保护权利已进入一般国际法体系(*Reservations to the Convention and Punishment of the Crime of Genocide*, *Advisory Opinion*, I. C. J. *Reports* 1951 第 23 页);其他权利是由具有普遍性或准普遍性的国际文书赋予的。"另见 Cherif Bassiouni,"International Crimes:*Jus Cogens* and *Obligatio Erga Omnes*" 59 (4) Law and Contemporary Problems 63 (1997)。"某些罪行影响到整个国际社会的利益,因为它们威胁到人类的和平与安全,也因为它们震撼了人类的良知。"

⑲ 本专著的作者预测,各国最终将建立一个专门处理与空间事项有关的国际组织。在国家实践向建立一个世界性组织演变之前,可能会有其他形式的协议和/或安排,如非正式的机构间协商安排、联合国现有体制结构内的常设委员会,以及其他临时安排。对这些中间协议/安排的研究超出了本专著的讨论范围。然而,正如本专著的结尾所指出的,在这个领域需要进一步的研究(见《后记:未来的研究领域》)。

想法。[127]学者们,如 Simone Courtelx,Alexander V. Yakovenko,K. B. Serafimov,
V. Vereschetin, E. Kamenestskaya, Kenneth Padnerson, Yun Zhao, Chukeat
Noichum 和 Stephen Doyle 都对这个问题的学术讨论做出了贡献。[128] 历史上,WSO
在航天国家中得到了不同程度的政治支持。对 WSO 最明显的政治支持出现在 1988
年,当时,苏联向联合国和平利用外层空间委员会(简称 UNCOPUOS)提交了一份
WSO 的宪章草案,并积极支持该提议。[129]

　　自 1988 年以来,对建立 WSO,主要的航天国家没有予以重大政治支持。在苏联
解体后,UNCOPUOS 关于 WSO 的提议被搁置。自那时起,美国、俄罗斯以及其他
主要航天国家都没有重新提交关于 WSO 的提案供 UNCOPUOS 审议。然而,在
UNCOPUOS 层面,在政治上承认全球航天合作的必要性正在实现。

　　自 2006 年以来,地球上 14 个最重要的航天机构[130]一直在参与关于全球民用航

---

[127]　见 Phillip Jessup and Howard Taubenfeld, *Controls of Outer Space* (New York: Colom-
bia University Press, 1959) 第 275~280 页。在这本书中,Jessup 和 Taubenfeld 探讨了超越"严格
的功能主义方法"的外层空间国际秩序的可能性。Jessup 和 Taubenfeld 确定了在太空中管理国
际管制的三种形式:(1) 一种 "准国际" 方法,包括非军事化和建立托管制度;(2) 一种介于托管制
度和直接国际管理之间的国际制度;(3) 建立一个国际空间组织,"通过外层空间活动促进所有人
的福利"。虽然他们的前两项建议由于人类在外层空间活动的法律的历史发展而被搁置,但他们
的第三项建议,即建立一个国际空间组织的想法,仍然引起了人们的兴趣,并可能有一个合法和合
理的要求供国际社会考虑。

[128]　见 Simon Courtelx, "Is It Necessary to Establish a World Space Organization?" in *Pro-
ceedings of the 36th IISL Colloquium on the Law of Outer Space* (New York: AIAA, 1999)。见
Stephen Doyle, "International Space Plans and Policies: Future Roles of International Organiza-
tions" 18 Journal of Space Law 123 (1990)。见 V. Vereschetin and E. Kamenetskaya, "On the
Way to a World Space Organization" 12 Annals of Air & Space Law 337 (1987)。见 Chukeat
Noichim, "International Cooperation for Sustainable Space Development" 31 Journal of Space Law
315 (2005)。见 Kenneth Pederson, "Is It Time to Create a World Space Agency?" 9 Space Policy
89 (1993)。见 A. S. Piradov, "Creating a World Space Organization" 4 Space Policy 112 (1988)。
见 K. B. Serafimov, "Achieving Worldwide Cooperation in Outer Space" 5 Space Policy 111(1989)。
见 Yun Zhao, "An International Space Authority: A Governance Model for a Space Commercializa-
tion Regime" 30 J. Space L. 277 (2004)。

[129]　见 *International Co-operation in the Peaceful Uses of Outer Space: Note by the Soviet
Socialist Republics*, A/AC. 105/407 (1988)。另见 *Charter of a World Space Organization:
U. S. S. R. Working Paper*, A. /AC. 105/L. 171; Supplement No. 20 (A/43/20) 43rd Session
U. N. G. A. (1988)。

[130]　按字母顺序排列:ASI(意大利),BNSC(英国),CNES(法国),CNSA(中国),CSA(加拿大),
CSIRO(澳大利亚),DLR(德国),ESA(欧洲航天局),ISRO(印度),JAXA(日本),KARI(韩国),NASA
(美国),NSAU(乌克兰),Roscosmos(俄罗斯)。"空间机构"是指负责空间活动的政府间组织。

天探索合作的非约束性讨论。⑬ 2007 年,这些讨论最终形成了一个全球探索战略框架(简称 GESF)。GESF 承认:"可持续的航天探索是一个挑战,没有一个国家可以独自完成。"GESF 阐述了机器人和人类空间探索的行动计划,聚焦太阳系内人类有朝一日可能生活和工作的目的地。这个行动计划是通过一个名为"国际协调机制"的自愿的、不具约束力的论坛来推动实施的,参与国可以通过该机制进行协作。

与 WSO 问题有重要联系的是,外空武器化和军控问题,这是中国和俄罗斯的一个重要政治活动领域。2008 年,中国和俄罗斯联合提交了《防止在外空放置武器、对外空物体使用或威胁使用武力条约》(PPWT)草案。该条约草案是航天活动活跃的国家进行谈判的一个重要起点。国际空间法在这一领域的进步,将为 WSO 倡议提供有力补充。

另一个重要的进展是美国 2010 年的《国家航天政策》。新的美国航天政策与美国传统外空军控立场有重大偏离。与以前的政府不同,美国的官方航天政策现在要考虑外空军控措施的概念和提案。⑬ 这是一个强有力的信号,表明联合国裁军委员会的倡议,如中国、俄罗斯共同发起的《防止在外空放置武器、对外空物体使用或威胁使用武力条约》(PPWT)草案,⑬现在具有政治可行性。美国的航天政策也体现了对国际合作的承诺。美国航天政策的目标包括:(1)加强机构间的伙伴关系,(2)识别潜在的国际合作领域,(3)制定提高透明度和建立信任的措施。⑭

目前的政治氛围表明,在主要航天国家中,自愿参与国际民用航天协调任务是可行的。在不久的将来,在外空军控问题上可能会取得重大进展。然而,显然这些讨论中缺失的是,没有全球规模的更宏大的合作任务愿景。具有法律约束力的全球民用航天合作协议和非航天全球社区的参与,都没有包括在目前的政治讨论中。目前的政治现状是,各国只有在参与国共同受益的情况下才会与"机构"国家(特别是战略盟友)一起参与民用航天活动。为所有国家和人类的利益而进行探索和利用,不是首要的政治优先事项。正如下文将讨论的那样,经推理,造成这种政治气候的一个原因在于存在一种自证正当的安全困境,这种困境使不开明的单边利益的政治态度长期存在。

然而,即使在目前的政治氛围下不会考虑建立 WSO,出于以下原因,对这一构想进行研究仍然是有价值的。第一,政治利益可以迅速改变,苏联提交的 WSO 提案就

---

⑬　见 *Global Exploration Strategy: Framework for Coordination* (May 2007)第 5 页,可在美国宇航局网站上查阅。

⑬　见 *National Space Policy of the United States* (28 June 2010)第 7 页,可在白宫网站上查阅。

⑬　见 *Draft Treaty on Prevention of the Placement of Weapons in Outer Space and of the Threat or Use of Force Against Outer Space Objects*, CD/1839 (29 February 2008)。

⑭　见 *National Space Policy of the United States* (28 June 2010)。

证明了这一点。第二，正如上文所讨论的，大量涉及外空的问题需要更大范围的国际合作才能解决，在某些情况下甚至需要全球合作。第三，与空间碎片、空间武器化和原位资源开发等国际关切有关的既定事实可能迅速变化，并为国际政治行动创造动力。第四，正如下文所讨论的，WSO具有通过其他国际合作手段无法实现的独特属性，这些属性可极大地促进外空集体行动问题的解决，并将有充分理由获得政治支持。

8.6.2 WSO 的独特组织属性

国家建立和参与国际组织，是因为国际组织可以"达成国家在分散的基础上无法实现的目标。"[135]因此，国家建立和参与国际组织（包括 WSO）的理由与国际组织可以提供的独特集中化和独立化的属性相关联。[136] 这些属性使 WSO 有能力，或者比非WSO 方法更有效地，或者以国际组织模式特有的方式，提供经济、安全或政治福祉。[137]

8.6.2.1 集中化

WSO 可以作为一个全球社会集中的组织节点。这种集中化的属性为国家间的直接互动和业务活动提供了惠益。对于国家间互动，WSO 可以作为一个稳定的谈判论坛，使国家互动非政治化，体现国家间互动的准确意义，随着条件的变化影响国家间合作的演变，规范和监管跨国活动，并提供支持功能（如会议/工作组等）。对于业务活动，WSO 可以作为一个管理者，汇聚资产和风险，并使联合生产或运行成为可能。[138] 航天业务和航天技术/货物的生产可以在 WSO 的主持下进行。

8.6.2.2 独立化

WSO 应该独立于任何特定成员国的政治控制。一个实质上独立的 WSO"可以通过推动谈判来促进国家间的协作"。这样一来，WSO 的独立性就能提高国家集体或单独行动的效率和合法性。有趣的是，独立的 WSO 还可以支持国家发起的提案，这些提案在原本的国家对国家的形式下是不可接受的，但在通过国际组织"运作"后却具有了合法性。[139] 这种"运作"可以被用来促进全球航天合作，为国内政治家提供政治掩护，否则他们将无法向国内选民证明与另一个国家合作的正当性。目前，美国

---

[135] 见 Kenneth Abbott and Duncan Snidal，"Why States Act Through Formal International Organizations" 42(3) Journal of Conflict Resolution 3 (1998)第 29 页。

[136] 同上一条，第 8 页。

[137] 见 W. Duncan, B. Janice-Webster, and B. Switky, *World Politics in the 21st Century* (Boston：Houghton Mifflin，2009) 第 165～170 页。

[138] 见 Kenneth Abbott and Duncan Snidal, "Why States Act Through Formal International Organizations" 42(3) Journal of Conflict Resolution 3 (1998)第 10～17 页。

[139] 同上一条，第 17～23 页。

在民用航天合作任务方面不与中国合作的政策,就是这样一个例子:美国国内不接受与中国合作的议案,但是如果通过 WSO 进行,合作则可以被赋予政治正当性。

8.6.3 可由 WSO 提供服务的实际需求

自从 1958 年首次发射 Sputnik 以来,人类已成为宇宙飞行物种,将外空应用于民用、商业和军事活动,进行了载人和无人外空探索,这些应用为人类提供了重要的工具,使人类能更好地了解自己以及自己所处的环境,并为提升人类的生活品质做出了贡献。外空及其相关应用在人类社会和经济持续发展、安全、福祉和人类生存方面发挥着至关重要的作用。随着人类对外空及地球家园的深入了解和广泛利用,出现了一些与空间有关的问题,由于其跨国性质或技术的复杂性,理所当然地就需要以一个集中、独立的国际组织形式来加强国际合作和协调。下面是一些示例。

8.6.3.1 空间环境退化(又称"空间碎片")

WSO 可以促进空间碎片和空间环境退化管制的规则制定、标准化、协调和执行。通过国际航天组织的一个集中、独立办公室,国际社会可以有效地执行有约束力的国际标准,运用包括审计、公开谴责、技术工作组、发展基金等在内的多种多样的机制。

8.6.3.2 全球气候变化

全球气候变化和其他地球环境挑战需要天基观测和科学调查。WSO 可以通过一个集中化的机构来协调天基环境计划、运营和资产。数据和信息的分发与共享,可被视为 WSO 协调的一种全球公共品。

8.6.3.3 近地天体(NEO)的威胁

WSO 可以作为近地天体监测、风险补救和应急威胁应对的牵头机构。它可以协调全球空间监测网络,支持对近地天体的科学调查,开发与近地天体有关的航天技术,计划和运行近地天体任务,并为近地天体相关行动提供一个政治论坛。

8.6.3.4 在轨空间态势感知/空间态势感知及交通管理

商业和民用航天参与者对空间态势感知(简称 SSA)/空间态势感知及交通管理(简称 SSTM)越来越有兴趣。[40] 正如最近铱星 33 -宇宙 2251 碰撞所证明的那样,对

---

⑩　见 Richard Dal Bello,"Commercial Management of the Space Environment"(Paper Presented at the 2009 Interdisciplinary Space Debris Congress at McGill University; May 7th—May 9th, 2009)。另见 Tommaso Sgobba and Ram Jakhu Eds. , *ICAO for Space* (IAASS White Paper, 2008)。

民用 SSA/SSTM 有明确的需求。⑩ 今天，仅有的正在运行的 SSA 系统都是由美国国家拥有和运营的。正如这些 SSA 系统所提供的有限公共服务所反映的那样，这些国家运营的系统的性质和目的主要是军事性的。⑩ 目前还没有全球公共 SSA 系统和 SSTM 系统。WSO 可以通过提供一个全球公共民用 SSA/SSTM 系统来满足这一需求。

8.6.3.5　商业航空航天器和民用航空航天器

目前还没有统筹负责航天飞行器的国际组织。⑩ 亚轨道航天飞行器和轨道航天飞行器的安全和有序运行，需要一个国际空中和外空交通管理系统，该系统涵盖亚轨道航天飞行器和轨道航天飞行器穿越的所有高度和轨道。⑩ WSO 可以作为一个国际组织，为商业和民用航天运输的安全和有序发展提供保障，建立导航、通信和安全国际标准，并将航天器整合到全球航空和外空交通管理基础设施中。

8.6.3.6　空间探索

对载人和无人空间探索来说，WSO 可以提供全球合作和协调的政治惠益。通过集中的任务规划和共享的任务运行，WSO 可以通过成本分摊、汇集资源和减少重复工作等方式，提供经济收益。最重要的是，WSO 将提供一个平台，使整个全球社会都能够参与和平探索和利用外空。这种全球参与在强化国际空间法原则的同时，将加强国际合作文化，为所有国家营造切实的参与氛围。

8.6.3.7　外空军控、裁军和扩散

WSO 可以作为核查和确保遵守外空军控、裁军和扩散协议的牵头机构。WSO可以拥有和运行用于核查和合规的天基资源，并派人员开展地面和天基现场检查。作为一个额外的好处，WSO 可以为地面军控、裁军和扩散机制提供独立的天基合规核查手段，并响应联合国安全理事会的要求，对安全理事会决议的遵守情况进行卫星

⑩　见 William Broad, "Debris Spews into Space After Satellites Collide," *New York Times* (11 February 2009) 第 A28 页。另见 *Report of the* 2009-2010 *Montreal-Cologne International Interdisciplinary Congress on Space Debris* [Unpublished but currently being edited by McGill University Institute of Air & Space Law for publication in 2011]。

⑩　见 Lt. General Larry D. James, *Statement of Commander Joint Functional Component for Space and 14th Air Force* (U. S. Senate Subcommittee on Strategic Forces, 10 March 2010)。

⑬　见 Paul Dempsey and Michael Mineiro, "ICAO's Legal Authority to Regulate Suborbital Flight"，载于 Ram Jakhu and Joseph Pelton Eds. , *Space Safety Regulations and Standards* (London: Elsevier, 2010)。见 Paul Dempsey and Michael Mineiro, "Suborbital Aerospace Transportation and Space Traffic Management: A Vacuum in Need of Law" Presented at the 59th IAC, Technical Session E3. 2 on Space Policies and Programs of International Organizations (Glasgow, 2008)。

⑭　同上一条。

核查。⑯

8.6.3.8 原位资源开发

WSO 可以帮助改善目前国际空间法在近原位空间资源开发合法性问题上的空白。如果《月球协定》的国际机制得到实施，WSO 就可以作为其组织主体。如果采用替代性的资源开发方法，WSO 仍然可以提供组织服务。

8.6.3.9 加强全球民事安全

WSO 可以参与包括地面应用在内的空间活动，以加强全球民事安全。WSO 可以在所有成员国之间进行协调，在世界范围内推广实施增强全球安全项目的惠益。WSO 可以开展的项目范围很广泛，包括自然资源管理和环境监测、通信和信息应用、气象、风险减轻和灾害管理。

8.6.4 人类外空利益的代表

WSO 的建立也可以促进人类国际法的发展。在 WSO 的组织结构中，可以设立一个 WSO 人类代表，作为人类外空利益的法律代表。这个代表机构的确切性质可以公开讨论，也可以表现为多种形式。例如，可以选举或任命一些在国际法下具有独特法律地位的人，给予他们外交豁免权，要求他们保持最大的客观性，将与国籍国的利益冲突降低到最小限度。这些人将根据《WSO 宪章》赋予他们的权力，代表人类的外空利益。在这种情况下，代表机构将与 WSO 的其他主要机构以及联合国组织互动，为人类提供法律人格和实体人格。

8.6.5 WSO 的基本规定

WSO 应该是一个伞状组织，全球社会可以通过这一组织参与与航天有关的特定事项。作为一个不与任何特定问题相联系，而是只与宗旨和原则相联系的组织，随着时间的推移，其可以对外空出现的新挑战做出积极的有组织的响应。作为联合国的一个专门机构，WSO 协调并支持联合国的宗旨和原则，同时可以适当调整以适应外空法和国际空间法。

以下是关于 WSO 宗旨、原则和主要机构的建议。这些建议旨在提供参考。正如在本专著的《后记：未来的研究领域》中所讨论的那样，后续研究需要深入探讨 WSO 章程的具体问题。

---

⑯　考虑一下美国国务卿科林-鲍威尔 2003 年 2 月 5 日在联合国安全理事会就伊拉克不遵守联合国安全理事会决议的说法所作的发言。在这些讲话中，鲍威尔部长介绍了美国的卫星图像。这些卫星图像是由美国拍摄、处理和解释的。在美国领导的部队入侵伊拉克以后，人们发现，卫星图像和鲍威尔部长的解释并不准确——在伊拉克没有存在大规模杀伤性武器的证据。一个独立的联合国实体为联合国安全理事会决议和国际军备管制/裁军协定提供卫星验证和遵守情况的监测，可以避免未来依赖国家的验证手段——这些手段可能是为了单边利益而主观提出的。

宗旨:

(1) 维护外空和平与安全;

(2) 促进外空合作和相互理解;

(3) 为了所有国家的利益,实现对外空的探索和利用;

(4) 代表人类在外空的国际法律利益;

(5) 便利全球各国参与探索和利用外空;

(6) 协助联合国实现其宗旨;

(7) 成为协调各国行动以达成共同目标的中心。

原则:

(1) 成员应依《联合国宪章》行事;

(2) 成员应尊重并依《外空条约》的原则行事;

(3) 成员应善意履行其根据《WSO 宪章》所承担的义务;

(4) 成员应避免对外空或任何天基资源(包括航天器、航天人员和天体上的设施)实施威胁或使用武力;

(5) 成员应根据《WSO 宪章》和 WSO 补充协议,放弃发展或部署天基武器;

(6) 成员应根据《WSO 宪章》和 WSO 补充协议,在它们的空间活动(包括航天技术开发和生产计划)中保持透明;

(7) 成员应接受 WSO 争端解决机制的强制管辖。

主要机构:

(1) WSO 大会;

(2) WSO 理事会;

(3) WSO 秘书处;

(4) WSO 人类代表处;

(5) WSO 司法机构。

8.6.6　WSO 补充协议

补充协议是具有约束力的法律条约,与《WSO 宪章》一起缔结。为了使 WSO 取得成功,《WSO 宪章》必须得到关于外空裁军、航天技术贸易和扩散管制的补充协议的支撑。这些协议的重要性足以保证它们应被纳入拟议的 WSO 章程的原则中。今后,如果 WSO 成员认为有必要,可以缔结更多的补充协议。

8.7　WSO 航天技术贸易和扩散机制:一个全球合作制范式

在本专著第 8 章中,目前的航天技术贸易和扩散管制范式被描述为"以单一国家为中心"。当前范式的关键特征是管制源于国家层面,反映了国内政治关切的优先性。这种概念性范式反映为缺乏一个具有法律约束力的超国家的航天技术贸易和扩散管制机制。这种国家管制的概念得到了一种隐性战略观念的补充,即各国在行使贸易和扩散管制时应最大限度地发挥其法律裁量权。

这种范式的一个替代办法是,与 WSO 的一个补充性外空裁军协议一起,建立一个全球航天技术贸易和扩散机制。在这个全球机制中,各国同意在不违反 WSO 外空裁军协议及《WSO 宪章》的情况下,发展航空航天技术。各国授予 WSO 超国家的权力,颁布关于航天技术贸易和扩散的监管规定。航天技术的制造、销售、购买和分配将通过 WSO 监管框架来管制。许可证将由 WSO 成员国根据 WSO 的监管规定来授予。WSO 将被授权监控成员国的航天技术开发和生产计划,以确保其合规。

这一全球机制的战略逻辑是,各国从其空间活动公开透明的合作中获得的好处多于从单边主义中获得的好处。将航天技术管制与外空裁军协议联系起来,进一步加强了这种逻辑。如果实现了外空裁军,各国就不再拥有单边军事空间技术开发和生产的战略惠益。航天技术开发和生产计划的透明与可监控,将确保成员国遵守裁军协议,同时也是向 WSO 其他成员保证,所有成员国都遵守 WSO 的贸易和扩散监管规定。

在一个 WSO 成员被指控违反规则的情况下,WSO 将启动一个独立的司法程序来解决指控,并在必要时发布执行令。WSO 司法裁决的执行,将首先在《WSO 宪章》的授权范围内进行。如果违反者不回应 WSO 的谴责,此事可由 WSO 提交给联合国安理会,作为对世界和平与安全的破坏行为进行考虑。联合国安全理事会将保有通过执行安全决议授权的措施(包括使用武力)来强制执行的专属权力。

8.8　自证正当的安全困境和单边主义的持续存在

航天发展与实施以及 WSO 全球航天技术贸易和管制范式的一个巨大障碍是,导致外空单边主义长期存在的自证正当的安全困境。

对这种困境可以总结如下:

即使物项或技术可被用作军备、武器和其他战争工具,主权国家在受到某些法律限制的情况下,仍可以生产和采购这些航天物项或技术。虽然国际法限制各国使用武力,但在实践中,各国有时会违反国际法,使用武力。只要国家有军事能力与其他国家交战,只要航天物项可以在本国生产和/或采购,如果没有一个国际机制来监管贸易和扩散,为减少出口国的安全关切,国家出口管制就将存在,民用和商业航天活动的国际合作就将在保护单边安全利益的必要范围内受到阻碍。

根据《联合国宪章》第 2 条:"各成员国在其国际关系方面不得使用威胁或武力,或以与联合国宗旨不符之任何其他方法侵害任何成员国或国家之领土完整或政治独立。"⑯这被认为是现代国际体系的一个基本原则。但第 2 条并不禁止各国生产和/或采购军事工具,包括与航天有关的货物和技术。只要该常设军事力量不对他国的领土完整或政治独立,或世界和平与安全构成威胁,主权国家就有法律权利建立和维持一支有能力侵犯他国领土完整或政治独立的军事力量,包括天基军事资产。

换句话说,这个国际法律体系创造了一个社会,在这个社会中,所有国家都在平等的基础上被赋予法律上的主权权利,但在实践中,各国拥有不平等的权力。所有国家平等享有维持常备军和发展战争工具的主权权力。但有些国家,由于其地理、资源分配或其他因素,有能力维持更强大的军事力量及相关的军事技术基础。

关于上述安全困境,一国对认为可能对其自身和/或其公民造成负面后果的货物和技术出口进行管制,是符合该国利益的。这在军事(或敏感)航天物项(不一定限于这些货物)中最为明显。在某些情况下,自利导致了对"两用"或"民用"航天货物的管制。在自利范式被削弱之前,出口管制将以某种形态存在于目前以单一国家为中心的范式之中。

如果上述安全困境能够得到解决,那么出口管制就可以超越目前的范式而发展。为了促进更广泛的国际民用航天合作,可能没有必要完全解决这一安全困境,而是可以减缓参与外空事业合作的国家的潜在风险。这种类型的减缓,可能采用军事控制、裁军和扩散协议的形式。

国家间协议逐步演变为国际法,最能体现目前主权国家间结构的政治现实。建立 WSO 将是这一演变过程中的一个重要步骤,因为它将为各国推动国际法以支持更大的全球合作打下重要的基础。

8.9　一种演化走势:寡头政治的到来

作者预测,如果国际社会不能更充分地参与真正的全球民用航天合作并辅之以国际航天技术贸易和扩散管制进步,那么结果将是,民用和商业航天活动中的国际合作将向寡头世界秩序的方向演变。

在航天技术领域,如果不加制止,这种偏向将表现为把实力较弱的国家排除在充分享受国际空间活动(包括空间技术发展)航天合作利益之外。航天国家的出口管制政策将演变为对被视为战略伙伴的特定寡头的偏爱。在没有国际机制的情况下,对特定国家的歧视和对非航天国家的排斥,可以基于国家安全、贸易和扩散关切而被证明是正当的。在这种情况下,国际法和主权辞令将会成为维护寡头航天政策的工具。在寡头伙伴之间,可以自由进行航天发射服务贸易,航天货物和技术的贸易政策也是自由的。相应地,他们的航天活动也会通过联合商业、民用、军事事业而错综盘结。这种类型的权力结构会使得航天寡头们可以通过事实上的占有和排他性政策,从而

---

⑯　见 *United Nations Charter* Article 2(4)。

引发对国际空间法的基本原则被侵蚀的担忧。⑭

8.10　与康德的世界公民状态相类比

前面提到的关于世界航天组织的建议、已识别的自证正当的安全困境以及对寡头秩序的预测,与康德提出的国际法和国际关系——被称为"世界公民状态"的演变非常相似。⑭ 康德假设国家间的对外关系正朝着他称之为"国际联盟"的范式发展,在这种范式中,"即使是最小的国家也可以期待安全和正义,不是来自它自己的力量和法令",而是来自"根据它们共同意志的法律所达成的决定而行动的联合力量。"⑭在康德的思想中,这种目的论的演变常常受到挫折,因为国家法律权威享有"在与他人的关系中不受限制的自由"。这种权威的自由理论造成了前述的自证正当的安全困境,这种现象被康德称为"外部福祉的幌子"。⑮

康德认为,国家间对外关系的演变有两个目的论命题。第一个命题是,随着时间的推移,"通过战争,通过征税和永无止境的军备积累,通过任何国家即使在和平时期也必须承受的内部匮乏……通过破坏、革命,甚至完全枯竭……国家被带到了理性一开始就能告诉他们的地方",适当的行动是为了国家联盟的利益而牺牲其发动战争的主权权力。⑮康德接受这个命题。

从根本上说,这一命题植根于合作的逻辑和必要性。当外延到外空时,对世界和平与安全的新兴威胁,促进国际合作和理解的需要,以及最终人类在外空的未来,都支持这样的主张:适当的国家行动是放弃单边主义,参与真正的全球民用航天活动的努力。

康德拒绝接受第二个命题,这个命题是目的论的观点,即人类无法把握合作的底层逻辑。这是一种理想愿景,即"人类何时回到起点暂不可预测;不管人类多么文明,但不可避免的纷争终将毁灭文明和所有文化进步,最终一切保持一如既往。"⑮在这样一个世界,外空将只是地面冲突的延伸。人类将永远无法在地球或外空实现和平共存。在这个未来图景中,国际社会合作的失败将导致人类的整体损失,甚至可能导致人类这一种群的毁灭。

在康德18世纪末的哲学著作中,与航天技术出口管制类似的自证正当的安全困境提出了目的论问题。尽管时间还没有证明,但康德关于国家对外关系向限制发动

---

⑭　见 Article Ⅱ , *Outer Space Treaty*。

⑭　见 Immanuel Kant,"Idea for a Universal History from a Cosmopolitan Point of View" in Lewis W. Beck, Ed. , *Kant: On History*(New York: MacMillian, 1989)。

⑭　同上一条,第19页。

⑮　同上第148条,第21页。

⑮　同上第148条,第18~19页。

⑮　同上第148条,第20页。

战争的主权权利方向演变的预言,似乎正在变成现实。国际联盟和它的后代——联合国,已经通过了禁止使用威胁或武力侵害国家的领土主权或政治独立的规定。欧盟正在结合成一个经济共同体,有朝一日还可能会实现军事一体化。大规模毁灭性武器的威胁使最强大国家之间的战争的政治考量变得更加谨慎。不过,康德谨慎地预测,国际法的演变可能包括极端的暴力、破坏和战争,然后才实现其目的。在某种程度上,康德的预言已经成真,因为正是第一次世界大战和第二次世界大战最终促成了国际联盟和联合国的成立。

归根结底,人类的选择将决定法律-政治的演变是否通过和平手段来实现。从历史的角度出发,我们如何看待我们的兄弟国家,如何构建我们的贸易安排,以及如何参与外空合作活动,将与我们是否走向诉诸战争的决定同等重要——因为它们并不相互排斥,而是在一个亘古以来的普遍演化中相互交织。

8.11　章节摘要和结论

如果没有一个有效的国际航天物项管制机制,各国必须通过单边措施来防止未经授权的技术转让和使用。各国通过双边和多边安排来补充其单边措施,但是这些安排的有效性有限。这在很大程度上是由于它们是没有约束力的,因而它们的目的也不是为构建一个全面的国际管制机制服务的。

这种支离破碎的管制体系是国际民用和商业航天合作的障碍。没有一个集中的国际组织有权为空间行为者提供"交通规则",协调空间任务,运营空间任务和/或发射服务,或进行技术开发。全球利益就没有得到真正的代表,更广泛的国际社会也不是空间活动的参与者。

国际空间法在国际合作和全球参与问题上提供了指引。这些指引往往源于反映国际社会集体意愿的联合国大会决议,并被以法律原则的形式列出。这些法律原则应作为客观的标准来衡量国家行动。

《外空条约》的三项具体原则与合作有关。

第一个是维护世界和平与安全的原则。各国有义务进行必要的合作,以消除对国际和平与安全的威胁。自从联合国成立并对这一原则进行现代阐述以来,对其法律内涵的理解已经发生了演化。今天,对世界和平与安全的威胁已经超越了传统的国家间冲突而进入了多个领域,空间法在这种演变中也不例外。对国际空间法的新兴威胁包括武器化、空间碎片和近地天体碰撞威胁。这些新出现的威胁在法律上充分证明,各国有理由进行更多的合作。随着这些危险具体化为明确的威胁,合作的理由将上升为完全成形的义务。

第二个是促进合作和相互理解的原则。正如《关于各国建立友好关系及合作的国际法原则宣言》所宣告的:"各国有义务彼此合作。"⑬《外空条约》第 3 条重申了这一义务,规定各国有义务为促进国际合作和相互理解而开展探索和利用外空的活动。⑭

第三个是各国应为了所有国家的利益而探索和利用外空的原则。这一原则包含了一个基本的理想,即外空应该是一个全球性的存在。国际空间法体现的是人类的哲学原则,即国际法应服务于整个人类的利益。根据国际空间法,人类最重要的利益是将外空保持为全人类的领地,而不应使其成为以往陆地主权占有模式的继承。

将目前的国家实践与这三项国际空间法原则所规定的标准相比较,可以发现一个空白。在全球范围内,各国并没有都参与和平探索和利用外空的活动,正如目前航天技术贸易和管制的法律机制所反映的那样,国际社会在一个支离破碎的非和谐体系中运作,其中单边国家的安全利益是最重要的。⑮ 这种单边主义的核心是一种自证正当的安全困境,使狭隘的自利政治态度长期存在。

美国目前正承受着与这种困境相关的通信卫星贸易限制带来的成本和收益。正如在美国通信卫星案例研究中所讨论的(本专著第 4、5、6、7 章),美国为了国家安全利益而单方面实施贸易限制。这些贸易限制,直到最近,并没有给美国带来重大的经济损失,也没有严重阻碍美国的外交政策目的。然而,这种没有成本的贸易限制的效果正在被削弱。美国贸易政策背后的支柱是,美国在技术上领先于外国通信卫星制造商,它能够向市场参与者发号施令,选择对出口和再出口进行管制,而不必担心遭到经济报复。此外,美国通过域外管辖和长臂管辖,实现了事实上的航天技术国际管制。现在,美国正在失去其技术优势,在制造和发射领域,美国面临着强大的竞争,因此,它与主要外国司法管辖区的监管分歧,特别是与欧盟的监管分歧,将结束其历史上的单边模式。美国如果继续将 Comsat 作为军品来监管,将导致美国遭受经济损失,而不能获得相应的战略利益。

这种安全困境也体现在各国采取贸易管制的国内法律制度中。正如在美国通信卫星管制案例研究中所揭示的那样,美国采用了一个事实上的国际机制,该机制代表了各国所面临的挑战,以便在这种困境中防止发生未经授权的技术转让和使用。由于没有一个全面的有约束力的国际机制,美国已经变得短视:通过颁布法律和政策来保护他们认为的弱点——通常被称为对国家安全利益的威胁——而不能形成面向未

---

⑬　见 G. A. Res 2625 (XXV), *Declaration on Principles of International Law Concerning Friendly Relations and Co-operation Among States in Accordance with the Charter of the United Nations* (24 October 1970)。

⑭　见 Article Ⅲ, *Outer Space Treaty*。

⑮　这并不意味着各国不愿意为多边利益采取行动。相反,各国首先考虑的是自己的单边利益,然后再参与多边主义。国家是否具有独特的主观个性,以及将国家归类为行为实体是否合适,这些问题超出了本专著讨论的范围。我们注意到,国际关系学者可以为空间政策领域提供原创性贡献,即根据空间条约和安全安排来研究国家行动。

来的长期战略。美国正在进行通信卫星出口管制和贸易改革，而没有发现当前的国际范式面临的挑战。航天技术贸易和扩散管制没有最后发展到实现国际空间法的原则——和平探索和利用外空、进行国际合作、维护和平与安全以及为所有国家谋福利的原则。相反，国际体系的新兴特征正在使得各国自行其是。

如果没有国际社会参与真正的全球民用航天合作，外空活动很可能会演变为寡头世界秩序。在航天技术领域，如果不加管制，这种寡头世界秩序将会表现为较弱的国家因被排除在空间活动（空间技术发展）合作之外而不能充分享受其惠益。航天国家的出口管制政策将演变为对被视为战略伙伴的特定寡头的偏爱。寡头将以国家安全、贸易和扩散关切为理由，歧视特定国家和排斥非航天国家。

国际社会的前进方向是推进航天技术贸易和扩散管制的全球范式。这一全球机制的战略逻辑是，各国从其空间活动公开透明的国际合作中的获益多于从单边主义中的获益。将航天技术管制与外空裁军协议联系起来，进一步强化了这种逻辑。如果实现了外空裁军，单边军事航天技术发展和生产就不再成为一国的战略利益。

作为对全球航天技术贸易和扩散机制的补充，应当建立一个世界航天组织。世界航天组织应当是一个伞状组织，全球社会都可以通过这个组织参与与航天活动有关的特定事宜。作为一个不与任何具体国家相联系，而是只与宗旨和原则相联系的组织，世界航天组织可以随着时间的推移对外空出现的新挑战做出有组织的应对。

专著研究成果概要

本专著着手完成了几项重要任务,首要的是协助政治领导层在考虑到国家安全利益决策时,更多地考虑航天技术贸易和扩散管制法律、政策对全球民用航天合作的更广泛影响,并将这一任务类比为隐形拼图中的碎片。

评估这一难题的主要方法是对美国 Comsat 出口管制机制进行案例研究。该案例研究分四个主要步骤进行:

首先,审视了 Comsat 及其他航天技术的出口、交易和管制的国际法律环境。

其次,对美国 Comsat 出口单边管制机制的事实进行了分析。

再次,评估了美国现行法律的国内经济和政治影响。

最后,研究了美国卫星出口管制改革的问题。

该案例研究的主要成果是:

(1)美国 Comsat 出口管制以单一国家为中心,主要以单边范式运作。在这种范式下,各国在行使航天技术贸易和扩散管制方面寻求最大的法律自由裁量权。这种以单一国家为中心的范式反映出缺乏具有法律约束力的超国家航天技术贸易和扩散管制。

(2)航天技术贸易和扩散管制的国际体系被准确地描述为主要是一个自愿的、无约束力安排的体系。除了与它们最"信任"的战略盟友,各国很少签订具有法律约束力的航天技术管制协议。即使在区域一体化的欧盟也是如此——虽然形成了两用物项监管趋同共识,但那些被认为具有军事战略意义的物项能否出口仍然属于出口国的法律自由裁量权。

(3)航天技术贸易和扩散管制的国际范式较分散,给出口国带来了经济上的两难。鉴于监管方面的差异,出口国面临的选择是要么修改其出口管制,以满足其出口竞争者较少的标准;要么承担与更严格的贸易管制有关的经济成本(即商业出口的损失)。经济全球化现象加剧了这种困境,加剧了国际竞争,加快了市场对与贸易管制限制有关的成本变化的反应速度。

(4)采取单边办法对航天技术贸易和扩散管制的可持续性的作用是值得怀疑的。拥有技术优势的国家可以暂时实施单方面的出口限制,而不会给其国民经济带

174

来附加成本。但单边管制会刺激外国开发本土替代技术。从理论上讲,技术全球化现象为外国提供了进入领土范围之外的创新网络的机会,从而促进了替代技术的本土发展。此外,由于跨国通信网络技术的进步,从创新网络中获益的相关成本应该更低。

(5)贸易带来的经济收益和各国在贸易规则上的分歧,导致了一个分散的国际监管体系。供应国之间可能存在直接冲突,这种缺乏国际出口管制协调的情形增加了一个供应国单方面决定航天技术扩散的可能性。

(6)目前,关于美国出口管制系统改革的讨论,反映了一种以单一国家为中心的范式。值得注意的是,在讨论中,没有对航天技术贸易和防扩散国际体系进行重组以形成航天技术贸易和防扩散的全球化范式。

基于这些案例研究的结果,本专著随后评估了当前国际航天技术贸易和扩散管制机制如何影响各国民用航天国际合作能力。结论是,如果没有一个有效的国际航天物项管制机制,各国就不得不出于"国家安全"考虑,通过单边措施来防止未经授权的技术转让和使用。各国以双边和多边安排来补充其单边措施,但这些安排的效果有限,这主要是因为,这些安排不属于全面的国际管制机制,不具有法律约束力。这种支离破碎的管制体系阻碍了民用和商业航天国际合作。没有一个集中的国际组织有权为航天行为者提供"道路/交通规则",协调航天任务,运营航天任务或发射服务,或进行技术发展。更广泛的国际社会不是航天活动的参与者,全球利益没有得到真正的代表。

最终结论:克服国家安全和外空国际合作的困境

人类正处于法律-政治演变的一个重要关头。《外空条约》的基本原则为国家活动提供了基本指引,但它们不足以指导各国参与有效的全球民用航天合作。其核心问题是,存在一种自证正当的安全困境,即各国把眼前的国家安全利益置于合作之上,导致航天技术的单边范式,阻碍了人类集体参与和平探索和利用外空。

现在需要的是,有航天能力的国家的政治领导层要认识到,对利益的新认知要求对国家安全进行重新界定,以加强国际民用航天合作。这种重新界定要求各国对航天技术贸易和扩散管制采取新的范式,以促进全球合作。

可以肯定的是,改变目前的范式会带来新的机遇和挑战。从历史上看,与技术扩散相关的安全困境是正常的,因为目前的国际公法中存在缺陷,不能有效避免与未经授权转让和使用航天技术相关的安全威胁。在政治上,存在着克服不对称激励的挑战,这种不对称激励与为了国内选民的利益而继续执行现行政策有关。在经济上,贸易自由化可能对国内航天产业的特定子产业产生负面影响。但是,有效的全球民用航天合作的惠益证明,克服法律、政治和经济挑战是合理的。

全球民用航天合作将使国际社会能够有效地消除对世界和平与安全的突发威胁,这些威胁在许多方面需要全球一起应对。航天应用的全球安全利益也可以覆盖更广大的人口,还可以通过自然资源管理、通信和导航等多样化的地面活动为人类整体提供公共产品。在文化上,通过全球参与,一个世界共同体的身份意识将得到加强。将发展中国家纳入国际航天合作,也将增强其世界共同体公民的知识,并激励新一代参与与航天有关的教育和专业活动。

除了通过合作获得的直接利益外,采用全球方式探索和利用外空也将对我们的未来产生积极影响。随着各国冒险进入外空,在天体上建立有人驻留基地和无人基地,开发外空自然资源,以及从事尚难想象的活动,和平利用、不歧视和不占有的基本国际法律原则是否保持完整,在很大程度上将由国家实践决定。在国家实践可能侵蚀这些原则之前建立全球先例,将能够应对国际法演变过程中的不时之需。

本专著提出国际社会的前进道路是推进航天技术贸易和扩散管制的全球范式。这一全球制度的战略逻辑是,各国从其空间活动的合作和透明度中的获益多于从单边主义中的获益。将航天技术管制与外空裁军协议联系起来,进一步加强了这种逻辑。如果实现了外空非军事化,各国就不再拥有单边军事航天技术发展和生产的战略利益。应当建立一个世界航天组织作为对全球航天技术贸易和扩散制度的补充。世界航天组织应是一个伞状组织,全球可以通过该组织参与航天相关事宜。一个不针对任何特定问题而只针对组织目的和原则的组织,可以随着时间的推移对外空出现的新挑战做出有组织的反应。

这一建议只是一个可能的解决方案,无论最终选择哪条道路,都将取决于全球的启蒙情况。外空全球合作最需要的是唤醒国家共同体、政治家、思想家、技术人员、艺术家、学者,尤其是使人民意识到太空能够为人类提供近乎无限的机会,从而去勇敢地评估和克服合作将面临的挑战。

后记：未来的研究领域

在本专著的写作过程中，笔者发现了几个研究领域，由于时间和篇幅限制，无法进一步扩展。这些领域中的每一个都值得进一步研究和发展。我打算在这些领域继续进行研究，以便为外空法律和政策领域提供原创性贡献。以下是从本专著中得出的关于未来的研究领域的说明：

（1）创建一个定量数据库。可以用它来分析航天技术贸易和扩散管制对美国制造商的影响。

（2）评估新出现的关于人类（人类作为独特国际法律人格）的国际法律概念。分析法律发展的相似性，探究国际公法是否有更广泛的演变，从而承认人类作为一个独特的国际法律人格。

（3）调查能够促进国际民用航天合作的非制度性协议和安排（作为国际社会向建立世界航天组织迈进的一部分）。

（4）阐述和分析未来可能制定的世界航天组织宪章的结构、条款和组织职权。

（5）调查人类整体安全及其与天基应用的法律关系。

参考资料

条约和其他国际法律文件

Agreement Among the Government of Canada, Governments of Member States of the European Space Agency, The Government of Japan, The Government of the Russian Federation, and the Government of the United States of America Concerning Cooperation on the Civil International Space Station [ISS Agreement], (29 January 1998).

Agreement on the Rescue of Astronauts, the Return of Astronauts and the Return of Objects Launched into Outer Space (22 April 1968), 19 U. S. T. 7570, 672 U. N. T. S. 119. [Rescue Agreement].

Charter on Cooperation to Achieve the Coordinated Use of Space Facilities in the Event of Natural or Technological Disasters.

Charter of a World Space Organization: U. S. S. R. *Working Paper*, A. /AC. 105/L. 171; Supplement No. 20 (A/43/20) 43rd Session U. N. G. A. (1988).

China-U. S. Agreements of Satellite Technology Safeguards (1988, 1993, 1995).

China-U. S. Agreements on International Trade in Commercial Launch Services (1989, 1995).

Convention on the Prohibition of Military or Any Other Hostile Use of Environmental Modification Techniques, 1108 U. N. T. S. 151 (18 May 1977).

Declaration on Principles of International Law Concerning Friendly Relations and Cooperation Among States, G. A. Res. 2625 (XXV), 1883rd Plenary Meeting, (24 October 1970).

IADC Space Debris Mitigation Guidelines (IADC-02-01, Revision 1, September 2007).

GA Res 1348 (XⅢ), *Question of the Peaceful Use of Outer Space* (13 December 1958).

GA Res 1472 (XⅣ), *International Cooperation in Outer Space* (12 December 1959).

GA Res 1721 (XⅥ), *International Cooperation in the Peaceful Uses of Outer Space* (20 December 1961).

G. A. Res 2625 （XXV）, *Declaration on Principles of International Law Concerning Friendly Relations and Co-operation Among States in Accordance with the Charter of the United Nations*(24 October 1970).

G. A. RES/64/28 *Prevention of an Arms Race in Outer Space* （2 December 2009）.

International Atomic Energy Agency Statute.

International Code of Conduct Against Ballistic Missile Proliferation, also Known as the *Hague Code of Conduct* （HCOC）.

International Co-operation in the Peaceful Uses of Outer Space: *Note by the Soviet Socialist Republics*, A/AC.105/407 (1988).

Montevideo Convention, 1993, 165 LNTS 19.

Russia-U. S. Agreements of Satellite Technology Safeguards (1993, 1999).

Russia-U. S. Agreements on International Trade in Commercial Launch Services (1993).

Statute of the International Court of Justice.

Treaty Banning Nuclear Weapon Tests in the Atmosphere, in Outer Space and Under Water, 480 U. N. T. S. 43 (5 August 1963).

Treaty Between the Government of the United Kingdom of Great Britain and Northern Ireland and the Government of the United States of America Concerning Defense Trade Co-operation. (Signed on 21 June 2007) (Pending Ratification).

Treaty Between the United States and the Union of Soviet Republics on the Limitation of Anti-ballistic Missile Systems （AMB Treaty）, （Entered into force October 3, 1972; rescinded by the United States in 2002).

Treaty on the Non-Proliferation of Nuclear Weapons, 729 U. N. T. S. 161 (entered into force 5 March 1970).

Treaty on Principles Governing the Activities of States in the Exploration and Use of Outer Space, Including the Moon and Other Celestial Bodies, （27 January 1967）, 18 U. S. T. 2410, 610 U. N. T. S. 205 [Outer Space Treaty].

Treaty Establishing the European Community （TEC）, 25 March 1957.

U. N. Charter.

United Nations Development Program （UNDP）, *Human Development Report*, （New York: Oxford University Press, 1994).

U. N. Security Council Resolutions S/Res/808 (1993) and *S/Res/827* (1993).

U. N. Security Council Resolution S/RES/1267 (1999).

U. N. Security Council Resolution 1540, UN Doc. S/Res/1540 (2004).

U. N. Security Council Resolution S/RES/1737 (2006).

U. N. Security Council Resolution S/RES/1769 (2007).

U. N. Security Council Resolution S/RES/1874 (2009).

Universal Declaration of Human Rights, A/Res/3/217 (10 December 1948).

Vienna Convention on the Law of Treaties, 1155 U. N. T. S. 331 (23 May 1969).

Wassenaar Arrangement on Export Controls for Conventional Arms and Dual-Use Goods and Technologies.

WTO General Agreement on Trade in Services (GATS).

美国立法

Arms Export Controls Act of 1976, 22 U. S. C. § 2778 et al. (2009). [U. S.]

Commercial Space Launch Act, 49 U. S. C. § 70101 et seq. (2000 & Supp. 2004). [U. S.]

Duncan Hunter National Defense Authorization Act of 2009, Pub. L. No. 110-417, § 1233, 122 Stat. 4639 (14 October 2008).

Export Administration Act, 50 U. S. C. § 2402 et seq. (2009). [U. S.]

Export Control Act, 54 Stat. 714, § 6 Public Law 703 (2 July, 1940). [U. S.]

Foreign Relations Authorization Act, Fiscal Years 1990 and 1991 (P. L. 101-246; 22 U. S. C. 2151 note). [U. S.]

Helms-Burton Act, Pub. L. 104-114, 110 Stat. 785, 22 U. S. C. § 6021-6091 (1996). [U. S.]

Neutrality Act, 22 U. S. C. 441, 49 Stat. 1081 (1935). [U. S.]

U. S. , Bill H. R. 2410, *Foreign Relations Authorization Act FY* 2011-2012, 111th Congress (2009), at § 826.

U. S. , Bill H. R. 3840, *Strengthening America's Satellite Industry Act*, 111th Congress (2009).

Satellite Exports with Security Act of 2000 (Introduced by Rep. Sam Gejdenson (D-CT) 5/10/2000).

Strom Thurmond Defense Act, 22 U. S. C. § 2778, P. L. 105-261 (1998) at § 1511-1516. [U. S.]

非美国家立法

Defense Production Act, R. S. , 1985, c. D-1, Part 3 § 44 (2009). [Canada]

Strategic Goods (Control) Act, Singapore Statute Chapter 300 (2009). [Singapore]

欧盟理事会决议

Council of Europe，Resolution，4th Space Council Sess. ，*Resolution of European Space Policy* (EN)，10037/2007，(22 May 2007) at § E(11). [E. U.]

美国法规

Export Administration Regulations (United States)，*Dual Use Exports*，15 C. F. R. § 730 (2009).

International Trafficking in Arms Regulations (United States)，*United States Munitions List*，22 C. F. R. § 120 (2009).

非美国家法规

Canadian Export Control List § 5504 (2009).

Canadian Export Permit Regulations，SOR/97-204，§ (3) (2) (c) (2009).

Regulations，Council Regulation (EC) No. 428/2009，*Setting Up a Community Regime for the Control of Exports，Transfer，Brokering，and Transit of Dual-Use Goods (re-cast)*，[2009] O. J. L 134. [European Union]

国会报告

U. S. National Security and Military/Commercial Concerns with the People's Republic of China (Cox Commission Report)，Select Committee of the U. S. House of Representatives，105th Congress，Report 105-851 (1999).

美国政府问责局和 CRS 报告

CRS Report for Congress：U. S.-Australia Treaty on Defense Trade Cooperation (Congressional Research Service，Washington，D. C. ，12 December 2007).

Defense Trade：State Department Needs to Conduct Assessments to Identify and Address Inefficiencies and Challenges in the Arms Export Process (U. S. GAO，GAO-08-710-T，Washington，D. C. ；April 24th，2008).

Defence Trade，Lessons to Be Learned from the Country Export Exemption，GAO Report to the Subcommittee on Readiness and Management Support，Committee on Armed Services，I. S. Senate，GAO-02-62 (March 2002).

美国行政政策指导文件

U. S. Presidential Directive on National Space Policy (February 11th，1988).

White House National Economic Strategy (2009).

国会证词

Ann Calvaresi-Barr, *Export Controls: State and Commerce Have Not Taken Basic Steps to Better Ensure U. S. Interests Are Protected* (Testimony of GAO Acquisition and Sourcing Management Director Before the U. S. Senate Subcommittee on Oversight of Government Management, the Federal Workforce, and the District of Colombia, Committee on Homeland Security and Governmental Affairs, Washington, D. C.; April 24, 2008).

Ann Calvaresi. Barr, *Export Controls: Vulnerabilities and Inefficiencies Undermine the System's Ability to Protect U. S. Interests* (U. S. GAO, GAO-07-1135-T, Washington, D. C., July 26th, 2007).

Ms. Marion Blakey, *Statement for the Record—Before the House Foreign Affairs Committee (HFAC)—Subcommittee on Terrorism, Non-Proliferation, and Trade*, (Hearing on Strategic and Economic Review of Aerospace Exports, Serial No. 111-74, 9 December 2009) at 41.

Patricia Cooper, *Written Testimony for Patricia Cooper-SIA President—Before the House Foreign Affairs Committee (HFAC)—Subcommittee on Terrorism, Non-Proliferation, and Trade* (Hearing on Export Controls and Satellites, 2 April 2009).

Lt. General Larry D. James, *Statement of Commander Joint Functional Component for Space and 14th Air Force* (U. S. Senate Subcommittee on Strategic Forces, 10 March 2010).

国际法院的法学理论

Barcelona Traction, Light and Power Co. Ltd. (Belg. v. Spain), 1970 I. C. J. 3, 32 (Feb. 5).

Lotus Case (France v. Turkey) (Judgment) [1927] PCIJ (ser A) No. 10.

Maritime Delimitation and Territorial Questions Between Qatar and Bahrain (Qatar v. Bahrain), Judgment of 1 July 1994 (1994 ICJ Rep. 112).

Maritime Delimitation and Territorial Questions Between Qatar and Bahrain (Qatar v. Bahrain), Merits Judgment of 16 March 2001 (2001 ICJ Rep. 93).

Opinion Number 1 of the Arbitration Commission of the European Conference of Yugoslavia, 92 I. L. R., at 162 & 165.

Reparation for Injuries Suffered in Service of the U. N., advisory opinion, *I. C. J. Reports* 1949, *p.* 174.

美国的法学理论

Butterfield v. Stranahan，192 U. S. 470；24 S. Ct. 349 (1904).

Dart v. U.S.，270 U. S. App. D. C. 160，848 F. 2d 217，223 (D. C. Cir. 1988).

Karn v. Macnamara，925 F. Supp. 1 (1996).

U. S. v. O'Brien，391 U. S. 367，20 L. Ed. 2d 672，88 S. Ct. 1673 (1968).

United States v. Spawr Optical Research，*Inc.*，864 F. 2d 1467 (9th Cir. 1988)，*cert. denied*，493 U. S. 809，107 L Ed. 2d 20，110 S. Ct. 51 (1989).

二手材料：专著/书籍

George Abby and Neal Lane，*United States Policy*：*Challenges and Opportunities Gone Astray* (Cambridge：American Academy of Arts and Sciences，2009).

John Agnew，*Globalization & Sovereignty* (New York：Rowman & Littlefield，2009).

Yann Aubin and Arnaud Idiart，*Export Control Law and Regulation Handbook* (Kluwer Law International，2007).

Anthony Aust，*Handbook of International Law* (Cambridge：Cambridge University Press，2005)

Derek Braddon，*Exploding the Myth? The Pace Dividend*，*Regions*，*and Market Adjustments* (Amsterdam：Harwood Academic，2000).

Clayton Chun，*Defending Space*：*U. S. Anti-satellite Warfare and Space Weaponry* (New York，Osprey，2006).

John H. Currie，*Public International Law*，*2nd Edition* (Toronto：Irwin Law，2008).

Daniel Drezner，*All Politics Is Global* (Princeton：Princeton University Press，2007). [U. S.]

W. Duncan，B. Janice-Webster，and B. Switky，*World Politics in the 21st Century* (Houghton Mifflin，2009).

Teressa Fuentes-Camacho，Ed.，*The International Dimensions of Cyberspace Law*，(Paris/Aldershot：UNESCO Publishing/Ashgate，2000).

Ernst Fasan-*Relations with Alien Intelligence；The Scientific Basis of Metalaw* (Berlin：Berlin Verlag，1970).

Peter Van Fenema，*The International Trade in Launch Services* (Leiden Faculty of Law，1999).

James Ferguson and Wilson W. S. Wong，*Military Space Power：A Reference Handbook (Contemporary Military，Strategic，and Security Issues)* (Praeger, 2010).

R. J. Forbes, "Naphtha Goes to War", in *More Studies in Early Petroleum History* 1860-1880 (Leiden: E. J. Brill, 1959).

Worthington Ford, *Journals of the Continental Congress* 1774-1779 (Washington, D. C. : Government Printing Office, 1905).

Peter Hays, *U. S. Military and Outer Space: Prospectives, Plans, and Programs* (Routledge, 2009).

John Heinz, *U. S. Strategic Trade: An Export Control Systems for the* 1990s (Oxford: Westword Press, 1991).

Nandasiri Jasentuliyana, *International Space Law and the United Nations* (Hague: Kluwer Law International, 1999) at 218.

Elizabeth Jefferys, *Byzantine Style, Religion and Civilization* (Cambridge: Cambridge University Press, 2006).

Phillip Jessup and Howard Taubenfeld, *Controls of Outer Space* (New York: Colombia University Press, 1959).

Angelo Joseph, *Encyclopaedia of Space and Astronomy* (New York: Facts on File, 2006).

Immanuel Kant, "Idea for a Universal History from a Cosmopolitan Point of View" in Lewis W. Beck, Ed. , *Kant: On History* (New York: MacMillian, 1989).

Peter H. Koehn and Xiao-Huang Yin, *The Expanding Roles of Chinese Americans in Foreign Relations* (New York: East Gate Publishing, 2002).

Stephen Krasner, *Problematic Sovereignty* (New York: Colombia University Press, 2006).

A. Lukaszczyk, Laurance Nardon, and Ray Williams, *Towards Greater Security in Outer Space: Some Recommendations* (Secure World Foundation/Note de I'lfiri, November 2009).

Michael Mastanduno, *Economic Containment: COCOM and the Politics of East-West Trade* (Ithaca, NY: Cornell University Press, 1992).

A. L. C. De Mestral and T. Gruchalla. Wesierski, *Extraterritorial Application of Export Control Legislation: Canada and the U. S. A.* (Netherlands: Kluwer, 1990).

Peter R. Moore and Noshir Contractor, *Theories of Communication Networks* (Oxford: Oxford University Press, 2003).

Gary Musgrave, Axel Larson, and Tommaso Sgobba, *Safety Design for Space Systems* (Oxford: Elsevier, 2009).

Janne Nolan, Ed. , *Global Engagement: Cooperation and Security in the 21st Cen-*

tury (Washington, D. C. : The Brookings Institution, 1994).

Mancur Olson, *The Logic of Collective Action* (Harvard: Harvard University Press, 1971).

Lassa Oppenheim (Ed. Ronald Roxburgh), *International Law: A Treatise* (Clark, NJ: The Lawbook Exchange, Ltd. , 2005).

Ralph Payne-Gallwey, *The Crossbow*, *Medieval and Modern*, *Military and Sporting: It's Construction*, *History*, *and Management* (London: Holland Press, 1958).

G. Robinson and H. White Jr. , *Envoys of Mankind—A Declaration of First Principles for the Governance of Space Societies* (Washington, D. C. : Smithsonian Institute, 1986).

Tommaso Sgobba and Ram Jakhu, Eds. , *ICAO for Space* (IAASS White Paper, 2008).

Malcolm N. Shaw, *International Law*, *5th Edition* (Cambridge: Cambridge University Press, 2003).

Denis Simon, *Techno-Security in an Age of Globalization: Perspectives from the Pacific Rim* (M. E. Sharpe, 1996).

Col. Gerard A. St. Amand, *Schizophrenic Sanctioning: A Failed U. S. Policy Toward China* (National Defense University Report, 1994).

L. Parker Temple, *Shares of Gray: National Security and The Evolution of Space Reconnaissance* (AIAA, 2004).

Janna Thompson, *Intergenerational Justice: Rights and Responsibilities in an International Global Polity* (New York: Routledge, 2009).

A. A. Cancado Trindade, *International Law for Humankind: Towards a New Jus Gentium*—Hague Academy of International Law General Course on Public International Law (Leiden: Martinus Nijhoff, 2006).

A. A. Cancado Trindade, *International Law for Humankind: Towards a New Jus Gentium* (Leiden: Martinus Nijhoff, 2010).

Rebecca M. M. Wallace, *International Law 5th Edition*, (London: Sweet & Maxwell, 2005).

Rebecca M. M. Wallace and Olga Martin-Ortega, *International Law*, *6th Edition* (London: Sweet & Maxwell, 2009).

Barry D. Watts, *The Military Use of Space: A Diagnostic Assessment* (Center for Budgetary Assessment, Washington, D. C. , 2001).

E. Brown Weiss, *In Fairness to Future Generations: International Law*, *Common Patrimony and Intergenerational Equity* (Dobbs Ferry, NY: Transnational

Publishers，1989）．

Anna Wetter，*Enforcing European Union Law on Export of Dual-Use Goods*
（Oxford：Oxford University Press，2009）．

二手材料：学术文章（在学术期刊和书籍中的）

Kenneth Abbott，"Linking Trade to Political Goals：Foreign Policy Export Con-
trols in the 1970s and 1980s" 65 Minnesota Law Review 739 （1981）．

Kenneth Abbott，"Defining the Extra-territorial Reach of American Export Con-
trols：Congress as Catalyst" 17 Cornell International Law Journal 79 （1984）．

Kenneth Abbott and Duncan Snidal，"Why States Act Through Formal Internatio-
nal Organizations" 42（3） Journal of Conflict Resolution 3 （1998）．

Daniele Archibugi，et al.，"Innovation Systems in a Global Economy" 11（4） Tech-
nology Analysis & Strategic Management 527 （1999）．

W. Balogh，L. Canturk，S. Chernikov，T. Doi，S. Gadimova，H. Haubold，and
V. Kotelnikov，"The United Nations Programme on Space Applications：Sta-
tus and Direction for 2010" 26（3） Space Policy 185 （2010）．

Cherif Bassiouni，"International Crimes：*Jus Cogens* and *Obligatio Erga Omnes*"
59（4） Law and Contemporary Problems 63 （1997）．

Harold Berman and John Garson，"U. S. Exports Controls—Past，Present，and
Future" 67（5） Columbia Law Review 791 （1967）．

J. Bessis，J. Bequignon，and A. Mahood，"The International Charter 'Space and
Major Disasters' Initiative" 54（3） Acta Astronautica 183 （2004）．

Antonella Bini，"Export Control of Space Items：Preserving Europe's Advantage"
23（2） Space Policy 70 （2007）．

P.J. Blount，"The ITAR Treaty and Its Implications for U. S. Space Exploration
Policy and the Commercial Space Industry" 73 Journal of Air Law and Com-
merce 705 （2008）．

Michel Bourbonniere，"National Security Law in Outer Space：The Interface of Ex-
ploration and Security" 70 Journal of Air Law and Commerce 3 （2005）．

Gregory Bowman，"Email，Servers and Software：U. S. Export Controls for the
Modern Era" 35（2） Georgetown Journal of International Law 319 （2004）．

Oliver Boyd-Barrett，"International Communication and Globalization：Contradic-
tions and Directions" in Ali Mohammadi Ed.，*International Communication
and Globalization*，（London：Sage，1997）．

George Brown，"International Cooperation in Outer Space：Enhancing the World's
Common Security" 3（3） Space Policy 166 （1987）．

Ian Brownlie, "The Maintenance of Peace in Outer Space" 40 British Year Book of International Law 1 (1964).

R. Bryan, J. Grey, and N. Kaya, "International Coordination of Space Solar Power Related Activities" 16(2) Space Policy 123 (2005).

James M. Buchanan, "Public Choice: Politics Without Romance" 19(3) Policy 13 (2003).

James M. Buchanan, "Politics Without Romance: A Sketch of Positive Public Choice Theory and Its Normative Implications" in James M. Buchanan and Robert D. Tollison, Eds. , *The Theory of Public Choice-* Ⅱ (Ann Arbor, MI: University of Michigan Press, 1984) at 11-23.

A. Bueckling, "The Strategy of Semantics and the Mankind Provisions of the Space Treaty" 7 Journal of Space Law 15 (1979).

Ronald Cass and John Haring, "Domestic Regulation and International Trade: Where's the Race? —Lesson from Telecommunications and Export Controls" in Daniel Kennedy and James Southwick, Eds. , *The Political Economy of International Trade Law* (Cambridge: Cambridge University Press, 2002) at 141.

Eric Chao and Sorin Niculescu, "The Impact of U. S. Export Controls on the Canadian Space Industry" 22(1) Space Policy 29 (2006).

Rachel Claus, "Space-Based Fundamental Research and the ITAR: A Study in Vagueness, Overbreadth, and Prior Restraint" 2 Santa Clara Journal of International Law 1 (2003).

Aldo Cocca, "The Common Heritage of Mankind Doctrine and Principle of Space Law" in *Proceedings of the 29th IISL Colloquium on the Law of Outer Space* (New York: AIAA, 1986).

Aldo Cocca, "The Advances in International Law Through the Law of Outer Space" 9 Journal of Space Law 13 (1981).

Simon Courtelx, "Is It Necessary to Establish a World Space Organization?" in *Proceedings of the 36th IISL Colloquium on the Law of Outer Space* (New York: AIAA, 1999).

Richard Cupitt and Suzette Grillot, "COCOM is Dead, Long Live COCOM: Persistence and Change in Multilateral Security Institutions" 27 British Journal of Political Science 361 at 387 (1997).

R. Dekanozov, "Judicial Nature of Outer Space, Including the Moon and Other Celestial Bodies" in *Proceedings of the 17th IISL Colloquium on the Law of Outer Space* (New York: AIAA, 1974).

R. V. Dekanozov, "The CHM in the 1979 Agreement Governing the Activities of the States on the Moon and Other Celestial Bodies" in *Proceedings of the 24th IISL Colloquium on the Law of Outer Space* (New York: AIAA, 1981).

Paul Dempsey and Michael Mineiro, "ICAO's Legal Authority to Regulate Suborbital Flight" in Ram Jakhu and Joseph Pelton, Eds., *Space Safety Regulations and Standards* (London: Elsevier, 2010).

Stephen Doyle, "International Space Plans and Policies: Future Roles of International Organizations" 18 Journal of Space Law 123 (1990).

John Ellicott, "Competitive Impacts of U. S. Export Control Regulations" 14 Canada-United States Law Journal 63 (1988).

Ernst Fasan, "The Meaning of the Term 'Mankind' in Space Legal Language" 2 Journal of Space Law 125 (1974).

Ernst Fasan, "Human Settlements on Planets: New Stations or New Nations" 22 Journal of Space Law 47 (1997).

Joan Johnson-Freese, "The Emerging China-EU Partnership: A Geo-Technological Balancer" 22(1) Space Policy 12 (2006).

J. Gabrynowicz, "The Province and Heritage of Mankind Reconsidered: A New Beginning" NASA Johnson Space Center, *The Second Conference on Lunar Bases and Space Activities of the 21st Century*, Volume 2 (1992) 691-695.

Gyula Gal, "Some Remarks to General Clauses of Treaty Space Law" 1(1) Miskolc Journal of International Law 1 (2004).

M. Garcia-Alonso, "The Role of Technology Security in Model Trade with Horizontal Differentiation" 18(5) International Journal of Industrial Organization 747 (2000).

V. Garshnek, et al., "The Mitigation, Management, and Survivability of Asteroid/Comet Impact with Earth" 16 Space Policy 213 (2000).

Joel Greensberg, "Competiveness of Commercial Space Transportation Services" 9(3) Space Policy 220-232 (1993).

Mike N. Gold, "Lost in Space: A Practitioner's First-Hand Perspective on Reforming the U. S. 's Obsolete, Arrogant, and Counterproductive Export Control Regime for Space-Related Systems and Technologies" 34(1) Journal of Space Law 163 (2008).

Jesus Gonzalo, Gonzalo Martin-de-Mercado, and Fernando Valcarce, "Space Technology Disaster Monitoring, Mitigation and Disaster Management" in Philip Olla, Ed., *Space Technologies for the Benefit of Human Society and Earth* (Springer, 2009).

Stephen Gorove, "The Concept of 'Common Heritage of Mankind': A Political, Moral, or Legal Innovation?" 9 San Diego Law Review 389 (1972).

Andrew Haley, "Basic Concepts of Space Law" 26 Jet Propulsion 951 (1956).

D. Clayton Hubin, "Justice and Future Generations" 6(1) Philosophy and Public Affairs 70 (1976).

Tomas Hult, "Cultural Competitiveness in Global Sourcing" 31(1) Industrial Marketing Management 25 (2002).

Theresa Hutchins and David Chen, "Forging a Sino-US Grand Bargain in Space" 24(3) Space Policy 128 (2008).

Klaus Iserland, "Ten Years of Arianespace" 6(4) Space Policy 341 (1990).

Atsuyo Ito, "Issues in the Implementation of the International Charter of Space and Major Disasters" 21(2) Space Policy 141 (2005).

Jamil Jaffer, "Strengthening the Wassenaar Export Control Regime" 3 Chicago Journal of International Law 519 (2002).

Ram Jakhu, "The Effect of Globalization on Space Law" in Stephen Hobe, Ed., *Globalisation—The State and International Law* (Franz Steiner Verlag, 2009).

Ram S. Jakhu, J. L. Magdelénat, and H. Rousselle, "The ITU Regulatory Framework for Satellite Communications: An Analysis of Space Warc 1985" 42(2) International Journal, The Politics of International Telecommunications (Spring, 1987).

Ram Jakhu and Joseph Wilson. "The New United States Export Control Regime: Its Impact on the Communications Satellite Industry" 25 Annals of Air & Space Law 157 (2000).

Peter Jakobsen, "National Interest, Humanitarianism or CNN: What Triggers UN Peace Enforcement After the Cold War?" 33(2) Journal of Peace Research 202 (1996).

Joan Johnson-Freese, "Alice in Licenseland: U.S. Satellite Export Control Since 1990" 16 Space Policy 195 (2000).

Robert O. Keohane and Craig N. Murphy, "International Institutions" in May Hawkesworth and Maurice Kogan eds., *Encyclopedia of Government and Politics, 2nd Edition* (New York: Routledge, 2004).

Stanislav Nikolaevich Konyukhov, "Conversion of Missiles into Space Launch Vehicles" in Hans Mark, Ed., *The Encyclopedia of Space Science and Technology* (New York: Wiley, 2003).

Masaaki Kotabe and Janet Y. Murray, "Global Sourcing Strategy and Sustainable

Competitive Advantage" 33(1) Industrial Marketing Management 7 (2004).

Ersun N. Kurtulus, "Theories of Sovereignty: An Interdisciplinary Approach" 18 (4) Global Society 361 (2004).

Bill Lai, "National Subsidies in the International Commercial Launch Market" 9(1) Space Policy 17 (1993).

Joosung Lee, "Legal Analysis of Sea Launch License: National Security and Environmental Concerns" 24(2) Space Policy 104 (2008).

Theodore Levitt, "The Globalization of Markets" *Harvard Business Review* (May-June 1983).

Jay Lightfoot, "Competitive Pricing for Multiple Payload Launch Services: The Road to Commercial Space" 10(2) Space Policy 121 (1994).

Andreas F. Lowenfeld, "Trade Controls for Political Ends" 4 Chicago Journal of International Law 355 (2003).

Selma Lussenburg, "The Collision of Canadian and U. S. Sovereignty in the Area of Export Controls" 20 Canada-United States Law Journal 145 (1994).

Molly Macauley and J. Shih, "Satellite Solar Power: Renewed Interests in the Era of Climate Change?" 23(2) Space Policy 108 (2007).

Al D. McCready, "Strategic Technology Planning for the Techno-Global Economy: Cities in the Market" in Mila Gasco-Hernandez and Teresa Torres-Coronas, Eds. , *Information Communication Technologies and City Marketing: Digital Opportunities for Cities Around the World* (ICI Global, 2009).

Ronald N. McKean, "The Unseen Hand in Government" 55(3) The American Economic Review 496 (1965).

K. D. McMullan, M. Martin-Neira, A. Hahne, and A. Borges "SMOS-Earth's Water Monitoring Mission" in Philip Olla, Ed. , *Space Technologies for the Benefit of Human Society and Earth* (Springer, 2009).

Michael Mineiro, "FY-1C and USA-197 ASAT Intercepts: An Assessment of Legal Obligations Under Article 9 of the Outer Space Treaty" 34(2) Journal of Space Law 321 (2008).

Michael Mineiro, "Law and Regulation Governing U. S. Commercial Spaceports: Licensing, Liability, and Legal Challenges" 73(4) Journal of Air Law & Commerce 758 (2009).

Michael Mineiro, "The United States and Legality of Outer Space Weaponization: A Proposal for Greater Transparency and Effective Dispute Resolution Mechanisms" 33 Annals of Air and Space Law 441 (2008).

Sando Montresor, "Techno-Globalism, Techno-Nationalism and Technological

Systems: Organizing the Evidence" 21 Technovation 399-412 (2001).

Chukeat Noichim, "International Cooperation for Sustainable Space Development" 31 Journal of Space Law 315 (2005).

Vincent Ostrom and ElinorOstrom, "Public Choice: A Different Approach to the Study of Public Administration" 31(2) Public Administration Review 203 (1971).

Phillip Olla, "The Diffusion of Information Communication and Space Technology Applications into Society" in Phillip Olla, Ed., *Space Technologies for the Benefit of Human Society* (Springer, 2009).

Bernhard Oxman, "Jurisdiction of States" in Rudolph Bernhardt, Ed., *Encyclopaedia of International Law* (Amsterdam: Elsevier, 1997).

Kenneth Pederson, "Is It Time to Create a World Space Agency?" 9 Space Policy 89 (1993).

Joseph Pelton, "The Economic and Social Benefits of Space Communication: A Global Overview—Past, Present, Future" 6(4) Space Policy 311 (1990).

A. S. Piradov, "Creating a World Space Organization" 4 Space Policy 112 (1988).

John Remo, "Policy Perspectives from the UN International Conference on Near-Earth Objects" 12(1) Space Policy 13 (1996).

Adam Roberts, "Humanitarian War: Military Intervention and Human Rights" 69(3) International Affairs 429 (1993).

Cedric Ryngaret, "Extraterritorial Export Controls" 7(3) Chinese Journal of International Law 625 (2008).

Avery Sen, "The Benefits of Remote Sensing for Energy Policy" 20(1) Space Policy 17 (2004).

K. B. Serafimov, "Achieving Worldwide Co-operation in Outer Space" 5 Space Policy 111 (1989).

Charles Shotwell, "Export Controls: A Clash of Imperative" in Richard Kulger and Ellen Frost, Eds., *The Global Century: Globalization and National Security* (University Press of the Pacific, 2002).

Hugh R. Slotten, "Satellite Communications, Globalization, and the Cold War" 43(2) Technology and Culture 315 (2002).

B. Strath, "The State and Its Critics: Is There a Post-Modern Challenger?" in Q. Skinner and B. Strath, Eds., *States and Citizens: History, Theory, Prospects* (Cambridge: Cambridge University Press, 2003).

Rene Stulz, "Globalization, Corporate Finance, and the Cost of Capital" 12(3) Journal of Applied Corporate Finance 8 (1999).

Jinyuan Su, "Towards an Effective and Adequately Verifiable PPWT" 26(3) Space Policy152 (2010).

Walter Surrey and Crawford Shaw, "Excerpt from a Lawyer's Guide to International Business Transactions," (1963) in Stanley Metzger, Ed., *Law of International Trade: Documents and Readings* (Washington, D. C.: Learner Law Book Company, 1966) at 1051.

K. Sweet, "Planetary Preservation: The Need for Legal Provision" 15 Space Policy 223 (1999).

Borisz Szanto, "The Paradigm of Globalism" 21 Technovation 673-687 (2001).

Immi Tallgren, "The Sensibility and Sense of International Criminal Law" 13(3) European Journal of International Law 561 (2002).

K. Tatsuzawa, "Political and Legal Meaning of the CHM" in *Proceedings of the 29 th IISL Colloquium on the Law of Outer Space* (New York: AIAA, 1986).

Paul Taylor, "The United Nations in the 1990s: Proactive Cosmopolitanism and the Issue of Sovereignty" 47(3) Political Studies 538 (1999).

V. Vereschetin and E. Kamenetskaya, "On the Way to a World Space Organization" 12 Annals of Air & Space Law 337 (1987).

I. A. Vlasic, "Space Law and the Military Applications of Space Technology", in N. Jasentuliyana, Ed., *Perspectives on International Law* (Boston: Kluwer Law International, 1995)

Henri A. Wassenbergh, "The International Regulation of an Equitable Utilization of Natural Outer Space Resources" in *Proceedings of the Thirty-Ninth Colloquium on the Law of Outer Space* at 138 (New York: AIAA, 1996).

Ole Weaver, "Peace and Security: Two Evolving Concepts and Their Changing Relationships" in Hans Brauch, Ed., *Hexagon Series on Human and Environmental Security and Peace Vol. 3: Globalization and Environmental Challenges* (New York: Springer, 2008).

Yoko Yashura, "The Myth of Free Trade: The Origins of COCOM 1945-1950" 4 The Japanese Journal of American Studies (1991).

Ryan Zelnio, "Whose Jurisdiction over the U. S. Commercial Satellite Industry?" 23(4) Space Policy 221-233 (2007).

Yun Zhao, "An International Space Authority: A Governance Model for a Space Commercialization Regime" 30 Journal of Space Law 277 (2004).

二手材料:未发表的学位论文

Jason Abbott, "Living in the Matrix: Capitalism, Techno-Globalization and the

Hegemonic Construction of Space,"Montreal,2004(Paper Presented at the Annual Meeting of the International Studies Association, Le Centre Sheraton Hotel, Montreal, Quebec, Canada, Mar 17, 2004) [unpublished].

Ali Ahmadi, *U. S. Export Control Law Applicable to Commercial Telecommunication Satellite Technology Destined for China* (LL. M. Research Project, McGill University Institute of Air & Space Law, 2010) [unpublished].

Frank Fedele, *Peacetime Reconnaissance from Air Space and Outer Space: A Study of Defensive Rights in Contemporary International Law* (LL. M Thesis, McGill University Institute of Air & Space Law, 1965) [unpublished].

Robert Jarman, *The Law of Neutrality in Outer Space* (LL. M. Thesis, McGill University Institute of Air & Space Law, 2008) [unpublished].

Gillian Teubne, *Defining a Changing World: The Discourse of Globalization* (Ph. D Thesis, Texas A&M University, 2004) [unpublished].

Donald Walsh, *Present and Future Military Uses of Outer Space: International Law, Politics, and the Practice of States* (LL. M. Thesis, McGill University Institute of Air & Space Law, 1986) [unpublished].

二手材料:其他未发表的文章或工作文件

Richard Dal Bello, "Commercial Management of the Space Environment" (Paper Presented at the *International Interdisciplinary Space Debris Congress at McGill University*: May 7th-May 9th, 2009).

Paul Dempsey and Michael Mineiro, "Suborbital Aerospace Transportation and Space Traffic Management: A Vacuum in Need of Law" *Presented at the 59th IAC, Technical Session E 3. 2 on Space Policies and Programs of International Organizations* (Glasgow, 2008).

Sam Evans, "Defining Dual-Use: An international assessment of the discourses around technology"(Paper presented to the ESRC New Directions Conference in WMD Proliferation Seminar Series, 27 February 2009) [unpublished].

Gary Hufbaurer and Tony Warren, "The Globalization of Services: What Has Happened? What Are the Implications?" *Working Paper* 9912: *Institute for International Economics* (1999).

Leonard Lynn and Hal Salzman, "Multinationals, Techno-Enterprises, and the Globalization of Technology Value Chains" (Paper Presented at the Global Social Networks and Industry Roadmapping Session: Sloan Industry Studies Conference, Boston, April, 2008) [unpublished].

二手材料:政府机构或政府资助的报告

Annual Report to Congress：*Military Power of the People's Republic of China* (Department of Defense：2006).

Commercial Space Transportation：2008 *Year in Review* (Federal Aviation Administration, January 2009).

2009 *Commercial Space Transportation Forecasts*，(Federal Aviation Administration：Washington D. C. , 2009).

Defense Industrial Base Assessment：*U. S. Space Industry* (U. S. National Security Space Office, 31 August 2007).

Richard Van Atta Ed. , *Export Controls and the U. S. Defense Industrial Base* (Alexandria, VA：Institute of Defense Analysis, January 2007).

Flight Plan 2009：*Analysis of the U. S. Aerospace Industry* (International Trade Administration, March 2009).

联合国机构报告

"Summary of the Annual Review of Developments in Globalization and Regional Integration in the Countries of the ESCWA Region by the United Nations Economic and Social Commission for Western Asia" (UN Doc. E/ESCWA/GRID/ 2002/2).

欧盟报告

Report on the Answers to Questionnaire DS6/2005 Rev. 3 on Existing Sanctions-implementation of Article 19 *of Council Regulation* 1334/2000，DS 37/4/ 2005 *Rev.* 4. (11 May 2006).

二手材料:学术和智库报告

Balancing the National Interest：*U. S. National Security Export Control and Global Economic Competition* (Washington, D. C. ：National Academy Press, 1987).

Patricia Wrightson, et. al. , *Beyond "Fortress America"*：*National Security Controls on Science and Technology in a Globalized World*，(Washington, D. C. ：National Academies Press, 2009).

Briefing of the Working Group on the Health of the U. S. Space Industrial Base and the Impact of Export Controls (Center for Strategic and International Studies (CSIS), Washington, D. C. , February 2008).

M. May, Ed. , *Cox Committee Report*: *An Assessment* (Stanford, CA: CISAC, 1999).

James A. Lewis, *Preserving America's Strength in Satellite Technology* (CSIS Satellite Commission Report, Washington, D. C. , April 2002).

Anne-Marie Mazza, et al. , *Science and Security in a Post 9/11 World*: *A Report Based on Regional Discussions Between the Science and Security Communities* (Washington, D. C. : National Academies Press).

Pierre Chao, *Toward a U. S. Export Control Technology Transfer System for the 21st Century* (Washington, D. C. : National Academies Press, 2007).

John Hillery, "U. S. Satellite Export Control Policy" (Center for Security and International Studies: Sept. 20 2006).

Report of the 2009-2010 Montreal-Cologne International Interdisciplinary Congress on Space Debris [Unpublished but currently being edited by McGill University Institute of Air & Space Law for publication in 2011].

Jessica Tok, Ed. , *Asteroid Threats*: *A Call for Global Response* (ASE Report, 2008).

二手材料:贸易和工业界赞助的报告

Futron Corporation White Paper, *How Many Satellites Are Enough? A Forecast of Demand for Satellites 2004-2012* (Bethesda, MD: 2004).

State of the Industry Reports—2004, 2007, 2009 (SIA & Futron, June 2009).

二手材料:报纸文章(印刷品)

William Broad, "Debris Spews into Space After Satellites Collide", *New York Times* (11 February 2009) at A28.

John Chider, "Ban Affects Japan: U. S. Supply of Materials to Her War on China Can Be Cut Off" *New York Times* (26 July, 1940).

Thomas L. Friedman, "U. S. Suspends High-Level Links to China as Crackdown Goes On," *New York Times* (21 June 1989) at A8.

David Hoffinan, "China Executions Push Bush to Focus on Future," *Washington Post* (25 June 1989) at A25

David Johnston, "Committee Told of Beijing Cash for Democrats", *New York Times* (12 May 1999) at A21.

M. Taverna and D. Barrie, "Sea of Red Tape", *Aviation Week & Space Technology* (26 May 2003) at 72.

Bob Woodard and Brian Duffy, "Chinese Embassy Role in Contributions Probed",

Washington Post (13 February 1997) at A01.

二手材料:词典和百科全书

Black's Law Dictionary, 8th ed.

Concise Encyclopedia of Economics

Encyclopedia of International Law Vol. Ⅳ (Amsterdam: Max Plank Institute of Comparative Law, 1992-2001), Rudolph Bernhardt Ed.

Encyclopedia of Space Science and Technology Hans Mark eds., (New York: Wiley, 2003) *Merriam. Webster Online Dictionary*

Oxford English Diction Online

Elizabeth Knowles, Ed. , *Oxford Dictionary of Quotations*, *5th Edition* (Oxford: Oxford University Press, 1999).

Stanford Encyclopedia of Philosophy Online

美国政府新闻公告

Press Release, "Fact Sheet on the President's Export Control Reform Initiative" (Office of the Press Secretary, White House: 20 April 2010).

U. S-India Joint Statement on Concluding a Civil Spacecraft Technology Safe-guard Agreement (Bureau of Public Affairs, Office of Spokesman, July 20th, 2009).

Presidential Lyndon Johnson Signing Statement to the *Outer Space Treaty* (27 January, 1967).

其他国际材料

Manual for ICAO Aeronatuical Mobile Satellite Services Part. 2 Iridium Draft 4. 0 (21 March 2007). M. K. V. Sivakumar and Donald Hinsmen, "Satellite Remote Sensing and GIS Applications in Agricultural Meterology and WHO Satellite Activities" in *Proceedings of a WMO Training Workshop Held July 7-11 th in Dehru Dun*, *India* (AGM. 8, WMO/TD-No. 1182) (Geneva: WMO, 2004).

重述内容

American Law Institute, *Restatement of the Law* (*3rd*): *Foreign Relations Law of the United States*, Vol. 1 § 201.

航天产业和贸易类出版物

Stephen Clark，"Eutelsat Swaps Rockets for Satellite Launch This Summer" *SpaceflightNow. Com* (19 February 2010).

Rapid Radiation Hardened Prototyping of Obsolescent Military Satellite Microelectronics (Air Force SBIR 2009. 3- Topic AF093-081)

Peter B. Selding，"Globalstar's 2nd-generation System Slated to Begin Launching this Fall" 21(5) Space News (1 February 2010).

Christopher Price，"Falling Prices Hit Operators: Telecommunication Satellites" *Financial Times* (London，UK：10th December 1999) at 2.

"Satellite Executives look ahead to a booming New Year" *Mobile Satellite News* (11 January 1996) pg. 1.

"Loral Fallout Tops 2003 Stories" 26(48) Satellite News 1 (22 December 2003).

"Short-Term Prospects for Financing Are Bleak" *Satellite News* (16 September 2002) Vol. 25，Issue 35，pg. 1.

World Space Risk Forum，"Lower-Cost Options Enter Launch Market" 21(10) Space News (8 March 2010) at 15.

其他材料

Canada Revenue Agency，"Scientific Research and Experimental Development (SR & D) Tax Incentive Program".

CIA World Fact Book：China (2010).

Paula A. DeSutter (U. S. Assistant Secretary for Verification，Compliance，and Implimentation)，*Is an Outer Space Treaty Verifiable?* (Remarks to the George C. Marshall Institute Roundtable at the National Press Club，Washington，D. C. ：4 March 2008).

Ray Kurzweil，"The Law of Accelerating Returns," *KurzweilAI. net* (7 March 2001).

Tamar Mehuron，Ed. ，2009 *Space Alamanac：The U. S. military space operation in facts and figures* (Air Force Magazine，August 2009).

作者传记和出版物

米内罗博士拥有民法博士学位（麦吉尔大学法学院，2011年）［相当于 S. J. D.］，是麦吉尔大学航空和空间法研究所的波音博士研究员（2008－2011年），拥有航空和空间法的法律硕士学位（麦吉尔大学，2008年）、法学博士学位（北卡罗来纳大学，2005年）和国际关系的文学学士学位（北卡罗来纳州立大学，2001年），并在海牙国际法学院（2010年）、北京语言大学（2005年）和香港大学（2004年）进行了访学。他也是 Boren 国家安全研究员项目的参与者（2004－2005年，中国）。米内罗博士在亚洲生活了几年，在中国大陆也有生活经历。

I. 期刊论文

"U. S. Export Controls and Canadian Autonomy to Collaborate on International Space Missions" 26(2) *Space Policy* 99 (2010). (Peer-Reviewed)

"Assessing the Risks: Tort Liability and Risk Management in the Event of a Commercial Human Space Flight Vehicle Accident" 74(2) *Journal of Air Law & Commerce* 371 (2009).

"FY-1C and USA-193 ASAT Intercepts: An Assessment of Legal Obligation Under Article IX of the Outer Space Treaty" 34(2) *Journal of Space Law* 321 (2008). (Peer-Reviewed)

"Law and Regulation Governing U. S. Commercial Spaceports: Licensing, Liability, and Legal Challenges" 73 *Journal of Air Law and Commerce* 759 (2008).

"The United States and Legality of Outer Space Weaponization: A Proposal for Greater Transparency and Effective Dispute Resolution Mechanisms" 33 *Annals of Air and Space Law* 441 (2008). (Peer-Reviewed)

II. 会议出版物

"Beyond the Looking Glass: The Application of Public Choice Theory to U. S. Commercial Communication Satellite Export Controls" *Proceedings of the 53rd IISL Colloquium on the Law of Outer Space* (2010).

"CISG and the Final Frontier: Contracting for the Sale of Goods That Originate from, Transit Through, or Are Delivered in Outer Space and Allocating Risk of Loss" *Proceedings of the 51st IISL Colloquium on the Law of Outer Space* (2008).

Ⅲ. 贸易出版物

"An Intersection of Air & Space Law: Licensing and Regulating Suborbital Human Space Flight Operations" 22(4) *American Bar Association-Air & Space Lawyer* (2009).

Ⅳ. 书籍章节

"ICAO's Legal Authority to Regulate Suborbital Flight" in Ram Jakhu & Joseph Pelton, eds. *Space Safety Regulations & Standards* (London: Elsevier, 2010) (with Dr. Paul Dempsey).

Ⅴ. 书 评

"The Development of Outer Space: Sovereignty and Property Rights in International Space Law (Thomas Gangale)" 35 *Annals of Air and Space Law* (2010).

The End of the Road
——A Poem by Dr. Michael C. Mineiro

The traveler arrived by means unknown

Unremembered form

Delivered upon the Shore

Awakening, eyes slowly rise

Illuminating a beautiful sky

Sharing the horizon—a Road

Brightly shown is this path ahead

Except when darkness covers him

As it often does

No longer concerned with his origin

Mesmerized, the beauty of the land

Captures him holding him tight

Transcendent Illusion

Till one day he comes to the End of the Road

Crying out: "Where I am to go now?"

And in the distance, oh so far away

A gentle voice hears what he prays

"Tis not the first time nor the last

That a traveler will ask..."